중국해양대학교 한국연구소 총서 10

동아시아 이주민 사회와 문화 적응

East Asian Migrants and Cultural Adaptation

중국해양대학교 해외한국학 중핵대학 사업단 엮음

이상우·박우 책임편집

이 저서는 2014년 대한민국 교육부와 한국학중앙연구원(한국학진흥사업단)을 통해 해외한국학 중핵대학육성사업의 지원을 받아 수행된 연구임(AKS-2014-OLU-2250004).

중국해양대학교 한국연구소 총서 10

동아시아 이주민 사회와 문화 적응
East Asian Migrants and Cultural Adaptation

© 중국해양대학교 해외한국학 중핵대학 사업단, 2017

1판 1쇄 인쇄__2017년 05월 20일
1판 1쇄 발행__2017년 05월 30일

엮 은 이__중국해양대학교 해외한국학 중핵대학 사업단
책임편집__이상우·박우
펴 낸 이__양정섭

펴낸곳__도서출판 경진
　　　　등록__제2010-000004호
　　　　블로그__http://kyungjinmunhwa.tistory.com
　　　　이메일__mykorea01@naver.com

공급처__(주)글로벌콘텐츠출판그룹
　　　　대표__홍정표　편집디자인__김미미　기획·마케팅__노경민
　　　　주소__서울특별시 강동구 천중로 196 정일빌딩 401호
　　　　전화__02-488-3280 팩스__02-488-3281
　　　　홈페이지__http://www.gcbook.co.kr

값 16,000원
ISBN 978-89-5996-537-3 93300

※ 이 책은 본사와 저자의 허락 없이는 내용의 일부 또는 전체의 무단 전재나 복제, 광전자 매체 수록 등을 금합니다.
※ 잘못된 책은 구입처에서 바꾸어 드립니다.

중국해양대학교 한국연구소 총서 **10**

동아시아 이주민 사회와 문화 적응

East Asian Migrants and Cultural Adaptation

중국해양대학교 해외한국학 중핵대학 사업단 엮음

이상우·박우 책임편집

경진출판

중국해양대학교 한국연구소는 2009년 '황해권 한인공동체 기반 구축을 위한 한국학의 창신'이라는 아젠다로 '해외한국학 중핵대학 육성' 사업에 선정된 이래 지속적으로 중국 내 한인공동체의 사회와 문화, 그리고 정체성 구성과 관련해 심층적인 접근을 시도해 왔다. 특히 2014년 시작된 '해외 한국학 중핵대학 육성' 사업 2단계에서는 4개 연구팀(Research Cluster)을 운영하고 있는데, 그 중의 하나가 '중국 내 한인공동체의 문화적 교섭과 정체성의 생산'을 연구아젠다로 하는 이민연구팀이다. 이민연구팀은 국제학술회의, 콜로키움, 특강 등의 형식을 통해 관련 분야의 전문가들과 소통하고 최신 연구 성과들을 공유하고 있다.

이 책은 2016년 4월 중국해양대학교 '해외한국학 중핵대학 사업단' 주최 국제학술회의 '이동·이민·이주, 문화의 충돌과 융화 그리고 문학적 표상'의 이민 연구 분과에서 발표했던 아홉 편의 글들을 기초로 엮은 것이다. 이 학술회의에서 연구자들은 역사학·문화인류학·사회학·정치학 등 다양한 학문 영역에서, 동북아 한중일 3국이라는 공간에서 벌어진 '한중 이민의 문화충돌과 사회 적응' 주제와 관련된 아홉 편의 연구논문을 발표했고, 이 중 다수의 논문은 이미 한중 양국에서 공개 발행하는 학술지에 게재되었다. 아홉 편의 글을 모아 책으로 펴내고자 한 목적은, 이러한 연구주제에 관심을 갖는 연구자들의 연구에 조금이나마 도움이 되기를 바라고, 관련 강의의 교재로 사용하려는 데 있다. 더불어 이 책의 한국어판

출판에 이어 중국어판을 출판함으로써 한중 학계의 학문적 소통의 장 마련에 이바지 하려는 것이다. 중국해양대학교 한국연구소 '해외 한국학 중핵대학 사업단' 이민연구팀에서 처음으로 기획 및 출판하는 책인 만큼 여러 가지 문제점 또는 보완점이 제기될 수 있음에도 불구하고, 이 책이 이민연구팀의 수년간의 노력의 결과물이고, 더불어 앞으로 펴내게 될 책들의 시작이라는 점에 큰 의미가 있다고 본다.

이민연구팀은 이 책에 수록된 아홉 편의 논문을 주제에 따라 '이주민의 정체성과 역사성', '이주민의 선택과 전략', '이주민의 사회적 분화와 문화 적응'의 세 부분으로 나누어 구성했다. 제1부 '이주민의 정체성과 역사성'은 세 편의 논문으로 구성되었는데, 최승현 교수는 역사적인 시각에서 조선족의 '정체성의 형성'을 재조명하고 있다. 치진위(祁進玉) 교수는 중국학자의 시각으로 (중)국내외의 재외 화인 문화정체성 관련 연구에 대한 평가를 통해 재한 화인 문화정체성 연구의 과제를 제시했다. 조정우 교수는 1930년대 조선인 '만주국' 이민을 둘러싼 일제 내부의 정책 갈등을 집중적으로 조명하고 있다. 제2부 '이주민의 선택과 전략'은 세 편의 논문으로 구성되었는데, 이화 교수는 연변조선족 이주가족의 '초국적(한중) 생존 전략'에 연구의 초점을 맞추고 있다. 중국 내 말레이시아 화교·화인 연구 전문가인 우치엔진(吳前進) 교수는 문화 커뮤니케이션의 관점에서 현지 화인의 문화적 생존 전략을 재조명하고 있다. 우치엔진 교수의 논문은 화교 화인 연구, 특히 동남아 화교·화인 연구가 동아시아 이민 연구에서의 참고가치가 크다고 판단돼 이민연구팀에서 특별 요청한 것이다. 이상우 교수는 중국 내 대표적인 한인 집거지인 청도에서의 이주자의 자녀교육 실태와 특성을 집중적으로 조명하고 있다. 제3부 '이주민의 사회적 분화와 문화 적응'

은 세 편의 논문으로 구성되었는데, 송석원 교수와 박우 교수의 논문은 이주민의 '사회적 분화'에 초점을 맞추고 있다. 송석원 교수의 논문은 다층적인(일본인과 재일 한인 간, 재일 한인과 모국 거주 친인척 간) 갈등과 적응의 진자운동 속에서 삶을 영위해야만 했던 올드커머 재일 한인을, 그리고 박우 교수는 최근 재한 조선족 사회 연구의 이슈인 사회경제적 분화를 집중적으로 조명하고 있다. 안성호 교수는 사회연결망을 통해 일본 사회에 적응하고자 하는 재일 조선족 사회를 집중적으로 조명하고 있다.

이 책이 출판될 즈음인 2017년 5월, 중국해양대학교 '해외한국학 중핵대학 사업단'은 '이민과 국가: 정책·문화·문학'이라는 주제로 국제학술회의를 개최하게 된다. 이민 연구분과의 주제는 '동아시아 국가의 재외동포 및 외국인 정책'인데, '동아시아 국가들이 역사적으로 재외동포 및 외국인에 어떤 정책을 취했을까?'를 주요 질문으로, 관련 정책사를 정리 및 발표하는 것이 이민연구팀의 연구아젠다 수행에 필요하다는 판단에서 기획된 것이다. 본 연구팀에서는 이 회의에서 발표될 연구논문들을 모아 향후 책으로 출판할 예정이다.

이 책이 나오기까지 중국해양대학교 '해외한국학 중핵대학 사업단' 이해영 단장님께서 보내주신 관심과 성원에 감사드린다. 더불어 이 책을 출간해 주신 도서출판 경진의 양정섭 대표님께도 감사의 말씀을 드린다.

2017년 4월
중국해양대학교 '해외한국학 중핵대학 사업단' 이민연구팀을 대표하여
이상우·박우 올림

목 차

제2부 이주민의 선택과 전략

제3부 이주민의 사회적 분화와 문화 적응

제1부 이주민의 정체성과 역사성

조선족 정체성의 '다름'과 '선택'에 관한 역사적 고찰※

최승현(한국, 전남대학교)

1. 한국의 동포인가? 중국의 화교인가?

2015년 3월 29일 서울 여의도 국회의사당에서 '전국 귀한동포 제1차 대표대회'가 개최되었는데, 흥미롭게도 해당 행사에는 위 사진과 같이 한국어 대회명칭과 '韓籍華人華裔第一次全國代表大會(한적화인화예제일차전국대표대회)'라는 중국어 대회명칭이 병기된 현수막이 내걸렸다. 다수의 한국 국회의원이 참석한 가운데 특히 이목희 국회의원은 '중국동포센터'와 국회산하 '중국동포 특별위

※ 이 글은 『한국동북아논총』 제21집 제3호(2016)에 게재된 논문을 수정·보완하여 완성하였습니다.

원회'를 만들어 동포들의 일과 삶을 개선하겠다는 정책적 내용을 발표하였고, 이어 세계화인연합총회(世界華人聯合總會)의 주석 쟝린(姜琳)은 한국에 거주하고 있는 30만 화인(華人)의 조국발전에 대한 공헌을 찬양하였으며, 대회 조직위원회 주석 조명권은 이 대회가 "우리 화인화예(華人華裔)의 자랑이며 또한 동포의 큰 기쁨"이라면서 모국의 발전을 위해 더욱 노력하겠다고 소감을 밝혔다.

우리는 여기서 어렵지 않게 조선족을 둘러싸고 중국은 이들을 화인, 즉 해외의 중국인으로 바라보고, 한국은 동포, 즉 해외의 한국인으로 바라보고 있는 극히 모순된 상황을 발견할 수 있다. 결국 한국어와 중국어로 각기 표기된 '귀한동포'와 '韓籍華人'의 병기 및 '한적화인(韓籍華人)'의 용어는 곧바로 적지 않은 논란을 야기하였다. 이주동포개발연구원 곽재석 원장은 조선족동포가 '한적화인'을 자처하며 활동하는 것에 대해 강한 비판을 가하였고, 그해 8월 7일에는 이 문제를 둘러싸고 관계자들이 모여 난상토론을 벌이기도 하였다(동포세계신문, 2015.8.13) 지난 세기 90년대 이래부터 조선족의 정체성, 특히 한국에 거주하고 있는 조선족의 정체성 문제는 한중 양국의 주요 관심사로 떠올라 있다. 과연 한국과 중국 사이의 상이한 이해 및 이익구도에 걸쳐있는 조선족 스스로는 과연 어떤 정체성을 가지고 있는가?

우선 조선족 역사에 대한 연구에 있어 한중 양국의 분명한 시각 차이가 존재한다. 중국역사학계의 조선족 연구는 중국 동북지역의 개척에서부터 시작하여 항일, 혁명, 개혁개방 등 사회주의 중국의 역사를 함께 걸어온 소수민족으로서의 역사를 강조하는 반면, 한국 학계는 조선족이 중국의 국민이라는 현실을 인정하면서도 한민족과의 관계 및 한민족으로서의 강한 민족적·문화적 정체성을 부각시켜왔다. 양국 학계에서 조선족 역사가 차지하는 지위 또한 서로 다르다. 중국에서 조선족의 역사는 '중국역사'의 범주에 명확히 포괄되어 이른바 '위대한 중화민족'의 건설을 뚜렷이 지향하지만, 한국에서 조선족의 역사는 그 지위를 인정받지 못한 채 오직 모호하게 설계된 '한민족 공동체'의 건설을 지향하고 있다. 조선족의 역사를 둘러싼 양자의 차이에도 불구하고 분명한 점은 한국 학계의 조선족에 대한 역사 인식이 조선족의 실제적 삶에 직접적 영향을 미치지 못하는 반면, 중국 학계의 그것은 조선족의 삶과 사고를 지배하는 현실적 정치이념으로 작동한다는 것이다.

한 국가의 민족의식 혹은 국가의식과 밀접한 관계를 맺고 있는 역사학과 달리 사회학은 사회적 관계의 여러 현상을 연구대상으로 삼고 있기 때문에 정치이념이나 진영논리로부터 비교적 자유롭다. 특히 현재 사회학에서 통용되고 있는 디아스포라 개념은 과거의 국가중심 분석틀을 극복해 국가의 경계를 뛰어넘은 새로운 행위자를 의미하고 있어 조선족의 정체성 연구에 유용하다. 샤프란(William Safran)이나 코헨(Robin Cohen) 등에 의해 정립된 디아스포라에 관한 이론은 이산의 경험과 거주국에서의 차별경험, 그리고 모국에 대한 긍정적 이미지와 헌신성 등을 디아스포라의 조건으로 제시하고 있다(임채완·여병창·리단·최승현, 2013: 23~30). 이 정의에서 기초하여 한국의 양필승(2000: 143~146)은 국제환경, 거주국상황, 디아스포라 모국요인 등의 외부적 요소와 언어, 전통, 이념 등의 내부적 요소 사이의 상관관계라는 분석틀을 통해 디아스포라로서의 한국화교의 정체성을 살펴었고, 박사명 등(2000: 8~25)은 유화나 압박과 같은 거주국의 민족정책 및 민족 사이의 상호작용에 따라 해당 디아스포라의 정체성이 동화(同化)나 이화(異化)의 방향으로 나아간다고 주장하였다.

그런데 이어 살펴볼 시대환경에 따른 조선족 정체성의 변화 과정을 살펴보면, 기존의 디아스포라 관련 정의와 조선족의 현실 사이에 상당한 괴리가 있음을 발견할 수 있다. 즉, 당대의 조선족, 특히 재한 조선족은 이미 모국과 거주국을 넘어 제3국을 향한 재(再)이민의 경향을 가지고 있고, 초국적 민족네트워크를 통한 제3의 공간을 구축하고 있으며, 심지어 모국에 대한 능동적 이탈(exit)이 현실로 등장하고 있다(전형권, 2006: 139~140). 또한 재한 조선족의 정체성 형성에 있어 모국이나 거주국의 역할은 이미 결정적 역할에서 물러나 부차적, 혹은 선택적 요인으로 그 지위가 하향 조정되고, 그 대신 조선족 당사자의 능동적 선택권이 크게 강화되고 있는 추세이다. 이러한 추세와 관련하여 임채완(2008)은 국민국가의 영향력이 약화된 지구화시대의 특징과 함께 초국가적 사회영역에서 생존하는 디아스포라의 다중적(多重的) 관계를 분석한 바있다.

이 글이 관심을 두고 있는 '조선족'은 엄연히 사회주의 중국의 '인민'이다. 당대 중국의 헌법 24조는 "국가는 조국, 인민, 노동, 과학, 사회주의에 대한 사랑의 공덕을 제창하고, 인민 속에서 애국주의, 집단주의, 국제주의, 공산주의 교육을 진행하며, 또한 변증유물주의와 역사유물주의의 교육을 진행하고, 자본주의와 봉건주의, 그리고 기타 진부한 사상을 반대한다."고 명시하고 있다. 이는 조선족의 삶과 의식이 사회주의 중국의 이념과 이에 근거한 정책에 지배를 받고, 이에 따라 그들의 정체성 또한 사회주의 중국과 불가분의 관계를 맺고 있음을 의미할 뿐 아니라, 나아가 조선족을 둘러싼 생존 및 발전의 조건이 한국국민의 그것과 다를 수밖에 없다는 점을 명확히 설명하고 있다. 조선족을 이해하기 위해서는 조선족의 '다름'에 대한 이해가 우선 필요하다.

이 글은 역사적 방법론을 통해 조선족의 탄생 및 그 생존의 과정을 살펴보고, 이어 기왕의 사회학적 이론 연구 및 조사 자료를 참고하여 당대 중국의 조선족 및 재한 조선족의 정체성 문제를 검토해보고자 한다. 왜냐하면 조선족 정체성이 가진 '다름'의 본질이 그들이 걸어왔던 역사에서 비롯되기 때문이며, 또한 조선족 정체성의 내용이 다양한 사회관계 속에서 행해진 수차례의 '선택'을 통해 누적되어 형성되었기 때문이다.

세계시장의 형성과 더불어 디아스포라의 역할이 큰 폭으로 강화되고 있다. 중국은 개혁개방 이래 화교 화인을 중국의 발전을 위한 "특수한 기회" 혹은 "중화민족의 인재자원의 보고"라고 칭송하면서 이를 적극적으로 활용하고 있고(鄧小平文集, 1993: 358; 大倉僑聯, 2017), 한국의 재외동포에 대한 관심도 이에 뒤지지 않는다. 한국은 현재 조선족을 포함한 재외동포를 국가발전을 위한 소중한 자산으로 여기며 이들에 대한 영향력을 확대시키고자 노력하고 있다. 이에 '다름'과 '선택'을 키워드로 삼아 조선족 정체성의 본질과 특성을 탐구한 이 글은 조선족을 포함한 재외동포의 현상과 그 미래를 이해하는데 다소간의 의의를 가질 수 있을 것으로 낙관한다.

2. 조선족의 탄생

'조선족(朝鮮族)'이란 중국정부가 자국 내의 특정 소수민족에게 부여한 합법적 명칭으로서, 역사적 기억으로서의 '조선'과 현실적 행위주체로서의 '족(族)'을 결합하여 만든 중국 내 55개 소수민족 중 하나이다. 조선족에게 있어 '조선'은 국가로서의 한국이나 북한을 의미한다기보다는 조선족이 '조선족'으로 인정받은 지난 세기 50년대 이전까지의 역사적 '조선'을 의미한다. 왜냐하면 조선족의

'조선'은 50년대 이후 한반도의 역사진행과 연결되지 못하고, 대신 사회주의 중국이라는 지배 환경의 통제와 영향 아래 한국의 '조선'과는 다른 역사의식으로 기능했기 때문이다. 칼 베커(Carl Becker)에 의하면 역사는 항상 새롭게 다시 쓰이며, 따라서 모든 역사는 현재의 역사이다. 여기서 한발 더 나아가면 역사의식은 행위자에게 현재 살아가고 있는 시대의 역사적 좌표를 이해케 하고 더불어 행위자가 나아가야 할 방향을 제시한다. 그러므로 조선족의 '조선'은 사회주의 중국의 민족정책 아래, 그리고 사회주의 중국이 지정한 조선족자치주라는 공간에서 중국역사의 일부로써 해석될 수밖에 없는 운명을 가지고 있는 것이다.

조선족의 '조선'이 역사적 기억에서 출발하는 것에 비해, '족'은 그들의 생존 및 발전의 지배적 조건이 되었던 사회주의 중국에 철저히 종속되어 있다. 주지하다시피 1945년 조선이 해방을 맞이하기 전까지 그들의 신분은 조선족이 아닌 조선인, 즉 일시적이며 또한 불가피하게 중국으로 이주한, 그러나 언젠가는 조선으로 돌아갈 사람이었다(권태환, 2005: 122~123). 특히 일본패망 직후 중국 동북지역의 혼란과 조선인에 대한 중국인의 복수극은 조선인의 귀국을 독촉하였다(李海燕, 2014: 245). 여기서 더해 전후 중국국민당은 "일본 점령 시 동북지구에 이주한 조선인에게 귀국을 명하고 그 재산은 조례에 따라 처분한다."는 내용의 〈동북복원계획강요초안(東北復原計劃綱要草案)〉을 발표하여 조선인 농민이 경작하고 있던 모든 땅을 적위재산(敵僞財産)으로 규정, 조선족이 가지고 있던 모든 권리를 부정하였다(中國朝鮮族歷史史蹟編輯委員會, 1992; 韓묘, 2013; 劉信君, 1998: 693). 이러한 상황에서 당시 중국거주 조선인에게는 조선으로의 귀국 외에 다른 출구는 없었다. 해방 직후부터 1945년 말까지의 4개월 만에 53만의 조선인이 대거 귀국하였고,

그 외의 조선인 또한 조속한 귀국을 준비하고 있었다. 그런데 동북지역에서 중국공산당의 영향력이 확대되면서 조선인은 귀국이 아닌 또 다른 선택의 여지를 발견하기 시작하였다.

코민테른의 이념지도에 따라 중국공산당은 민족문제를 혁명완수를 위한 중요 수단으로 이해하고 있었다. 이는 중국국민당의 민족정책과 뚜렷이 비교되는바, 쑨원(孫文) 이래 장제스(蔣介石)까지 중국국민당은 대한족주의(大漢族主義)에 의한 동화를 중국민족정책의 기본방향으로 설정한 반면(馬玉華, 2007), 중국공산당은 19세기 20년대부터 마르크스레닌주의의 '민족자결'을 민족정책의 원칙이며 또한 방향으로 설정하고 있었다. 다음은 1945년 이전 소수민족 문제에 관해 중국공산당이 발표한 주요 정책결정이다: "자유연방제를 통해 몽고(蒙古), 서장(西藏), 회강(回疆)을 통일하고 중화연방공화국(中華聯邦共和國)을 수립한다."(1922년 중국공산당 제2차 전국대표대회에서); "중국의 통일과 민족자결권을 승인한다."(1928년 중국공산당 제6차 전국대표대회 〈민족문제에 관한 결의안(關於民族問題決議案)〉에서); "중국소비에트정권은 중국경내 소수민족의 자결권을 승인한다. (…중략…) 몽(蒙), 회(回), 장(藏), 려(黎), 고려인(高麗人) 등 중국 국경 내에 거주하는 모든 이들은 완전한 자결권을 갖는다."(1931년 〈중화소비에트공화국헌법대강(中華蘇維埃共和國憲法大綱)〉에서); "몽민(蒙民), 회민(回民) 등 모든 소수민족을 동원하고, 민족자결과 민족자치의 원칙 아래 공동으로 항일(抗日)한다."(1937년 〈중국공산당 항일구국 10대강령〉에서); "각 소수민족의 문화, 종교, 습관을 존중하고, (…중략…) 소수민족에 대한 어떠한 모욕적 언행, 문자, 행동을 금지하며, (…중략…) 각 민족은 한족(漢族)과 평등한 권리를 가지며, 공동으로 일본에 대항한다는 원칙 아래 자기의 사무는 자기가 관리할 권한을 가지며, (…중략…) 그들에게 중국어

학습을 강요할 수 없다."(1938년 중국공산당 제6차 중앙위원회 제6차 전체회의에서 제기된 마오쩌뚱(毛澤東)의 지시에서) 이와 같이 민족자결을 기본으로 하던 중국공산당의 민족정책은 중화인민공화국 건국 당시 헌법적 기능을 수행하였던 1949년의 〈인민정치협상회의 공동강령〉에 민족자치의 모습으로 반영되었고, 나아가 1952년 제정된 〈중화인민공화국 민족구역 자치실시강요〉는 위 〈공동강령〉에 근거하여 자치구 및 자치기관의 건설, 재정을 포함한 자치 권리의 보장 등을 구체적으로 명시하였다(劉源泉·李資源, 2012).

중국공산당의 소수민족에 대한 명확한 우대방침이 천명된 가운데, 일본패망 직후 동북지역에서는 조선인을 둘러싼 논란이 확산되고 있었다. "화북항전(華北抗戰)에 참가한 조선의용군을 제외하고, 동북의 조선인을 중국 국경내의 소수민족으로 인정해야 한다."는 1945년 9월말 중국공산당 동북국(東北局)의 결의로부터 시작하여 당시 연변의 최고행정기관이었던 연변행정독사전원공서(延邊行政督查專員公署)는 1945년 11월 조선인이 정치, 경제, 문화 등 각 영역에서 중국인과 동등한 지위를 갖는다고 발표하였고, 1946년 3월부터 시작된 토지개혁에서는 조선인에 대한 토지분배가 함께 지시되었다. 하지만 이러한 조치는 현지 중국인의 거센 반발을 야기하였다. 과거 중국인, 조선인, 일본인이 혼거했던 동북지역에서 일본제국주의는 중국인과 조선인의 갈등을 정책적으로 조장하였고, 이로써 야기된 중국인의 조선인에 대한 적대감과 보복행위는 해방 이후 보편적 사회현상으로서 확대되었다(雍文濤, 1994: 513). 특히 연변지역 공유지의 1/3을 조선인에게 분배한다는 중공연변지구위원회(中共延邊地委)의 정책이 전해지자 현지 중국인은 격렬히 반발하였다. 왜냐하면 해당 공유지의 상당부분이 일제가 중국인 지주로부터 빼앗아 조선인에게 임대했던 토지였기 때문이었다

(李源泉·李資源, 2012). 하지만 소수민족 우대 및 민족자결은 중국공산당이 제시한 민족정책의 핵심이었을 뿐 아니라, 중국공산당에 대한 소수민족의 지지는 중국국민당과의 정권 쟁탈전에서 필수불가결한 것이었기에 현지 조선인에 대한 중국공산당의 정책은 확고하게 견지될 수 있었다. 이에 따라 현지 중국인의 동북 조선인에 대한 '얼구이즈(二鬼子, 즉 일본놈 아류)'적 평가는 중국공산당이 적극적으로 홍보한 '조선인의 혁명성'에 의해 오히려 압도되기 시작하였다. 중국정부의 공식적 표현을 빌리자면, 조선족 거주지의 "산골마다 진달래이고, 부락마다 기념비"였다. 현지 중국인의 반대에도 불구하고 중공연변지역위원회는 조선인에 대한 토지분배의 결정을 관철해나갔고, 상급 단위인 중공길림성위원회(中共吉林省委)는 군중대회 등의 개최를 통해 지주와의 계급투쟁을 확대시키면서 토지개혁을 추진해나갔다. 이로써 조선인과 중국인 사이의 민족모순은 격화된 지주와 소농사이의 계급모순에 의해 희석되면서 점차 완화되어 갔다.

조선인 신분에 대한 논의 또한 본격적으로 시작되었다. 물론 중국공산당은 1930년대부터 이미 조선족을 소수민족으로 대우하는 시각을 가지고 있었다. 1931년 및 1934년 〈중화소비에트공화국헌법대강〉은 중국 경내의 고려인을 이미 소비에트공화국의 공민으로 인정하고 있었다. 하지만 이는 통일전선이라는 전략적 차원에서 출현한 것으로 당시의 현실 상황에서 실천될 수 있는 것은 아니었다. 하지만 1945년 이후의 상황은 달라졌고, 조선인의 신분문제는 당시 진행되던 토지개혁의 실천과 불가분의 관계를 맺고 있었다. 1946년 말부터 시작된 당 주도의 각종 공작회의는 공개적으로 조선인의 신분문제를 공론화하였고, 결국 1948년 8월 중공연변지구위원회는 1947년 12월 공포된 〈동북해방구의 토지법대강 실행보충

법〈東北解放區實行土地法大綱補充辦法〉에 근거하여 "조선족은 연변의 개발과 건설의 주력군이고, 또한 우량한 혁명전통을 가지고 있다"면서 이들의 소수민족지위를 공식적으로 확정하였다(延邊朝鮮族自治州檔案館, 1985: 385~386). 특히 여기서 주목할 것은 당시 중국공산당이 동북 조선인의 두 개 신분—조선의 교민이며, 동시에 중국의 공민—을 암묵적으로 인정하고 있었다는 사실이다. 당시 조선인은 중국과 조선을 "한쪽은 아버지이고, 한쪽은 어머니", "여기도 조국이고 저기도 조국"이라고 생각하였고(劉俊秀, 1987: 3), 연변지구위원회는 이러한 조선인의 정서를 고려하여 조선인에 대한 두 개 국적 인정을 상급단위에 요구하였다. 리하이옌(李海燕, 2014: 248)은 이 요구가 길림성 위원회(吉林省委)의 동의를 거쳐 중공중앙의 최종적 비준을 획득하였다고 평가하고 있다. 그런데 1950년 말 중국공안부가 제정한 〈교포관리외자처리의견(外僑管理外資處理意見)〉은 조선족의 신분문제에 대해 다음과 같이 규정하고 있다. "건국 전 동북에 거주하면서 농촌에서 토지, 가옥을 분배받았거나 도시에 정착한 조선인은 중국국적의 조선족으로 인정한다. 그러나 이미 조선교민으로 등록하였거나 혹은 조선공민증을 가진 이는 여전히 조선의 교민이다"(中國警察學會出入境管理專業委員會, 2003: 23) 이렇듯 다소 모호한 표현에서 볼 때, 당시 중국정부는 조선인의 이중국적을 공식적으로 인정했다기보다는 국공내전 및 곧이어 발발한 한국전쟁에 대한 전략적 필요에 근거하여 엄격한 기준을 정하지 않음으로서 조선인의 이중적 신분을 암묵적으로 인정하고 있었다고 판단할 수 있다(梁治寇, 2006; 姜豊裕, 2012).

중국공산당의 모습은 조선인에게 가난, 핍박, 학대로부터 구원해준 선한 존재 또는 은혜를 베풀어준 구세주로 비쳐졌고(윤휘석, 2012: 191), 이는 조선인의 선택에 결정적인 역할을 수행하였다. 중국공산당의 토지개혁으로 난생 처음 자신의 토지를 소유하게 된 동북 조선인 소농들은 능동적으로 각 생산단위를 조직화하면서 농업생산력을 제고해나갔고(中華人民共和國國家民族事務委員會, 2017), 해방전쟁이라 포장된 중국 국민당과의 정권쟁탈전에도 역시 적극 참여하여, 6만 3천명의 조선족이 중국인민해방군에 입대하였고, 10여만 명이 지방무장조직에 참가하였으며, 수십만 명이 후방 지원에 참여하였다(金炳鎬·肖銳, 2011: 127). 1946년 18만, 그리고 1947년 10만을 끝으로 조선을 향한 귀국행렬은 일단락되었고(李海燕, 2014: 245), 남은 100만여 조선인은 중국공산당의 민족정책에 순응하며 '조선족'으로 변모하기 시작하였다. 중국정부는 1953년 전국인민대회를 구성할 각 민족대표를 선출하기 위해 1950년부터 이른바 '민족식별(民族識別)'사업을 진행하였는데, 조선족은 이미 최초단계에서부터 그 합법적 신분을 인정받았다. 즉, 1950년부터 1954년까지 신청 접수된 400여 개의 민족 가운데 중국정부는 우선 몽고(蒙古), 회(回), 장(藏), 위그루(維吾爾), 묘(苗), 이(彝), 만(滿), 요(瑤), 려(黎), 고산(高山) 및 조선족 등 38개의 소수민족을 우선 확정지었다. 그 결과 1954년 제1차 전국인민대표대회의 1,226명 전체대표 가운데 주덕해, 김시룡, 김신숙 등 조선족 대표를 포함한 177명의 소수민족 대표가 선출되었다. 더불어 조선족은 앞서 언급한 〈민족구역자치실시강요〉에 근거해 조선족의 자치공간인 '연변조선민족자치주'를 제공받았다.

결국 중국에 거주하던 '조선인'은 중국의 혁명 과정에 참여하면서, 그리고 마르크스레닌주의의 민족정책과 중국공산당의 소수민족 우대정책에 유인되면서 중국에서의 삶을 최종 선택하였고, 이로써 시작된 '조선족'의 역사는 이제 '한국'이나 '한민족'의 한 부분이 아닌 '사회주의 중국'과 '중화민족'의 구성요소로서 그 지위를 부여받게 되었다.

3. 조선족의 정체성

"존재가 의식을 규정한다."는 마르크스의 유명한 명제처럼 '조
선족'이라는 존재의 탄생은 조선족으로서의 집단적 자아의식, 즉
조선족의 정체성을 생성시켰다. 기억으로서의 '조선'과 생존조건
으로서의 '중국' 사이에 위치한 조선족은 사회주의 중국이라는 지
배환경과 이의 통치이념에 종속되었고, 여기서 '조선'에 대한 기억
은 '중국'이 허용하는 선에서 유지, 발전될 수밖에 없었다.

1950년대 중반까지 각 소수민족의 '다름'에 대한 중국의 수용력
은 조선족의 이중국적을 논의할 정도로 그 허용범주가 꽤나 넓었
다. 그 예로 당시 중국 조선족 문학은 중국이라는 지배환경에도
불구하고 대개 조선어로 창작이 진행되었고, 심지어 김학철은 〈해
란강아 말하라〉라는 작품을 통해 중국 조선족의 이중적 정체성에
대한 문제를 제기하기도 하였다(송현호, 2007). 하지만 1957년부터
시작된 반우파투쟁(反右派鬪爭)을 계기로 중국이 당초 가지고 있었
던 '백화제방백가쟁명(百花齊放百家爭鳴)'의 자신감과 관용의 분위
기가 극좌의 방향으로 급선회하면서 소수민족의 '다름'에 대한 수
용력 또한 급격히 협소해졌다. 이때부터 1976년 문화대혁명이 끝
날 때까지 진행된 극렬한 계급투쟁 속에서 각 소수민족이 가진 이
질성, 혹은 이중성은 오직 비판의 대상으로 전락하였고, 이에 따라
각 민족의 문화, 생활습관, 언어와 문자, 민족교육은 일괄 폐지되
면서 강압적인 민족동화가 추진되었다(김상철·장재혁, 2003: 74). 조
선족 사회의 대표적 지도자였던 주덕해(朱德海)가 '반역자', '간첩',

'매국역적' 등 혐의로 숙청된 것을 비롯하여, 조선족 사회는 문화대혁명 기간 동안 3천명의 사망과 5천명의 부상을 포함하여 무려 3만 8천여 명이 정치적 박해를 받았다(박경수, 1987: 224~225). 김학철 등 다수의 조선족 작가는 우파로 낙인찍혀 창작의 기회를 박탈당했고(리광일, 2005: 431), '연변문련'과 그 산하의 각 협회는 해산되었으며, '연변가무단', '연변연극단' 등 예술 공연단체의 활동 또한 중지되었고, 〈연변〉, 〈장백산〉 등 잡지들은 폐간되었으며, 연변대학 등 고등교육기관에서는 조선어 대신 중국어로 강의를 시작하였다(조성일·권철, 1997: 393; 이민호, 2012: 340).

반우파투쟁과 문화대혁명은 조선족에게 오직 마오쩌둥의 신봉자이며 사회주의의 역군이라는 정체성만을 요구하였고, 이에 조선족의 정체성은 큰 손상을 입었다. 하지만 여기서 우리는 지배환경의 변화에 따라 끌려가기보다는 오히려 자신의 운명을 능동적으로 개척해나가는 조선족 정체성의 한 특징을 발견할 수 있다. 예로 〈연변일보〉는 한때 〈신화사전신(新華社電迅)〉이란 중국어 신문으로의 변모를 강요당하면서도, 매일 제1면 상단에 〈모택동어록〉을 발췌 게재하고, 마오쩌둥의 '말씀'을 부지런히 학습하고 실천하는 무산계급의 이야기를 다룬 각종 수필과 소설을 발표하면서 조선족사회의 계급의식을 고취시켰다(차희정, 2012). 또한 중국공산당 연변지방위원회 서기, 조선족자치주 주장, 연변군분구 정치위원, 길림성 부성장, 중국공산당 중앙위원회 후보위원이라는 다수의 직위를 가지고 조선족 사회를 이끌어 왔던 주덕해의 숙청과정은 전체 조선족 사회를 계급투쟁의 소용돌이에 몰아넣었지만(염인호, 2005), 다른 한편에서 이는 조선족 개개인이 당의 극좌적 노선을 능동적으로 받아들이게 하는 결정적 요인으로 작용하였다. 즉, 중화인민공화국 건립 전후의 조선족이 "자신을 바로세우고 삶의 영역을 만들어 가기 위한 방법"으로서 중심 권력에 적극 협조하였다면(차희정, 2007: 130), 첨예한 계급투쟁 시기의 조선족은 극좌적 정책을 스스로 내재화함으로써 사회주의 중국이 요구하는 혁명투사의 지위를 당당히 쟁취하고자 노력했던 것이다. 이러한 정체성의 변화는 과경민족(跨境民族)으로서의 조선족이 처한 불안한 처지를 넘어 지배환경의 변화에 따른 조선족의 능동적 움직임을 보여준다.

베리(Berry, 1989)는 디아스포라의 문화 적응을 다음과 같이 범주화하고 있어 당시 조선족의 정체성을 파악하는 데 도움을 준다. 통합(Integration)은 자신의 문화적 정체감과 특성을 유지하면서 주류 사회와의 관계를 유지하는 유형이고, 동화(Assimilation)는 자신의 문화적 정체감과 특성은 유지하지 않고 주류 사회와의 관계수립에 적극적인 유형이다. 분리(Segregation)는 문화적 정체감을 유지하면서 주류 사회와의 관계는 거부하는 것이고, 주변화(Marginalization)는 정체감과 특성을 유지하지 못하면서 동시에 주류 사회와의 관계 또한 소극적인 유형이다. 조선족은 지배환경의 변화에 따라 한때는 민족성, 또 한때는 계급성을 강조하면서 주류 사회와의 관계를 유지하고 있는데, 이는 능동적 통합전략의 한 유형으로서 조선족 정체성의 주요 특징이라 평가할 수 있다.

문화대혁명이 종료되고 '개혁개방'이 정책적으로 추진되면서 조선족을 포함한 각 과경민족의 '다름'은 다시 인정받기 시작하였다. 문화대혁명으로 폐쇄되었던 전국인민대표대회의 민족위원회는 1979년에 복원되었고, 대표적 우파로 낙인찍혀 민족위원회에서 축출되었던 민족학자 페이샤오퉁(費孝通)은 복권되었다. 개혁개방과 함께 중국 사회에 다시금 활력과 관용의 분위기가 움트기 시작하자 소수민족에 대한 연구 또한 활발해졌다. 특히 조선족과 같이 과경민족의 위치에 처해있던 소수민족의 존재는 중국의 국가 운영에 있어 지극히 민감한 요소로 작동하였던 바, 이에 중국은 각 과경민족의 다름을 인정하면서도, 동시에 중국에 대한 구심력을 강화할 민족이론을 만들어내기 시작했다. 때마침 제시된 페이샤오퉁의 '중화민족 다원일체(多元一體)구조' 이론은 중국이 당면한 민족문제를 해결할 적절한 이론이었고, 이에 이 이론은 "중국의 민족관계, 민족사업, 민족이론정책체계의 제정에 있어 매우 강한 지도적 의미"를 확보하면서 중국 민족정책의 기본 이론으로 적극 활용되기 시작하였다(馬啓智, 2010). 페이샤오퉁은 중국 각 소수민족이 갖는 '다름' 사이에 상호 연결이 가능한 매개를 발견하고 이를 '우리'에 대한 인식으로 귀결시켰는데, 그는 '우리'는 무엇이고 '우리'는 어디서 와서 어디로 가며 또 '우리'는 어떻게 우리를 '선택'할 것인가 등의 문제제기를 통해 '중화민족'을 '우리'와 등치시켰다(費孝通,1997). 결국 페이샤오퉁은 100여 년 전 량치차오(梁啓超)의 혜안이 녹아있는 '중화민족=우리'의 등식을 이념적으로 이론화하여 중화민족을 향한 각 소수민족의 구심력을 강화함으로써 56개의 '다름'이 함께 나아가야 할 하나의 방향을 제시하였다(梁啓超, 1989: 21).

'통일을 향한 다름'이라고 해석할 수 있는 당대 중국의 민족정책은 다시금 조선족 정체성에 관한 담론을 형성케 할 여유 공간을 제공했다. 우선 조선족 작가는 자유로운 창작 활동이 가능해지자 조선족의 현실이나 민족정체성에 관한 작품들을 앞 다투어 내놓기 시작하였다(오상순, 2001: 111~114). 예로 허륜순이 1996년 발표한 장편소설 〈바람꽃〉은 조선족 정체성의 문제를 사실적으로 묘사하면서, 깨끗하다/더럽다, 교양있다/무식하다, 부지런하다/게으르다, 베푼다/인색하다 등의 다소 추상화된 이항대립을 통해 한족과의 비교를 통한 조선족의 우월성을 강조하였다(한홍화, 2010: 199~200). 이항대립구도를 통한 한족과의 비교는 조선족이 보편적으로 가지고 있었던 정체성 확립의 한 방법으로서, 이는 '민족평등'을 주장하는 중국의 공식적 담론의 영향 아래 한족에 대한 상대적 우월성을 강조함으로서 한족에 대한 열등감을 상쇄코자 했던 것으로 파악된다(이현정, 2001; 박영균, 2014). 조선족 문학계가 조선족의 '다름'에 관심을 갖는 것에 비해 조선족 역사학계는 좀 더 명확하게 중국 민족정책에 부응하는 조선족 역사, 즉 중화민족 일부로서의 조선족 역사에 관심을 두었다. 1980년대 이래 조선족 학계는 항일투쟁과 해방전쟁에 관한 약사, 투쟁사, 열사전, 인물전, 회고록, 문물지, 문사자료집 등 각종 연구저서를 대량 출간하였는데, 이들 역사서는 예외 없이 중국의 항일전쟁 및 해방전쟁에 대한 조선족의 공헌을 강조함으로서 조선족역사를 중국역사의 일부에 위치시키고 있었다(김춘선, 2012: 4~5).

결국 당대 조선족 정체성은 지배환경인 중국의 정치·경제·인문 환경 및 이의 변화에 기민히 대처하면서, 또한 그들의 태생적 조건인 '조선'요인의 강도를 능동적으로 조절하면서 조선족 스스로가 만들어낸 결과물로서, 조선과 이주 당시에 대한 기억, 동북개척과 항일 및 혁명에 대한 자부심, 한족에 대한 우월의식(혹은 피해의식), 사회주의 의식 형태와 생활 방식, 언어 및 의식주에서의 혼합, 중국 민족정책에 대한 긍정 등은 모두 조선족 정체성을 구성하는 개별적 요소로 작동해왔다. 그런데 90년대 이래 조선족에게 기억으로서의 '조선'이 아닌 실체로서의 '한국'이 등장하면서, 더욱이 그 '한국'이 개별적 조선족의 삶에 거대한 영향을 미치기 시작하면서 조선족의 정체성을 둘러싼 새로운 형태의 논쟁이 발생하였다.

당대 조선족 사회의 쟁쟁한 문학계 인사가 총동원되어 지금까지도 진행되고 있는 이 논쟁을 대략적으로 정리하자면, 우선 중국국민정체성을 강조한 '100% 조선족'론, 둘째 디아스포라의 이중정체성을 강조한 '며느리론', 셋째 제3의 문화적 성격을 강조한 '변연문화론'으로 구분할 수 있다. 황유복이 주창하고 있는 '100% 조선족'론은 조선족과 한민족의 종족적 연관성을 인정하면서도, '중국의 국민'이 되는 과정에 착안하여 조선족이 명실상부한 "중국국적을 가진 중국 소수민족의 일원"임을 강조하고 있다(해외한민족연구소, 2009; 동북아신문, 2009.8.29; 人民網, 2011.7.26). 최근 재한 조선족을 대상으로 한 조사결과는 재한 조선족의 한국에 대한 불만과 중국에 대한 귀속의식의 강화를 보여주는데, 이는 곧 '100%조선족'론의 근거로써 활용된다(朴婷嬉, 2008). 이에 비해 정판룡에서부터 시작하여 조성일, 김호웅 등이 주장하는 '며느리론', 혹은 '이중정체성론'은 조선족이 가지는 한반도문화와의 동질성을 근거로 조선족이 한민족의 일부임을 인정하고, 나아가 조선족이 한민족의 전통과 '원형'을 떠난다면 결국 타민족에 동화되는 비극을 맞게 될 것이라 염려하고 있다(중국조선족문화통신, 2016.7.10; 김호웅, 2010). 그리고 이강일(2001)의 '변연문화론'은 조선족사회가 가지고 있는 이중문화성격을 조선족 고유의 장점으로 이해하며, 이 역할을 적극적으로 확대하여 조선족 문화를 발전시키는 것이 조선족, 중국, 한국에 모두 유리하다고 주장하였다. 특히 그는 재한 조선족이 한국사회에 대해 보편적 반감을 가지고 있다고 지적하면서, 이는 한국중심의 사고 및 이에 따른 차별과 동화의 강요, 그리고 소위 한민족 공동체가 가진 극단적인 민족주의 사고에서 비롯되었다고 비판하고 있다.

조선족 사회의 각종 매체를 훑어보면 위 논쟁이 이미 학계의 범위를 넘어 전체 조선족 사회의 대표적 논쟁으로 진행되고 있음을 발견할 수 있다. 이는 조선족의 정체성 형성 및 변화에 결정적 기능을 수행해 왔던 지배환경의 지위와 역할이 약해진 반면, 조선족 스스로의 능동적 선택이 보다 강화되었음을 의미하고 있다.

4. 재한 조선족의 정체성

1992년 한중수교이래 조선족의 한국 진출은 지속적으로 증가하였고, 현재 그 수는 70만으로 추산되고 있다(연합뉴스, 2016.3.9). 조선족의 한국진출이 급속히 증가한 현상은 조선족을 둘러싼 환경과 이에 따른 이익구도에 근본적 변화가 발생했음을 설명한다. 우선 조선족의 삶을 지배하고 있던 중국의 환경변화를 살펴본다. 개혁개방, 특히 2002년 '3개대표론(三個代表論)'의 등장은 조선족을 포함한 모든 중국인의 가치관과 행동양식을 변화시켰다. 이른바 '3개대표론'은 중국공산당이 선진생산력, 선진문화, 광대한 인민의 근본이익을 대표해야 한다는 이론으로써, 여기서 자본가의 지위와 그 이익은 중국공산당이 수호해야 할 주요 대상으로 포괄되었다. 중국공산당 및 중국정부는 2002년 〈중국공산당장정(中國共産黨章程)〉 및 2004년 〈중화인민공화국헌법(中華人民共和國憲法)〉의 수정을 통해 '3개대표론'을 중국공산당의 중요정치이론이자 중화인민공화국의 지도사상으로 확정하였다. 이로서 과거 주자파(走資派), 반혁명(反革命)분자의 반동행위로 비판되었던 개인의 사적 이익 추구는 이제 사회발전을 위한 동력으로 인정받았고, 심지어 자본가의 이익과 그 지위는 중국공산당이 옹호해야 할 대상으로서 긍정되기 시작하였다.

개혁개방으로 시작된 중국 사회의 변화는 곧바로 전통적 의미의 조선족사회를 동요시켰다. 국유기업의 구조조정에 따른 대규모 '샤강(下崗)'-실업으로 조선족 사회의 경제적 불안이 확대되었고, 앞 다투어 진행된 도시로의 이주나 해외로의 진출은 조선족 사회의 해체라는 위기감을 고조시켰다. 그 예로 1997년부터 1998년 4월까지 연변의 실업인원은 4만 8천에 이르고 있었고(金桂月, 1998: 170), 1970년대 1,000여 개에 달하던 조선족학교는 2013년에 이르러 200개에도 미치지 못하고 있었다(중앙일보, 2013.10.2).

하지만 인구이동이란 본디 생존과 발전을 위한 선택인바, 개혁개방이 야기한 위기는 오히려 젊은 조선족에게 긍정적 동기를 제공하였고, 특히 때맞추어 진행된 한중수교 및 한국 노동시장의 개방은 이러한 조선족에게 한족과의 경쟁에서 우위를 확보할 수 있는 결정적 기회로 이해되었다. 연변대학 졸업생의 취업 상황은 좋은 예인데, 2007년 연변대학을 졸업한 조선족 학생의 취업률은 거의 100%에 육박하고, 졸업생의 월급은 타 민족의 그것과 비교하여 두 배 이상에 해당하는 5,000위안 규모에 달하였다(朝鮮文報, 2007.1.9).

브르디외(Bourdieu, 1977: 171~183)는 자본을 경제자본, 문화자본, 사회자본, 상징자본으로 구분한다. 이에 근거하면, 조선족이 가지고 있던 '조선'에 대한 기억은 한국으로의 진출에 있어 다른 외국인이 가지지 못한 문화적·사회적 자본이었고, 이들의 경제적 성취는 다시 중국 조선족의 한국진출을 자극하였다. 이진영·박우(2009: 108)의 연구에 따르면 한국에 진출한 조선족 노동자의 임금은 중국의 그것과 비교하여 직업별 평균 6.6배 많았다. 이러한 선순환작용의 결과 동북삼성에 97%이상 집중 거주하던 조선족은 2014년에 이르러 무려 55%에서 60%이상, 즉 110만에서 120만 정도가 중국의 대도시나 해외로 삶의 공간을 확장하였다(李銳銳·鄭喜淑, 2014).

조선족의 삶이 한국에까지 확산되고, 심지어 중국 조선족사회의

와해와 함께 한국조선족사회의 형성이라는 새로운 사회현상이 발생하자 한중 양국은 이에 대한 정책적 연구를 진행하기 시작하였다. 우선 한국정부는 조선족이 포함된 전체 재외동포를 한국의 소중한 자산이라 선언하고, 나아가 글로벌한민족공동체의 실현 및 한민족의 정체성 유지를 재외동포 사업의 기본 목표로 설정하면서, 각종 법률과 정책을 통해 재한 조선족의 지위와 역할을 설정하였다. 재한 조선족의 현상에 대해 중국 측의 대응은 좀 더 구체적으로 진행되었다. 조선족 학계가 '며느리론'과 '100% 조선족'론을 중심으로 조선족 정체성의 현상 및 방향에 대해 고심하고 있는 사이, 화교 화인 관련 연구자 및 중국정부는 기존의 '화교 화인'의 범주를 해외로 이주한 소수민족에까지 확대 적용시키면서 한국거주 조선족을 화교 화인의 일부로 이해하기 시작하였다(趙和曼, 2004; 李安山, 2003). 중국귀교연합회의 주석 린쥔(林軍)은 2010년 랴오닝성(遼寧省)을 방문하여 소수민족화교화인에 대한 공작을 각별히 강조하고 있는데, 여기서 언급되는 소수민족화교화인은 당연히 해외의 조선족을 의미하는 것이었다(中華全國歸國華僑聯合會, 2010.6.7).

사회적 관계의 여러 현상을 연구대상으로 삼고 있는 사회학 분야의 연구자들은 당대의 논쟁거리로 부상한 조선족 정체성의 문제를 주의 깊게 관찰하고 있다. 특히 유명기(2002)와 여수경(2005)은 당대 조선족 정체성을 한국지향형, 중국지향형, 다원정체성 지향형 혹은 한국 사회 정착 지향형, 중국의식 강화형, 개인이익 강화형으로 구분하고 있다. 여기서 우리는 이들 유형이 모두 재한 조선족의 능동적인 선택에 근거하고 있음을 발견할 수 있는데, 이는 곧 재한 조선족이 공간에 종속되던 과경민족의 한계를 뛰어 넘어 초국가적 성향을 지닌 디아스포라로 나아가고 있다는 한 증거이기도 하다.

과경민족과 디아스포라에 관한 학계의 정의에 따르면, 과경민족은 근대 국가의 정치적 국경구획에 따라 삶의 공간이 나뉜, 그리고 이에 따라 두 개 이상의 국가에 걸쳐져 삶을 영위하는 민족을 가리키는 것으로서 행위자의 삶은 소속국가의 이념과 정책에 종속된다. 이에 비해 디아스포라라는 당초 '흩뿌리거나 퍼트리는 것'을 뜻하는 그리스어에서 유래하여 세계 각지로 흩어진 유태인의 역사와 현상을 이해하기 위한 용어로 사용되어 오다가, 최근 세계화의 진행과 함께 등장한 이민 행위자의 탈국가적 사회현상과 네트워크 그리고 여러 대상에 대한 동시적 정체성을 포괄하는 용어로 발전하였다. 21세기 들어 디아스포라에 대한 학계의 뜨거운 관심은 디아스포라가 당대 급속히 진행되고 있는 세계화 시대의 제 현상을 꿰뚫는 하나의 키워드로 자리 잡았기 때문일 것이다.

국제관계에서 국가가 주요 행위자로서 역할을 수행하고 있었던 20세기까지 조선족의 삶은 중국이라는 지배환경에 종속되어 있었고, 조선족 정체성의 한 부분을 차지하는 '조선' 요인은 모국에 대한 단순한 기억으로서 작동하고 있었다. 이는 전형적인 과경민족의 모습이었다. 박영균(2014)의 연변조선족 대상 설문조사에 따르면, 조국이 어디인가라는 질문에 91.9%가 중국이라고 응답했고, 모국이 어디냐는 질문에는 24.9%가 중국, 8.8%가 남한, 36%가 북한이라고 응답했다. 그런데 21세기 개방을 내재화한 조선족의 경우, 그들의 모국의식에 심각한 변화가 발생한다. 특히 중국을 떠나 해외로 진출한 조선족은 두 개의 모국을 만나게 되었는데, 하나는 기억의 '조선'과는 분명히 다른 새로운 모국-'한국'이고, 다른 하나는 해외로 진출하기 전까지 조국이라 인식하고 있었던 '중국'이다. 여기서 행위주체로서의 재한 조선족은 자신 앞에 놓인 기억으로서의 '조선', 실체로서의 '한국', 그리고 소속된 국가로서의 '중국' 사이에서 자신의 이익을 고려한 합리적인 선택을 하게 된다.

당대 재한 조선족의 정체성을 고찰하는 데 있어 디아스포라의 합리적 선택은 중요한 의미를 가지고 있다. 세계화가 인정하고 있는 완전경쟁의 시장(市場)에서 각 행위자는 자신이 가지고 있는 다양한 자원을 통해 자신의 이익을 극대화하는데, 여기서 행위자의 역량은 스스로가 가진 자원의 상대적 희소성에 의해 결정된다. 앞서 살펴보았듯이 조선족의 역사 과정은 조선족의 능동성을 잘 보여준다. 한국에 진출한 조선족에게 있어 그 능동성은 더욱 두드러진다. 이들은 경쟁을 내면화하고 있으며, 스스로가 가진 문화적·사회적 자본을 총동원하여 정보를 분석하면서 보다 큰 이익을 창출해나간다. 물론 태생적으로 이중적 혹은 복합적 정체성을 갖는 조선족에게 있어 한 대상을 선택한다는 것이 결코 기타 대상에 대한 포기를 의미하지는 않는다. 기 소르망(Guy Sorman, 1998)의 주장처럼 진보하는 세계화란 개인의 다중정체성(Multi-identity)을 전제하기 때문이다. 이러한 다중정체성에서 각 대상에 대한 정체성의 범위와 그 깊이는 인식주체가 처한 당시의 시대적 조건과 행위자의 기대이익에 의해 결정된다.

당대의 디아스포라는 거주국뿐 아니라 모국의 사무에까지 적극적으로 영향을 미칠 수 있는 존재로 발전하고 있고(Yossi Shain and Aharon Barth, 2003: 449~479), 이에 세계 각국은 각자의 해외교민을 포섭하기 위해 다양한 정책을 내놓고 있다. 디아스포라 개인의 입장에서 선택할 대상이 많아졌다는 것은 행복한 일이기는 하나, 주변과의 다름과 선택의 여지는 종종 난처한 상황을 연출하기도 한다. 이에 당대 조선족에게 가해지는 명확한 정체성의 강요와 이로 인한 조선족의 정체성 혼란은 조선족이 과경민족을 넘어 디아스포라로 발전하는 탈피(脫皮)의 고통이라 해석할 수 있다.

5. 조선족의 '선택'

조선족의 다름은 조선족의 삶이 경과해온 역사와 사회주의 중국이라는 지배환경에서 비롯되었다. 19세기 40년대까지 동북에 거주하고 있던 '조선인'은 중국에 있어 이질적인 존재였다. 중국국민당은 이 다름을 거부했던 반면, 중국공산당은 코민테른의 지침과 통일전선의 필요에 따라 이를 정책적으로 인정했고, 이는 훗날 사회주의 중국의 민족정책으로 확정되었다. 물론 문화대혁명과 같은 극단적인 계급투쟁에서 무산계급을 제외한 모든 형태의 다름은 부정되었지만, 오히려 이 혼란의 역사는 후대에 다름에 대한 인정과 중국 발전의 상관관계를 인식케 하는 교훈을 남겼다.

다름에 대한 중국의 인정은 향후에도 지속될 것으로 예상할 수 있다. 1981년 중국공산당 제11차 6중전회에서 등샤오핑(鄧小平)이 제시한 경제건설 중심의 사회주의초급단계론은 당대 중국의 핵심적인 발전전략으로서 이미 확고부동한 지위를 차지하고 있다. 특히 이와 관련하여 1997년 중국공산당제15대에서 발표된 쟝쩌민(江澤民)의 대표발언은 주목할 만하다. "중국 사회의 주요모순은 인민의 증대되는 물질문화욕구와 낙후한 사회생산 사이의 모순이다. 이 모순은 중국 사회주의 초급단계의 전체 과정과 사회생활의 각 방면에 적용된다. 이는 곧 우리가 경제건설을 전체 중국공산당의 전국적 사업 중심으로 삼아야 함을 결정하고, 나아가 모든 사업이 이 중심에 복종해야 함을 결정한다."(中國共産黨歷次全國代表大會數據庫, 1997.9.12) 이는 중국이 이른바 사회주의초급단계가 완료될 때까지(물론 언제가 될지 모르지만) 계급투쟁이 아닌 경제발전에 총력을 기울이겠다는 선언임과 동시에 중국이 가진 다양한 다름이 경제건설이란 목표를 위해 총동원될 것을 의미하고 있다.

조선족의 역사는 능동의 역사이고, 조선족의 정체성은 시대에 따라 누적된 능동적 '선택'의 결과물이었다. 중국공산당의 통치권을 받아들이면서 그 합법적 신분을 획득한 조선족은 적극적으로 중국공산당의 지도이념과 역사의식을 내재화함으로서 중화민족의 일원이라는 지위를 확보해갔다. 중화인민공화국 건립 전후인 정치적 관용의 시기에는 자신의 민족성을 당당히 제시하면서 중심 권력에 적극 협조하였고, 극렬한 계급투쟁의 시기에는 그 위험 요소를 회피하기보다는 더욱 적극적으로 당의 극좌적 정책을 스스로 내재화하면서 중국공민으로서의 혁명성을 크게 부각시켰다. 중국의 개혁개방은 조선족의 능동성을 더욱 촉발시켰고, 이들의 정체성 또한 그 선택의 범위가 넓어졌다. 현재 조선족은 중국의 어느 소수민족보다도 개혁개방에 잘 적응하고 있다는 평가를 받고 있다. 농업사회였던 연변은 산업사회를 뛰어넘어 정보화 사회로 진입할 정도로 변화가 빠르고, 도시로의 이주와 함께 한국, 일본, 미국 등 해외로의 진출 또한 두드러지고 있다. 조선족은 이 과정에서 경쟁을 내면화하면서 스스로가 가진 문화적·사회적 자본 및 네트워크를 총동원하여 정보를 수집·분석하면서 이익을 창출해나가고 있다. 물론 이러한 과정이 조선족사회의 해체라는 염려를 낳고 있는 것도 사실이지만, 이는 동시에 조선족 사회가 유연하고 확장된 네트워크사회로 변화하면서 과경민족의 틀을 넘어 디아스포라로 발전하고 있음을 보여주는 뚜렷한 증거이기도 하다.

건국 이래 중국은 다민족통일국가론을 민족정책의 핵심으로 삼고 있는데, 그 의미는 곧 하나의 구심점―중화민족―을 향한 여러 개의 다름―56개 소수민족―을 인정한다는 것이다. 최근 중국은 여러 형태의 화교 화인정책을 통해 재한 조선족에 대한 영향력을 행사하고 있다. 중국의 헌법은 "화교의 정당한 권리와 이익을 보호하고, 귀국화교와 화교친족의 합법적 권리와 이익을 보호"한다고 규정하고 있고, 〈귀교교권권익보호법(歸僑僑眷權益保護法)〉은 해외의 화교 화인 및 그 가족이 갖는 중국 내의 권익을 구체적으로 보장하고 있다(최승현, 2014). 물론 한국거주의 조선족은 화교 화인의 범주에 포괄되어 있고, 이에 따라 조선족은 해당 법령을 통해 혜택을 받을 수 있는 대상이 된다. 중국이 조선족의 다름을 인정할 뿐 아니라 우대한다는 의미로 해석될 수 있는 이 정책은 중국발전에 대한 기대심리와 맞물리면서 재한 조선족뿐 아니라 해외 각지에 분포하고 있는 조선족의 정체성에 심대한 영향을 미치고 있다. 예로 한국, 중국, 미국이라는 세 가지 삶의 조건을 가지고 있는 미국조선족의 경우 위의 경향은 더욱 뚜렷이 나타난다. 그들은 미국 한인 사회와 차이나타운 사이에서 그들이 누릴 수 있는 최대한의 이익을 취하면서도 중국에 대한 정체성을 날로 강화시키고 있다. 특히 미국조선족의 각종 사회활동을 보면 한국영사관보다는 중국영사관과의 관계가 두드러지는데, 이에 대해 현지의 한인 사회는 강한 불만을 토로하기도 한다. 재미학자 민병갑은 대부분의 재미조선족이 중국에 대한 충성도가 높은 반면 한국인에 대해서는 부정적 인식이 크다는 연구결과를 내놓고 있다(연합뉴스, 2012.7.9).

이 글이 참고한 여러 연구결과는 재한 조선족의 중국에 대한 국가정체성과 '중화민족'에 대한 민족정체성이 강화되고 있는 반면 한국과 '한민족'에 대한 그것은 오히려 약화되고 있다고 평가하면서 강한 우려를 나타내고 있다. 하지만 이는 당대의 조선족이 한중 양국의 사이, 그리고 양국으로부터 기대할 수 있는 두 개의 이익 사이에서 능동적으로 선택한 당연한 결과이며, 그러하기 때문에 앞에서 언급한 조선족의 '귀한동포'와 '한적화인(韓籍華人)'의 병렬 사용은 재한 조선족 정체성의 창조적 선택으로 풀이될 수 있다.

현재 조선족은 '한국' 혹은 '중국'이라는 전통적인 생존공간을 넘어 전 세계로 그 무대를 확장해 나가고 있다. 의심할 바 없이 우리 한국은 모든 조선족의 모국이다. 그렇다면 어찌 이들이 가진 능동성과 창조성이 우리 한민족의 자랑이 아닐 수 있겠는가!

참고문헌

권태환,『중국 조선족사회의 변화: 1990년 이후를 중심으로』, 서울대학교 출
　　판부, 2005.

김상철·장재혁,『연변과 조선족』, 백산서당, 2003.

김춘선,「연변에서의 조선족 역사 연구동향」,『한국학연구』28집, 2012.

김호웅,「중국조선족과 디아스포라」,『한국인문학연구』29호, 2010.

리광일,「잠재창작과 김학철의 장편소설〈20세기의 신화〉」,『조선의용군 최후
　　의 분대장 김학철』2, 延吉: 연변인민출판사, 2005.

박경수,『연변농업경제사』, 延吉: 연변인민출판사, 1987.

박사명·박은경 외,『동남아의 화인사회』, 전통과현대사, 2000.

박영균,「'상상된 공동체'의 와해와 조선족들의 아비투스」(건국대학교 통일인
　　문학연구단 제19회 국내 학술 심포지엄 자료집), 2014.

송현호,「김학철의〈해란강아 말하라〉연구」,『한중인문학연구』20호, 2007.

양필승,「한국 화교의 어제, 오늘 및 내일」,『국제인권법학회』1(3), 2000.

여수경,「한국체류 조선족의 갈등과 적응」,『인문연구』48호, 2005.

염인호,「중국 연변 문화대혁명과 주덕해의 실각」,『한국독립운동사연구』25
　　호, 2005.

오상순,「개혁개방과 중국조선족 소설문학」,『월인』, 2001.

유명기,「민족과 국민사이에서: 한국체류 조선족들의 정체성 인식에 관하여」,
　　『한국문화인류학』35(1), 2002.

윤휘석,「'복합민족국가'의 파탄」,『중국사연구』78집, 2012.

이강일,「한민족공동체 형성을 위한 중국조선족의 역할」,『지방행정연구』
　　15(1), 2001.

이민호,「소수자로서 중국 조선족의 이주사 및 정치·사회 환경 변화에 따른

　　　정체성 변동」,『인문과학연구』 30집, 2012.

이진영·박우, 「재한 중국조선족 노동자집단의 형성과정에 관한 연구」,『한국
　　　동북아논총』 51집, 2009.

이현정, 「조선족의 종족 정체성 형성과정에 관한 연구」,『비교문화연구』 7(2),
　　　2001.

임채완, 「지구화시대 디아스포라의 초국가적 활동과 모국」,『국제정치논총』
　　　48(1), 2008.

임채완·여병창·리단·최승현, 『화교 디아스포라』, 북코리아, 2013.

전형권, 「모국의 신화, 노동력의 이동, 그리고 이탈」,『한국동북아논총』 38집,
　　　2006.

조성일·권철, 『중국조선족문학통사』, 이회문화사, 1997.

차희정, 「해방기 재중 조선인 소설연구: 〈연변일보〉 게제 소설을 중심으로」,
　　　『한중인문학연구』 20집, 2007.

차희정, 「문화대혁명의 발생과 중국조선족의 대응」,『한국문학논총』 60집,
　　　2012.

최승현, 「당대 중국 〈귀교교권권익보호법〉의 역사적 배경 및 그 의의 연구」,
　　　『중국인문과학』 57, 2014.

한홍화, 「〈바람꽃〉을 통해 본 조선족 정체성의 변이양상」,『한국민족문화』
　　　38, 2010.

해외한민족연구소, 『한반도 제3의 기회』, 華山文化社, 2009.

동포세계신문, 「귀한조선족이 '한적화인(韓籍華人)이라고?' 토론회 열려」,
　　　2015.8.13.

연합뉴스, 「美 이민 조선족, 한인사회와 유대 취약」, 2012.7.9.

연합뉴스, 「국내 조선족 70만」, 2016.3.9.

중앙일보, 「조선족 학교 5분의 1토막」, 2013.10.2.

동북아신문, 「조선족정체성에 대한 담론」, 2009.8.29.

http://www.dbanews.com/news/articleView.html?idxno=11794

중국조선족문화통신, 「조선족과 조선족문화 이중성 재론」, 2013.7.18.
　　　www.koreancc.com

人民網, 「이중성 성격의 사람은 있지만 이중성 민족은 없다」, 2011.7.26.
　　　http://korean.people.com.cn/85279/307086/15170200.html

『鄧小平文選』第3卷, 北京: 人民出版社, 1993.

劉信君 主編, 『中國東北史』第6卷, 長春: 吉林文史出版社, 1998.

費孝通, 「簡述我國的民族研究經歷和思考」, 『北京大學學報(哲學社會科學版)』第
　　　2期, 1997.

韓昱, 『抗戰勝利後國民政府接收處理東北地區敵偽財産研究』, 遼寧大學碩士學位
　　　論文, 2013.

姜豊裕, 「抗日戰爭勝利後中國共産黨解決東北朝鮮族國籍問題的過程」, 『延邊大
　　　學學報』第2期, 2012.

金桂月, 「淺談經濟轉換時期朝鮮族職工的再就業問題」, 『延邊大學學報』第4期,
　　　1998.

金炳鎬·肖銳, 『中國民族政策與朝鮮族』, 中央民族大學出版社, 2011.

李海燕, 「從國家、社會和族群的視點來看朝鮮族的形成(1945~1960)」, *SENRI
　　　ETHNOLOGICAL STUDIES*, 90, 2014.

李銳銳·鄭喜淑, 「移民性在朝鮮足歷史與現實的折射」, 『中國社會科學網』11月 20
　　　日, 2014.

李安山, 「少數民族華僑華人: 遷移特點、辨識標準及人數統計」, 『華僑華人歷史研
　　　究』9月 第3期, 2003.

劉源泉·李資源, 「抗戰時期中國共産黨少數民族文化政策及其啓示」, 『理論學刊』
　　　第6期 總220期, 2012.

劉俊秀, 「在朝鮮族人民中間」, 『延邊黨史資料通迅』第1期, 1987.

梁治寇, 「建國初期外僑管理工作述評」, 『當代中國史研究』第4期, 2006.

馬啓智,「中華民族多元一體格局與我國的民族定策」,『求是』第23期, 2010.

馬玉華,「國民政府邊疆民族定策初探」,『貴州民族研究』第5期, 2007.

朴婷嬉,「試論跨國民族的多重認同: 以對中國朝鮮族認同研究爲中心」,『東疆學刊』第25卷 第3期, 7月, 2008.

延邊朝鮮族自治州檔案館 編,『中共延邊吉東吉敦地委延邊專署重要文件匯編』第1集, 1985.

雍文濤,「創建延邊根據地的回顧」, 中共吉林省委黨史研究室 編,『東滿根據地』, 長春: 內部印刷, 1994.

中國朝鮮族歷史足跡編輯委員會,『中國朝鮮族歷史足跡叢書五勝利』, 北京: 民族出版社, 1992.

中國警察學會出入境管理專業委員會,『公安出入境管理大事記』, 北京: 群衆出版社, 2003.

趙和曼,「我國對少數民族華僑華人的研究」,『東南亞研究』第5期, 2004.

朝鮮文報,「朝漢族大學畢業生的就業比較」2007.1.9.

中華人民共和國國家民族事務委員會,「朝鮮族」, 2017.

　　　　http://seac.gov.cn/col/col290/index.html

大倉僑聯,「領袖論僑務」, 2017, http://www.tcroca.com.cn

中華全國歸國華僑聯合會,「林軍主席出席遼寧僑聯工作座談會幷發表講話」, 2010.6.7.

　　　　http://www.chinaql.org/c/2010-06-07/491414.shtml

中國共産黨歷次全國代表大會數據庫,「江澤民在中國共産黨第15次全國代表大會上的報告」, 1997.9.12.

　　　　http://cpc.people.com.cn/GB/64162/64168/64568/65445/4526287.html

Berry, J. W., Draguns, J. W., Cole, Michael, *Cross-cultural Perspectives*, The university of Nebraska, 1989.

Bourdieu, P., *Outline of Theory of Practice*, Cambridge University Press, 1977.

Guy Sorman, "Globalization versus Tribalization: The Dilemma at the 20th Century", 서울경제연구원, 1998.

Yossi Shain and Aharon Barth, "Diasporas and International Relations Theory", *International Organization* Vol. 57, Summer, 2003.

재한 화인(華人) 문화정체성 연구의 동향과 전망

祁進玉·郭昭君(중국, 중앙민족대학교)

1. 재외 화인 연구의 배경과 의의

1) 연구배경

세계화와 활발한 국제이민으로 한국 사회는 단일민족사회에서 다문화사회로 진입하고 있다. 한국 화인은 한국에 유입되어 한국 사회에서 발전한 중국 출신의 이민자 집단이다. 이들은 한국 사회, 중국과 한국의 문화 교류에서 중요한 역할을 맡고 있다. 초국적 이동과 해외정착은 종족정체성과 지역사회정체성을 강화할 뿐만 아니라 새로운 신분정체성과 초국적 문화정체성을 강화한다. 중한 교류의 역사와 현실에 기초하여 보면 한국 화인의 신분정체성과 문화정체성은 상당한 수준의 특수성과 복잡성을 나타내고 있음을 알 수 있다.

재한 화인은 세 가지 유형으로 나뉜다. 하나는 중한 수교 이전의 대만 여권으로 입국한 구화교(老華僑), 두 번째는 중한 수교 이후 중국 여권으로 입국한 신이민자(新移民者), 세 번째는 한국의 "재외동포" 정책 대상인 조선족 등이다. "구화교"는 중한 수교 이전에 중국 산동성에서 한국으로 입국한 중국 이민자이다. 산동성은 지리적으로 한국과 근접해 있기 때문에 이들은 활발하게 무역관계를 통해 한국에 정착하게 되었다. 이들은 인천에 한국역사상 가장 오래되고 규모가 가장 큰 "차이나타운"을 형성했다. 당시 한국은 대만을 중국을 대표하는 유일한 정부로 인정했다. 그러므로 중국 산동 출신의 화인은 대만(중화민국)여권을 소지하고 있었고 한국정부는 영주권 비자(F-5)를 부여했다. 하지만 모순되는 것은 이 여권으로 대만에 돌아갈 때에는 사전에 "귀국비자"를 신청해야 한다는 것이었다. "신이민자"는 1992년 중한 수교 이후 한국에서 장기 체류한 화인이다. 그들이 발급 받은 비자 유형은 다양하다. 그 중 상대적으로 많이 볼 수 있는 것은 결혼이민비자, 유학비자, 취업비자 등이다. "조선족"은 "재외한인" 혹은 "한국계화인"으로 인정된다. 이들은 대부분 길림성연변 조선족자치주 출신이고 재외동포비자(F-4)를 받을 수 있으며 영주권도 쉽게 얻어 한국정부의 특수우대정책을 향수한다.

전통적 의미에서 보면 한국은 한민족으로 구성된 상대적 단일민족사회이다. 외국이민이 유입되면서 한국은 다문화사회의 구축에 관심을 보이기 시작했다. 한국 화인사회는 다문화 한국을 구성하는 중요한 부분이었다. 한국 법무부의 자료에 의하면 한국 내에서 장기체류 외국인, 특히 화인 인구는 2003년부터 2014년 까지 꾸준히 증가했다. 중국인은 한국 다문화사회의 중요한 구성부분이 되었다. 2014년 6월 30일까지 재한 외국인은 1,039,987명, "신이민자"는 16,1968명, "구화교"는 21,139명이었다. 현재 한국 화인은 전체 재한 외국인의 52.54%에 달한다.[1]

2) 연구의의

(1) 이론적 함의

정체성은 문화연구의 핵심주제이다. 세계화 과정의 국제이민자들의 정체성 문제는 더욱 복잡하고 중요하다. 해외 화인연구는 학과와 지역에 구애받지 않는 세계적으로 이목을 끄는 주제이다. 학계에서는 동남아 등 지역의 화인 연구에 관심을 많이 보이고 한국 화인에 대해서는 그다지 비중을 두지 않는다. 중한 교류의 역사와 현실에 비춰보면 한국 화인의 신분과 문화정체성은 특수성과 다중성이 혼재하여 있음을 알 수 있다. 구체적 사례로서 한국 화인 연구는 해외 화인 연구, 특히 해외 화인의 정체성 연구의 지평을 넓히는데 기여할 수 있다.

(2) 현실적 의미

한국 사회는 단일민족사회에서 다문화사회로 진입하고 있다. 화인 정체성은 그들의 생활이익, 감정귀속, 문화 적응과 사회참여 등 현실적인 문제를 반영한다. 한국 화인의 신분과 문화정체성 연구는 한국 화인이 한국 사회에서의 적응과 통합에 도움이 되고 한국 다문화사회의 구축에도 기여할 수 있다. 그리고 중국과 한국의 경제문화 교류에도 긍정적인 역할을 할 수 있다.

중한 경제교류가 활발해지면서 중국은 한국의 최대 무역국이 되었다. 중국해관 자료에 의하면 2013년 한국의 대중국 무역은

~1) 대한민국 법무부 출입국외국정책본부, 「출입국관리통계연보(2003~2014).

900억 달러의 흑자를 기록했다. 2014년 7월, 박근혜 대통령의 요청으로 시진핑 주석이 한국을 방문하면서 두 나라의 발전은 새로운 시대를 열기 시작했다. 그 뒤 중한 자유무역협정이 정식 체결되었다. 중한 교류의 중견역량으로서 한국 화인의 문화에 대한 이해는 바로 이런 측면에서 의미가 있다.

2. (중)국외 연구동향

1) 서구 학계의 문화정체성 연구

1960년대부터 정체성 연구는 철학·심리학·인류학·민족학·정치학·교육학 등 학과에 진입하였고 자연스럽게 문화연구가 관심하는 핵심 주제가 되었다. 쉽게 말하면 정체성은 자기 신분에 대한 질문이고 확인이다. 초기 정체성 연구는 신분정체성에 관심을 둔 심리학, 인격정체성에 관심을 둔 철학 등으로 시작했고 그 뒤 점차 국가정체성, 사회정체성, 종족정체성, 문화정체성 등 비교적 큰 주제까지 확대되었다.

서구의 정체성 연구의 대표 저서로는 찰스 테일러의 『자아의 원천들: 현대적 정체성의 형성』, 앤서니 기든스의 『현대성과 자아정체성』, 새무얼 헌팅턴의 『우리는 누구인가』, 『문명의 충돌』, 베네딕트 앤더슨의 『상상의 공동체』, 매뉴엘 카스텔의 『정체성의 힘』 등이 있다. 이 학자들은 다음의 주제에 관심을 가졌다.

(1) 세계화, 현대성과 정체의 구성

테일러는 철학적 시각에서 현대적 정체성의 발전상을 설명하였고, 선의의 근원에서 출발하여 정체성과 도덕의 관계를 규명했고, 현대성의 자아정체성의 형성 과정을 도출하는 것을 통해 발견되지 않은 선의를 다시 드러냄으로써 현대성의 충돌과 난제를 극복할 것을 호소했다(查爾斯·泰勒, 2001). 기든스는 사회학의 시각에서 정체성의 새로운 메커니즘의 출현에 주목했다. 그는 세계화의 영향과 자기 성찰의 관계에 천착하여 변화하는 자아를 개인의 변화와 사회의 변화를 이어주는 성찰적 과정의 일부로 간주했다(安東尼·吉登斯, 1998). 기든스는 정체성을 자아정체성과 사회정체성으로 구분하여 전자는 개인 발전의 궤적으로, 후자는 사회적, 문화적인 것으로 사회화와 문화 적응 과정에서의 사회 귀속감으로 보고 있었다(Edgar and Sedgwick, 2008). 카스텔은 정체성은 사람들의 의미와 경험의 근원으로서 특정한 개인과 집단에게 있어 다중적인 정체성이 있을 수 있다고 보았다. 그는 정체성은 사회 구성의 과정이라고 보았다. 합법적인 정체성은 시민사회를 만들고, 정보화 시대에는 네트워크사회가 논리를 지배하기 때문에 특수한 제도와 문화적 맥락이 양산한 조건 속에서 정체성은 또 다른 도전을 받는다고 생각했다(曼紐爾·卡斯特, 2003).

(2) 문화정체성과 종족정체성의 다원적 공존

헌팅턴은 신분문제와 미국의 특성을 분석하였는데 그는 대량의 라틴아메리카 이민들이 미국을 "두 개의 민족, 두 개의 문화와 두 개의 언어"로 분화시켰다고 한다(塞繆爾·亨廷頓, 2005).『문명의 출돌』에서 그는 문명충돌론을 한층 발전시켰는데, 헌팅턴이 보기에 문화와 문화정체성은 냉전 이후의 세계 차원의 결합, 분열과 충돌 모델을 만들었다고 한다. 또한 다각화, 다원화되는 세계에서 본토화, 비서구화가 부흥하고 있으며 문명에 기초한 세계질서가 재건되는 이 과정은 정체성의 강화와 문명의 결집으로 표현된다고 생각했다(塞繆爾·亨廷頓, 2010). 앤더슨은 민족과 민족주의를 "특수한 문화의 인조물"이라고 했고, 민족을 "상상의 정치공동체"라고 보았으며, 민족정체성은 역사적 산물로서 자기정체성과 타자에 대한 정체성을 포함한다고 했다. 또한 앤더슨은 정체성을 찾아 나가는 과정에 문화들 사이의 평화적 공존을 호소했다(本尼迪克特·安德森, 2005).

(3) 이민의 초문화적 적응과 문화정체성

베리는 이민의 초문화적 적응은 정체성 변화의 필수적 경유지라고 한다. 그는 문화 적응의 두 개의 척도를 제시했다. 하나는 문화/집단적 척도이고 다른 하나는 심리/개인적 척도이다. 베리는 또한 종족의 문화 적응의 네 가지 전략인 통합·동화·분리·주변을 제시했다(Berry, 2005: 697~712). 피니는 이주민의 복잡한 정체성 과정을 문화, 정체성의 태도, 이민의 취향, 거주지의 특성 등의 상호작용 모델 속에 위치시켰다. 그는 종족정체성 이론의 쌍방향적 모델을 제시하여 이주민 집단의 정체성 연구는 포용, 문화 보호와 문화 적응 사이의 형평성을 추구해야 한다고 주장했다. 피니는 정체성은 기실 민족, 국가, 문화, 계급, 지역집단, 직업집단 등 이주민 스스로의 귀속관계에 대한 인식이라고 했다(Phinney, Horenczyk, Liebkind, et al., 2001: 493~510).

스튜어트 홀은『문화정체성과 디아스포라』에서 개인은 변화하고 파편화되는 다중적인 정체성의 주체라고 했다. 정체성은 동일성과 차별성의 통일, 개체성과 사회의 통일로서 다중적으로 표현된다고 보았다. 홀은 문화정체성은 최소한 두 가지 사고의 척도를 포함한다고 한다. 하나는 집합적인 '진정한 자아'로서 공통의 역사와 조상이 있는 사람들이 공유하는 일종의 문화이다. 다른 하나는 '우리는 대체 누구인가' 혹은 '우리는 누가 될 것인가'라는 인식이 구성되는 과정에 심각하고 중요한 정체성의 질문들이 등장한다 (Stuart, 1990: 222~237). 다시 말해서 홀의 이론에서 문화정체성은 먼저 표면적이고 유사한, 그리고 역사적이며 전통적인 것이고, 다음으로 심층적이고 차별적이며 현재적이고 구술적인 것이었다.

2) 한국 학계의 화인 연구

한국 학계의 화인연구는 주로 한국 화교에 대한 연구이다. 한국 학계에서 말하는 '한국 화교'는 중한 수교 이전 대만여권을 소지한 중국이민자 및 그들의 후손(중한 수교 이후 화교의 후손들은 중국여권을 받지 못했을뿐더러 한국 국적도 취득하지 못했다)이고 중한 수교 이후에 대량으로 이주한 '신이민자'와 특수우대정책을 향수하는 중국 조선족도 포함되지 않는다. 한국은 '조선족'을 '한국계 중국인'으로 간주한다. 한국 학계에서도 중국 조선족 연구를 '재외한인'의 범주에 포함시킨다.

1800년대 말부터 형성되기 시작한 한국 화인의 역사는 100여 년에 달한다. 2000년 이후부터 한국 학계의 화교 연구는 활발해지기 시작했다. 한국 화교 연구는 대부분 화교의 경제무역, 이민역사, 거주양상, 사회조직, 법적 지위, 생존 전략, 화문(중국어)교육 등 주제에 관심이 많았다. 한국 화교의 정체성 문제에 대해서는 관심이 적었다.

한국국가인권위원회는 환국화교의 인권 현황 및 문화정체성의 특징에 관한 이해를 도모하는 취지에서 2003년 이들에 대한 샘플 조사를 진행했다. 샘플조사의 내용에는 화교의 교육 수준, 직업상황, 수입상황 등 개인정보, 신분정체성 및 차별대우에 관한 주관적 느낌, 상업서비스, 이민계획, 국적, 미래희망 등의 내용이 있었다(한국국가인권위원회, 2003). 2007년 한국국사편찬위원회에서 출판한 『한국 화교의 생활과 신분정체성』은 496쪽으로 한국 화교 15인의 인터뷰를 통하여 '한국 화교의 생활과 신분정체성' 및 '군산지역 화교 생활사'와 관련된 구술자료를 정리하였다(王淑玲, 2013).

한국학자 박은경은 처음으로 한국 화교의 종족성과 생활환경에 대해 정리했다. 그는 1980년 이전의 한국 화교 역사를 형성기, 전성기, 안정기, 이동기 등의 네 개 단계로 나누어 한국 화교 정체성의 변화를 연구하였다. 그의 저작은 지금도 여전히 한국 화교 연구의 필독서 역할을 한다(박은경, 1986). 김기홍은 재한 화교의 적응 과정 사례에 근거하여 종족성의 문제를 분석했다. 그는 1882~1987년 서울시 화교 거주지의 형성과 발전 과정을 형성기, 확장기, 안정기, 이주기 등 4개 단계로 분류하여 거주양상 변화의 원인을 분석하기 위해 설문조사를 진행하였다. 그 결과 취업, 교육, 동화, 내부 응집력 등 결정요인을 도출하였다(김기홍, 1995).

김기호는 한국 화교에 대한 참여 관찰과 개별 인터뷰를 통해 초국가 시대의 한국 화교의 정체성을 분석하였고 2000년 이후의 화교사회의 변화를 논문에 담았다(김기호, 2005). 한국학자 최승현은 베이징대학에서 박사학위 논문을 통해 한국 화교사회의 역사적 변천과 정체성 문제를 정리했다. 그는 소위 '상국'국민 신분에서 시작한 한국 화교사의 발전 과정이 세계 화교 화인의 보편적인 역사와 일치하지 않다고 생각했다. 최승현은 한국 화교는 근대 역사의 산물이라고 주장하였다. 냉전체계가 무너지면서 한국 화교에게 다원정체성을 실현할 수 있는 공간이 제공된 것이다. 21세계의 한국 화교는 '화'와 '한'을 겸용하고 '화이부동(和而不同)'한 '다원'적 주체라고 주장했다(崔承現, 2000).

최근 몇 년 사이 한국교육과학기술부 한국연구재단의 지원 아래 두 개의 저서가 한국의 중국연구총서로 출판되었다. 이는 한국학계의 화교 연구의 새로운 성과이다. 진유광(秦裕光)의『중국인디아스포라』에서는 한국 화교의 백년 이민사를 서술하였는데 화교상인, 화교농민, 화교노동자들의 이야기를 통하여 흩어져 사는 중국인으로서 한국 화교가 어떻게 이국타향에서 생존하고 발전할 수 있었는지, 또한 이들은 어떻게 화교교육을 진행하였고 화교조직을 설립하였는지, 그리고 역대 한국정부의 화교정책은 어떠했는지 등을 서술하였다(秦裕光, 2012).

왕은미(王恩美)의『한국 화교』에서는 한국 화교사회의 형성과 변천, 한국 화교의 '조국' 인식과 정체성 변화를 서술하였다. 체계적으로 화교사회의 형성 과정, 냉전 시기의 화교사회, 한국정부의 화교정책의 변천을 정리한 이 책에서는 한국의 중화이민(中華移民)을 한국 화교로 부르면서 한국의 국적법이 혈통주의를 기본으로 하기에 중국 출신의 이민은 한국 국적을 받을 수 없으므로 '중화민국' 국적을 여전히 유지하고 있다고 서술하였다. 왕은미는 2000년 대만총통 선거 이후 국민당 정권이 쇠퇴하면서 중년과 노년 한국 화교의 조국 의식은 중화민국에서 중국인으로 변한다고 했다. 그러나 10~30대 젊은 화교들은 아버지 고향인 산둥성에 대한 정이 깊지 않고 화교학교 교육을 받으면서 줄곧 대만 교재를 사용하였기 때문에 상대적으로 거주지인 한국에 대한 친밀감이 크다고 했다. 이들의 정체성은 한국, 대만, 중국 사이에서 유동하고 방황한다(王恩美, 2013).

3. (중)국내 연구동향

1) 중국 학계의 해외 화인 연구

화교 화인은 중국이민 및 그 후예를 말한다. '화교(Overseas Chinese)'의 의미는 시기마다 다르다. 1955년 이전 '화교'는 중국 국적의 유무에 상관없이 해외에 정착한 중국혈통의 일정 정도 중국문화를 보존하고 있는 집단과 개인을 지칭했다. 1955년 이후 중국정부는 공식적으로 이중 국적 정책을 폐기하면서 '화교'는 중국 국적을 보유한 사람만을 가리켰다. '화인(Chinese, Ethnic Chinese, Chinese overseas)'의 법적 의미는 통상적으로 일정정도 중화문화를 유지한 중국인 혈통의 중국 공민을 가리킨다. 법적 신분을 강조하지 않으면 화교도 포함된다. 1970년대 이후 대규모적인 중국 신이민자들은 화교 화인이 동남아에만 집중되어 있던 분포 양상을 변화시켰다. 2008년 화교 화인 인구는 4,500만 명을 넘었다. 선진산업국가의 화교 화인이 급격하게 증가했는데 그 중에서도 일본과 한국의 화교 화인 증가 속도가 가장 빨랐다(莊國土, 2009).

1999년 중국 사회과학원 민족연구소는 화교화인연구센터를 설립하였다. 그해 베이징대학 주남경(周南京) 교수는 베이징대학화교화인연구센터를 설립하여 『북경대학화교화인연구센터총서』를 편찬하였다. 이 총서는 『화교화인백과전서』, 『화교화인역사연구』를 이은 의미 있는 학술성과였다. 그는 화교 화인 연구의 네 시기를 정리하였다. 폐쇄와 정체기(1949~1966), 암흑 혹은 공백기(1966~1976), 회생과 작동기(1976~1993) 그리고 개혁개방과 번영기(1993~) 등이다(周南京, 2009). 이기영(李其榮)은 중국의 화교 화인 연구를 이론과 실천의 결합이라는 차원에서 정리했다. 그가 정리한 연구에는 신화교와 화예 신생대에 관한 연구, 해외인재의 도입과 활용에 관한 연구, 해외 화인의 대 중국 투자에 대한 연구, 중국어 교육에 관한 연구, 현대 화교 상황의 변화와 발전 방향에 관한 연구 등이다. 이기영은 실증연구와 현지조사의 중요성을 강조하고 세계학술계와의 대화를 중요시했으며 학제 간의 교류, 연구 지역의 동부연해로부터 중부로의 확장 등의 필요성을 강조했다(李其榮, 2011).

장국토(莊國土)는 해외 화인의 정체성과 통합문제의 중요성을 강조했다. 그는 화교 화인은 외래 이민자들이기 때문에 정체성은 다원적이라고 한다. 또한 거주국의 정책과자기 이익, 교육 배경과 중국 고향과의 관계 등을 통해 해외 화인의 정체성은 달라진다는 것이다. 특히 최근 30년 사이에 출현한 대규모의 중국 신의민자들은 현지 구화교 화인의 정체성과 사회통합에 새로운 충격을 주었다. 구화인과 신화인 사이의 정체성 차이는 새로운 연구 과제로 떠올랐다. 상이한 지역의 화교 화인의 정체성과 통합의 차이 및 정체성 결정의 조건을 연구하는 것은 화교 화인 사회발전경험과 발전 방향을 이해하게 해줄 뿐만 아니라 화교 화인과 중국의 관계의 본질들을 파악할 수 있게 한다(曾少聰, 2009).

요건유(廖建裕) 최근의 중국 이민자에 대해 정리했다. 그는 중국 이민 붐을 두 시기로 나누었다. 첫 번째는 근대 이민 붐으로 1800년대 말부터 1900년대 초까지, 두 번째 이민 붐은 당대 1900년대 말부터 2000년대 초반이라고 한다. 두 번째 이민 붐은 현재 진행형이라는게 이 연구자의 주장이다. 그는 또한 구화교의 이민 목적지는 동남아국가와 소수의 영미권 국가였지만 신이민의 목적지는 동서양의 선진산업국가라고 한다. 동시에 그는 '이민국가'와 '원조민국가'의 이민정책의 차이를 구분하면서 대규모의 중국 이민자의 충격하에서 전자의 화교사회는 새롭게 구성되는 반면 후자는 여전히 일정 수준의 본토화를 유지한다고 보았다(廖建裕, 2012).

2) 중국 학계의 한국 화인 연구

중국 학계의 한국 화인에 대한 연구는 비교적 적다. 기존의 한국 화교 연구는 대만여권을 소지한 '구화교' 집단에 대한 연구였다. 중국 조선족, 중화 신이민자에 관한 연구는 한국 화인 연구의 범주에 넣지 않았다. 연구의 함의에서 볼 때 한국 화교 연구는 한반도의 화교사, 한국 화교사회의 형성, 화교정책, 화교조직, 화문(중국어)교육 등 연구에 주안점을 두었고 한국 화교의 정체성 문제에 대한 관심은 상대적으로 적은 편이다.

육익룡(陸益龍)은 『嵌入性適應模式: 韓國華僑文化與生活方式的變遷』 중에서 한국 화교는 복잡한 신분을 갖고 있고 왕갱무(王賡武)의 동남아시아 화교 화인의 다중정체성 분석을 참고하여 한국 화교의 민족정체성, 문화정체성 및 사회정체성은 다원화의 경향을 보인다고 주장하였다. "정체성의 구조적 특징에 있어 한국 화교는 민족, 국가, 문화, 거주지, 계급 등 다차원의 정체성이 있다. 그러나 이러한 정체성은 또한 본연의 특수한 성격을 가지고 있다. 화교의 중국인 정체성은 민족, 문화와 국가의 정체성 요소를 포함하고 동시에 이러한 정체성 중에는 개인의 정신 혹은 심리 구조, 집단적 관념이 구현된다."(陸益龍, 2006)

왕숙령(王淑玲)은 『韓國華僑歷史與現狀研究』에서 최근 20년의 한국 화교와 거주국 및 한국 화교와 조적국(祖籍國)의 관계를 분석하였다. 거주국과의 관계에서 그는 1992년 중한 수교와 1998년 금융위기가 한국 화교 발전에 미친 의미를 강조했다. 화교 자본이 한국의 경제사회 발전을 촉진한 측면도 있다고 했다. 조국과의 관계에서는 역대 중국 정부의 교무(화교업무) 정책을 서술하였고 한국의 대 산동 투자의 특징과 원인을 설명했다. 책에서는 중국과 한국의 역사적 교류를 강조했고 한국의 대외 교민 정책과 태도, 한국 화교의 경제 지위, 교육 상황, 사회 조직 등에 주목했다(王淑玲, 2013).

3) 중국 학계의 해외 화인의 정체성 연구

이명환(李明歡)은 국제이민의 실증 연구를 정리하여 서구 이민이론의 세 가지 경향을 정리했다. 첫 번째 경향은 시장 주도의 경제적 선택, 둘째는 정치적 함의를 강조하는 문명출돌론, 셋째는 세계화 과정의 초국가주의론 등이었다. 그는 국제이민 연구는 앞으로 세 가지 경향에 특히 주목해야 한다고 한다. 첫째는 노동력 세계화의 필연성, 종족 충돌의 가능성, 초국가주의의 전통 민족관과 국가관에 대한 심각한 도전성 등이다(李明歡, 2010). 여빈(餘彬)은 신분정치의 시각에서 국제이민의 정체성 문제를 설명하고자 했다. 그에 의하면 국제이민이 서구사회에서 유발한 문제는 세 가지인데, 첫째는 주권문제, 둘째는 반이민운동의 문제, 셋째는 민족정체성의 문제라고 한다. 국제이민과 민족정체성의 위기 문제는 문화정체성, 민족정체성, 세계정체성 등의 세 가지 차원의 영향을 받는다. 문화정체성의 종족신분과 세계정체성의 다중적 신분은 정체성의 민족적 신분에 영향을 미친다(餘彬, 2013).

이기영은 미국 캘리포니아주의 신화교 화인을 사례로 하여 문화 정체성에 관한 최근 연구 성과를 정리했다. 그가 정리한 연구에는 '국가'의 정체성, '혈연'정체성, 중화민족 '다원일체'정체성, 문자정체성, 민족문화정체성, '자기민족정신'—특히 애국주의 정체성, 풍속습관정체성, 공자와 유교적 정체성, 효도윤리의 정체성, 사회화합이념 추구의 정체성 등이 포함된다. 그는 화교 화인의 문화정체성에 대한 학계의 관심이 부족하다고 한다. 그러면서 현재의 연구 성과를 다음과 같이 분류한다. 첫째, 해외 화인의 정체성은 주로 문화정체성으로 문화정체성이 만들어지는 과정에 통합과 충돌이 병존한다고 한다. 둘째, 해외 화교 화인은 중국문화에 대한 감성이 있는데 이들이 중화문화에 대한 정체성은 시종일관된다고 한다. 셋째, 중국유학생의 주류문화에 대한 정체성이 상대적으로 강화되고 중국문화에 대한 정체성은 약화된다고 한다. 넷째, 화교 화인 문화정체성은 다중적이라고 한다. 이러한 선행연구들에 기초에서 이기영은 화교 화인의 문화정체성은 이중적이라고 주장한다(李其榮, 2008).

진지명(陳志明)은 동남아시아 화인(특히 말레이시아 화인) 사례를 통해 민족문화권 속에서 세계화인 연구의 필요성과 의미를 강조하였다. 그는 화인문화전통의 이중성—조상전통과 지역화—이 세계화와 본토화의 과정 속에서 국가형 종족정체성과 문명형 종족정체성을 구분시켰다고 한다. 진지명은 말레이시아 화인의 문화정체성에는 방언, 중국어에 기초한 종족정체성이 포함되어 있고, 동시에 상이한 본토화 수준에 따른 지역정체성도 있다고 한다. 정체성의 주관적 경험에서 볼 때 정체성은 다양한 층위가 있고 상황에 따라 한 가지를 강조하는 것이 허락된다고 한다. 정체성에 대한 객관적 설명에서 볼 때 정체성은 동태적이고 동시에 상이한 상징적 부호가 동원될 수 있기 때문에 지속적으로 변화하는 상황들은 모두 정체성과 관계를 맺는다고 한다(陳志明, 2012).

세계화 과정의 화교 화인학 전망과 관련해서 한진(韓震)은 화교 화인 문화정체성 연구 방법을 제기했다. 그는 먼저 연구자들이 자각적으로 이 문제를 세계화의 시각 속에 위치해야 한고 했다. 둘째는 화교 화인의 생물학적 집단으로서 신분정체성, 지역과 국가의 정치신분정체성, 언어와 생활 방식의 정체성 및 가치와 문화정체성 등을 포함한 '다중문화정체성'을 탐구해야 한다고 했다. 이 기초에서 화교 화인의 문화정체성의 발생, 구성요소 등 기본적인 연구가 가능하고 나아가 상응한 분석과 실증적 연구가 가능하다고 주장한다(韓震, 2007).『세계화 시대의 문화정체성과 국가정체성』에서 그는 문화정체성은 특정 문화의 일치성과 동일성을 찾는 과정인데 정체성은 문화의 차이, 변용, 단절을 통해 만들어지는 것임으로 정체성의 변화, 형태와 내용은 모두 복잡하고 다중적이고, 문화정체성은 일종의 분화와 차이의 기초에서 선택하는 과정이라고 한다. 세계화는 화교 화인이 거주국과 중국 사이의 경제, 정치와 문화 교류를 강화한다. 때문에 다중적인 문화정체성과 이중적인 귀속감은 화교 화인 정체성의 보편적이고 일상적인 양상이 되고 있다고 주장한다(韓震, 2013).

여기서 주목할 것은 중국 조선족 학자가 조선족 정체성 문제에 상당히 관심을 갖는다는 것이다. 전신자(全信子)는 중국 조선족 결혼이민 여성을 사례를 들어 초국적 민족정체성의 장소와 차이를 통해 문화 차이와 차별은 국가정체성을 강화한다고 주장한다. 또한 이 관계는 사람들로 하여금 상황에 따라 다중적인 정체성을 만드는데 이는 초국적 민족의 복잡한 심리를 반영한다고 했다. 조선족의 종족정체성은 혈연과 문화에 기초했다. 중국 조선족 결혼이주여성이 국제결혼의 배우자를 한국 남성으로 선택한 것은 객관적 요소도 있겠지만 더 중요한 것은 종족문화의 정체성이 작용했기 때문이다(全信子, 2012). 박광성(朴光星)은 한국의 조선족 노동자를 사례로 들면서 중국 조선족의 국가, 민족과 종족정체성의 관계를 연구하였다. 한국에 있는 조선족의 정체성에서는 국가정체성은 강화되고, 민족정체성은 선명해지며, 초국적 종족문화정체성은 확대되는 특징을 보인다고 주장했다(朴光星, 2010). 국가정체성의 강화에 영향을 주는 주요 요소는 제도적 적응의 어려움과 중국의 발전이다. 민족정체성에 영향을 주는 주요 요소는 이미 형성된 집단 차이와 사회 적응의 어려움이다. 초국적 종족정체성에 영향을 주는 주요 요소는 한국 문화의 외연 확대이다.

4. 재한 화인 정체성 연구의 전망

현재 중국에서 해외 화인연구는 학과, 지역을 넘어 선 연구 주제가 되었다. 이 주제에는 화인의 이주사, 화인 경제, 화인 교육, 화인 정책, 화인 조직 등 내용이 포함된다. 해외 화인 연구의 확대를 통해 화인의 국가정체성, 종족정체성, 문화정체성도 학계의 주목을 끌기 시작했다.

하지만 동남아, 미국, 유럽 등 지역의 화인에 비해 한국 화인은 그리 주목 받지 못했다. 기존의 한국 화인 연구도 대만여권의 '구화교' 집단에만 국한되었고, 중국 조선족, 중화 신이민자는 연구의 대상에 포함하지 않았다. 연구의 함의를 놓고 볼 때 현재 한국 화인 연구는 한반도 화인사, 한국 화인사회의 형성, 화인 정책, 화인 조직, 중국어 교육 등에 주안점을 두었고 한국 화인의 정체성에는 별로 관심을 기울이지 않았다.

세계경제의 일체화, 양국관계의 강화, 중한 인구 이동의 증가는 지속될 것이다. 재한 화인은 다음과 같은 세 개의 집단으로 분류할 수 있었다. 첫째, 중한 수교 이전 대만 여권을 소지한 '구화교', 둘째, 중한 수교 이후 중국 여권을 소지한 '신이민자', 한국 '재외동포'정책의 대상으로서 '조선족' 등이다. 한국 화인은 한국에서 발전한 중국 출신의 이주민 집단으로서 두 나라의 문화 교류에서 큰 역할을 하고 있다. 이국타향에서의 생활 경험은 한국 화인의 집단적 응집력을 강화했고 초국적 문화정체성을 만들기도 했다.

스튜어트 홀은 개인의 정체성 및 변동적이고 파편화된 다중적 정체성, 분산적으로 거주한 동족의 문화정체성 등은 그들의 '이중적 주변화'의 반영이라고 한다. 한국의 화인은 넓은 의미에서 화예 집단이고 한국 사회의 소수자 집단이다. 이들은 중한 교류의 역사와 현실, 역사적, 정치적, 문화적, 민족적 특수성 등에 기초하여 신분과 문화정체성의 차이와 복잡성을 만들었다. 재한 화인의 정체성은 이국타향에서의 느낌과 감성의 반영이고 생존과 발전의 원동력과 확장력의 반영이며 중한관계 발전의 척도이자 방향이다.

참고문헌

김기호, 「초국가 시대의 이주민 정체성: 한국 화교의 사례 연구」, 서울대학교 석사논문, 2005.

김기홍, 「재한화교의 에스니시티에 관한 연구: 제한화교의 정응과정에 대한 사례를 중심으로」, 고려대학교 석사논문, 1995.

대한민국 법무부 출입국외국정책본부, 「출입국관리통계연보」, 2003~2014.

박은경, 『한국화교의 종족성』, 한국연구원, 1986.

王恩美, 송승석 역, 『한국화교: 냉전체제와 조국 의식』, 학고방, 2013.

秦裕光, 이용재 역, 『중국인 디아스포라: 한국화교 이야기』, (주)한국학술정보, 2012.

한국국가인권위원회, 「국내화교 인권현황 조사」, 2003.

Andrew Edgar and Peter Sedgwick, *Cultural Theory: The Key Concept* (Second edition), Routledge, Taylor & Francis Group, London and New York, 2008.

Hall Stuart, *Cultural identity and Diaspora*, 1990, pp. 222~237.

John W. Berry, "Acculturation: Living successfully in two cultures", *International Journal of Intercultural Relations*, 29, 2005, pp. 697~712. www.elsevier.com/locate/ijintrel

Phinney J. S., Horenczyk G., Liebkind K., et al., "Ethnic identity, immigration, and well-being: An interactional perspective[J]", *Journal of social issues*, 57(3), 2001, pp. 493~510.

安東尼·吉登斯 著, 趙旭東·方文·王銘銘 譯, 『現代性與自我認同』, 三聯書店, 1998.

本尼迪克特·安德森 著, 吳叡人 譯, 『想象的共同體: 民族主義的起源與散布』, 世紀出版集團上海人民出版社, 2005.

查爾斯·泰勒 著, 韓震 等 譯, 『自我的根源: 現代認同的形成』, 譯林出版社, 2001.

陳志明, 『遷徙、家鄉與認同: 文化比較視野下的海外華人研究』, 商務印書館, 2012.

崔承現, 「韓國華僑史研究: 從"上國"國民到多層認同」, 北京大學 博士論文, 2000.

韓震, 『全球化時代的文化認同與國家認同』, 北京師範大學出版社, 2013.

韓震, 「全球化時代的華僑華人文化認同問題研究」, 『華僑大學學報(哲學社會科學
    版)』, 2007(3).

李明歡, 「當代西方國際移民理論再探討」, 『廈門大學學報(哲學社會科學版)』, 2010
    (2).

李其榮, 「中國的華僑華人研究: 回顧與展望」, 『中國社會科學報』, 2011(009).

李其榮, 「尋求生存方式的同一性: 美加新華僑華人的文化認同分析」, 『東南亞研究』,
    2008(5).

廖建裕, 「全球化中的中華移民與華僑華人研究」, 『華僑華人歷史研究』, 2012(1).

陸益龍, 『嵌入性適應模式: 韓國華僑文化與生活方式的變遷』, 中國社會科學出版
    社, 2006.

曼紐爾·卡斯特 著, 夏鑄九·黃麗玲 等 譯, 『認同的力量』, 社會科學文獻出版社,
    2003.

朴光星, 「赴韓朝鮮族勞工群體的國家、民族、族群認同」, 『雲南民族大學學報(哲
    學社會科學版)』, 2010(5).

全信子, 『同源異流的文化情結: 中韓國際婚姻中朝鮮族女性婚姻移民現象探析』,
    學苑出版社, 2012.

塞繆爾·亨廷頓 著, 周琪·劉緋·張立平·王圓 譯, 『文明的沖突與世界秩序的重建』,
    新華出版社, 2010.

塞繆爾·亨廷頓 著, 程克雄 譯, 『我們是誰: 美國國家特性面臨挑戰』, 新華出版社,
    2005.

王淑玲, 『韓國華僑歷史與現狀研究』, 社會科學文獻出版社, 2013.

餘彬, 「國際移民認同危機與族群身份政治運行機制研究」, 『民族研究』, 2013(5).

曾少聰, 「建國六十年來的人類學華僑華人研究」, 『華人華僑歷史研究』, 2009(12).

莊國土, 「回顧與展望: 中國大陸華僑華人研究述評」, 『世界民族』, 2009(1).

周南京, 「中國華僑華人研究六十年感言」, 『華僑華人歷史研究』, 2009(12).

한인 만주이민사의 한 측면※

: 1930년대 조선총독부 만주이민정책의 구상과 변용

조정우(한국, 한림대학교)

1. 국책이민과 이민회사

일반 대중들에게는 잘 알려져 있지 않지만, 1930년대에 조선총독부는 한인(韓人)의 만주이민을 식민지배 정책의 일환으로 추진한 바가 있다. 이른바 '국책만주이민'이 그것이다. 1931년 '만주사변' 직후부터 조선총독부는 '조선인' 만주이민정책을 입안하기 시작하여 1930년대 후반에는 이민정책을 실제로 시행하였고, 그 정책 대행기구로 '선만척식주식회사(鮮滿拓殖株式會社)'라는 식민지 국책회사를 설립하였다.

조선총독부 만주이민정책에 대한 기존의 연구들이 선만척식주식회사에 주목한 것은 이 회사가 바로 만주이민정책의 제도적 조직이었기 때문이다.[1] 즉 조선인 만주이민정책이 어떻게 수립되었

※ 이 글은 「조선총독부 만주이민정책의 이면: 선만척식회사의 설립 경위를 중심으로」(『사회와 역사』 103호, 2014)를 토대로 한 것으로 인용출처 및 내용의 일부를 생략·수정한 것이다.

으며 그 실상은 어떠했는지를 규명하기 위해서 그 정책 시행사인 선만척식주식주식회사를 분석하는 것은 당연한 접근 방법일 것이다. 이렇게 선만척식주식회사(이하 '선만척식회사')와 만주이민정책을 연관시켜 분석하는 것은 역사적 사실에 부합하는 것이긴 하지만, 하나의 가설적 질문을 해볼 수 있다.

무엇인가 하면, 국책이민이라는 조선총독부의 정책을 왜 회사라는 기업조직을 통해 대행하도록 했나 하는 질문이다. 다시 말해 만주이민이라는 국책사업을 '척식국'이나 '이민과'와 같은 행정기구를 설치하고 국가예산을 직접 투입하여 시행하는 '국가직영사업'으로 할 수는 없었는가 하는 점이다. 지금까지의 연구들은 일본제국이 이민정책의 대행기관으로 국책이민회사를 설립한 것을 당연시 해왔지만, 사실 일본 내에서도 국책이민회사를 통한 이민정책의 시행을 강하게 반대하는 목소리가 없었던 것도 아니다. 예를 들면, 식민정책학자인 도고 미노루(東鄕實)가 그러했다.

대만총독부 촉탁으로 근무하던 도고 미노루는 중간에 독일로 유학을 갔다 왔다.[2] 베를린대학에서 그가 집중적으로 조사·연구한 것은 바로 프로이센의 '내국식민화' 정책이었다(박양신, 2013). 프로이센의 내국식민화는 엘베강 동쪽 지역의 보덴주·서프로이센주에 독일인을 정책적으로 이주시켜 프로이센의 영토로 확고히 하는 것을 목적으로 하였다(東鄕實, 1911). 이 두 지역은 폴란드와의

---

1) 아시다 교지(浅田喬二, 1968)의 연구는 선만척식회사 설립 주요 계획서를 대부분 제시하였다는 점에서 선구적인 연구라 할 수 있다. 마쓰무라 다카오(松村高夫, 1972)와 박영석의 연구(1992)는 아사다의 논문과 자료를 토대로 조선인 만주이민정책의 입안과정을 상세히 분석하였다.

2) 도고 미노루는 일본 식민정책학의 한 축인 삿포로농학교를 졸업하고 그 교장을 지낸 사토 쇼스케의 주선으로 대만총독부 촉탁으로 근무했다. 도고 미노루는 사상적으로 非동화주의라는 자유주의 식민정책을 주장했는데, 이에 대해서는 박양신의 논문(2013)을 참조할 것.

접경지역으로 독일계 보다 폴란드계의 비중이 더 높은 곳이었다. 도고의 조사에 따르면, 프로이센은 식민회사를 통한 정책이민을 통해 폴란드인의 인구비율을 줄이려고 했는데, 그 결과는 만족스럽지 못하였다. 그 이유는 식민회사는 기업조직인 그 속성 상 이윤을 추구하지 않을 수 없기 때문에 이주자에 대한 지원보다는 회사의 이익을 우선시했다는 데 있었다. 이에 반해 폴란드인의 이주는 이주조합 등 사회의 자발성에 기초한 것이었기 때문에 보다 성공적으로 정착할 수 있었다고 관찰하였다(東郷実, 1912).

대만총독부로 돌아온 도고 미노루는 이 프로이센 내국식민화 정책에 대한 조사보고서를 간행하는 한편, 일본의 식민정책에 대한 저서도 다수 간행하였다. 그런데 그가 대만총독부로 귀환한 직후, 일본제국에서 대규모 식민지 이주 사업이 시행될 예정이었는데, 그것은 바로 조선에 대한 '동척 이민' 사업이었다. 1908년 설립된 그 악명 높은 '동양척식주식회사', 즉 '동척'은 '조선에서의 척식사업'을 그 설립 목적으로 하였으며, 주력 사업은 바로 대(對)조선이민이었다. 키미지마 가즈오가 강조했듯이, 동척 설립의 애초 목적은 바로 국책이민정책을 대행하는 데 있었고, 이 점에서 동척은 바로 이민회사였던 것이다(君島和彦, 1973·1974). 동척이민 실시 소식을 접한 도고는 이에 대해 견해를 밝혔는데, 그가 주장한 것은 바로 '反동척이민'이었다(東郷実, 1912).

도고는 프로이센의 내국식민화 정책이 성공하지 못한 이유, 즉 이윤을 추구하는 기업조직으로는 국책이민사업은 성공할 수 없다는 자신의 조사연구결과를 들어 동척이민도 마찬가지로 성공할 수 없다고 주장하였다. 그가 보기에 동척의 조선이민사업은 프로이센의 실패를 반복하는 것에 불과하였던 것이다. 도고의 비판은 적중하였다. 한일합방의 해인 1910년부터 동척이민이 실시되었지만, 이는 실시 5년여 만에 이미 실패로 판명되었고 지지부진한 끝에 결국 1926년에 종료되었다.[3] 그런데 이 동척이민이 완전 종료된 지 10년만인 1936년 조선총독부는 정책이민 대행기관으로 선만척식회사를 설립하였다. 도고 미노루가 프로이센의 실패 경험에 기초하여 동척이민을 비판하고, 또 도고의 예측대로 동척이민은 실패했음에도 불구하고 조선총독부가 또 다시 국책이민회사를 설립하여 이민정책을 대행하도록 했던 것이다.

조선총독부는 동척의 사례가 있음에도 불구하고, 이민정책을 입안할 때 곧바로 이민회사를 설립하려 하였고 실제로 설립하는 데 성공하였다. 총독부가 정부직영이민이나 이민조합 등 다른 형태는 전혀 고려하지 않고 애초부터 기업조직을 이민대행기관으로 설정한 이유는 무엇일까. 이 문제를 해명하기 위해서는 총독부가 이민회사에 구체적으로 무엇을 대행토록 했으며 그 위탁의 논리가 무엇이었는지를 밝혀야 한다. 이를 통해 조선총독부가 만주이민정책을 추진하면서 선만척식회사를 설립한 이유를 보다 규명해 보고자 한다.

2. 식민통치의 위기와 농촌과잉인구문제

조선총독부가 조선인 만주이민정책을 처음 입안했던 것은 1931년 만주사변 직후였다. 조선총독부는 조선 농민을 만주로 이주시켜 조선통치 위기의 근원으로 지목된 농촌과잉인구를 해소하고자

---

3) 대신 바로 그 해부터 동척은 '산미증식갱신계획'에 대규모 자금을 공급하는 것으로 조선 사업의 초점을 바꾸었다. 조선이민 사업 실패를 경험한 동척은 그 후 수익성이 떨어지는 이민사업에는 대단히 소극적이었다.

하였다. 이 과잉인구의 배출지가 바로 일본제국의 영토로 새로 편입된 만주였다. 그런데 이 인구배출 문제는 조선에만 국한된 것이 아니었다. 조선의 농촌과잉인구는 그 태생에서부터 일본본국과의 연관 속에서 발생한 것이었다.

주지하다시피, 1919년 3.1운동을 계기로 조선총독부는 이른바 '문화통치'를 펼치는 한편, 그 물적 토대로 '산미증식계획'을 1920년부터 실시하였다(김준보, 1970). 산미증식계획은 일본본토의 미가 상승에 대응하여 조선총독부가 고안한 것으로, 상대적으로 가격이 싼 조선쌀을 일본으로 이출(移出)한다면, 일본의 미곡 부족도 해결하고 미가 상승도 억제할 수 있을 뿐만 아니라, 조선총독부로서도 상당한 재정수입을 기대할 수 있다는 프로세스였다. 조선쌀의 일본 이출이 일본본국의 미곡 사정을 효과적으로 개선할 수 있으려면 조선에서의 쌀 생산량을 적극적으로 증대시켜야만 했다. 그래야만 조선 내의 미곡 수요와 일본본토의 미곡 수요를 동시에 충족시킬 수 있었기 때문이다.

이 '산미증식계획'은 적어도 쌀 생산량의 증대라는 측면에서는 성공을 거두었다. 수리조합의 토지개량과 화학비료 투입을 중심으로 한 농법개량으로 조선의 미곡 생산량은 급증하였고, 일본으로의 이출량은 생산증대분을 초과할 정도로 확대되었던 것이다. 특히 일본본토의 자금이 조선식산은행과 동척을 통해 직접 투여되기 시작한 '산미증식갱신계획'(1926년)부터는 그 생산량과 이출량이 더 큰 폭으로 증가하였다(松本武祝, 1991). 미곡 생산의 증대라는 목적은 달성한 것처럼 보였지만, 그 사회경제적 결과는 조선총독부의 예상을 벗어났다. 산미증식계획을 통해 쌀의 상품화가 급진전되면서 농민층분해라는 사회적 변동도 급속히 확산되었던 것이다.

조선쌀이 충분한 가격경쟁력을 가진 채로 일본으로 이출되는 한에서는 농민층분해의 충격이 비교적 덜했지만, 문제는 농민층분해가 가속화되고 있는 도중에 쌀의 이출이 둔화되는 상황이 벌어졌다는 데 있었다. 일본의 미곡정책사를 검토해 보면, 1927년부터 일본의 미가가 하락하기 시작했다는 점을 확인할 수 있다(平賀明彦, 2003). 미가 하락은 일본 농업계에 즉각 영향을 미쳤다. 쌀은 생사(生絲)와 더불어 일본 농가의 주 수입원이었기 때문에 미가 하락은 농가 수입의 감소로 이어졌던 것이다. 일본의 농민·지주의 이해관계를 대변하는 일본농회 등은 일본정부에 대책을 요구했는데, 그 중 하나는 저가로 대량으로 밀려들어오는 조선쌀의 유입을 저지해야 한다는 것이었다. 이에 일본정부는 농림성을 중심으로 조선총독부에 '조선미 이출 제한'을 요구하기 시작하였다.

이러한 상황은 쌀생산으로 재편되어 가던 조선의 농업에 치명적인 타격을 줄 것이 뻔하였다. 재조일본인을 포함한 조선 농업계는 일본정부의 방침에 격렬하게 반발하였고, 조선총독부도 조선 농업계의 요구를 적극적으로 수용하였다.4) 하지만 협상에 있어 우위에 서 있던 쪽은 수입측인 일본정부였기 때문에 조선 측의 반발과 로비에도 불구하고 조선쌀의 일본 이출은 제한되기 시작하였다. 조선총독부는 미곡창고를 설치하는 등 농산물의 계절성에 대응하여 최대한 일본쌀과의 마찰을 회피하려 하였지만 조선 내에 과잉미가 쌓이는 상황을 극복할 수는 없었다.

조선쌀이 일본으로 움직이지 못하자, 이번에는 그 생산자인 조선농민이 일본으로 대거 '도항'을 하기 시작하였다. 농민층분해의

---

4) 조선미 이입제한 조치를 둘러싼 일본-조선 간 갈등에 대해서는 정문종의 박사학위논문(1993)과 기유정의 논문(2009)을 참조할 것.

결과 생긴 농촌과잉인구를 조선의 공업부문에서 흡수하지 못하고 있던 상황에서 조선쌀의 호황도 끝나자, 농민들이 새로운 일자리를 찾아 보다 공업화된 일본본토로 이동하였다. 조선인의 '내지도항(內地渡航)'이 조선미 이입제한이 시작된 직후인 1928~30년 간 급증했다는 사실은 조선쌀과 조선인의 이동이 구조적으로 연관된 것이었음을 잘 보여준다고 하겠다. 당시 이 과정을 관찰한 도쿄제국대학의 농정학자 도바다 세이지는 "쌀이 멈추자 사람이 움직이기 시작했다"라고 하며 쌀의 이동과 인구의 이동이 밀접히 관련되어 있음을 간명히 지적하였다(東畑精一, 1936: 389).

조선인들이 밀려들자 이번에는 일본 노동계로부터 조선인의 일본 도항을 저지해야 한다는 요구가 분출하였다. 특히 1929년 세계대공황이 발발하여 실업자가 급증하고, 또 미가 하락과 생사의 대미(對美) 수출 격감으로 수입에 결정적인 타격을 받은 일본농민들이 대거 도시로 몰려들고 있는 상황에서, 또 조선인들까지 일본으로 넘어오자 일본의 노동시장에서는 일자리와 실업수당을 가지고 치열한 경쟁이 벌어지게 되었다. 이에 일본 노동계는 물론 사회주의계 언론에서마저 '일본은 실업자 수입국인가?'라는 자극적인 논설을 게재하며 조선인 내지도항을 억제해야 한다고 주장하였다(西成田豊, 1997). 결국 일본정부는 조선총독부에 조선인 내지도항을 엄격히 제한할 것을 요구하였고, 조선총독부도 본국의 요구를 거절하기는 어려웠다.

제국임을 자부하던 일본은 본국이 위기에 처하자 미곡시장과 노동시장에서 식민지를 밀어내 버린 것이다. 상황이 이렇게 되자 조선에는 저렴한 조선쌀과 저임금의 조선인이 넘쳐나게 되었다. 공업화가 진전되고 있지 못한 상황에서 농촌에 누증된 과잉인구는 식민통치를 위협하는 존재로 부상하였다. 지수걸의 연구에서 잘 볼 수 있듯이, 공산주의의 '적색농조(赤色農組)' 운동의 전개는 조선통치에 대단히 큰 위협이 될 수 있었다. 조선총독부에서는 농촌의 과잉인구는 공산주의 운동의 최적의 토양이 될 수 있었다고 판단하였다(지수걸, 1984). 만주사변 직전인 1931년 8월 신임 조선총독에 임명된 우가키 가즈시게가 조선총독부의 최대 역점사업으로 '농촌진흥운동'을 벌인 것은 바로 조선의 농촌문제에 대응하기 위해서였다.

우가키가 조선총독에 임명된 직후 일어난 만주사변은 일본제국주의사에서 하나의 분수령을 이룬다. 세계대공황이라는 미증유의 세계사적 사태에 대응하여 각 제국국가들이 블록경제 구축을 강화하고 있던 상황을 목도한 일본은 만주를 일본경제블록에 편입시킴으로써 서구 제국주의 열강과 경쟁할 수 있는 제국의 규모를 창출하고자 하였다. 이 상황은 조선총독부에게는 하나의 위기이자 기회였다. 대륙진출의 교두보로 일본제국의 핵심 식민지였던 조선의 위상변화가 불가피했는데, 만주가 신영토로 편입된 이상 일본제국에서 조선의 정치적 위상은 감퇴할 수밖에 없었던 것이다. 반대로 일본제국에 그랬던 것처럼 조선에 있어서도 만주는 위기를 해결해 줄 수 있는 열쇠이기도 하였다.

조선총독부가 만주사변 직후 조선인 만주이민정책을 수립하기 시작한 것도 만주가 조선농촌의 위기를 타개하기 위한 장소가 될 수 있음을 간파했기 때문이다. 일본은 메이지 시대부터 꾸준히 해외이민을 정책적으로 뒷받침해 왔는데, 1920년대에 접어들면서 이민대상지가 점점 축소되기 시작하였다. 특히 1924년 미국 캘리포니아주에서 일본인의 미국 이주를 금지하는 '배일이민법(排日移民法)'이 통과되면서 이민을 통한 국내 과잉인구의 배출이라는 일본의 인구정책은 결정적인 타격을 받았다.[5] 일본인들의 해외 이주는 대단히 어렵게 되었지만, 조선인들에게는 또 하나의 이주지가 있었다. 그것은 바로 조선과 국경을 접하고 있던 만주였다. 조선인들은 이미 17세기부터 만주를 들락거리고 있었을 뿐만 아니라, 조선 말기에서 한일합방 무렵까지의 시기에는 조선의 사회적 혼란을 피하고, 또 항일독립운동을 위해 많은 조선인들이 만주에 이주정착을 하였다. 그 이후 시기별로 부침이 있긴 하지만, 많은 수의 조선인들이 꾸준히 국경을 넘어가고 있었다.

조선총독부는 이들 '재만 조선인(在滿朝鮮人)'이 항일독립운동의 배후를 구성하기는 하지만, 다른 한편으로 장기적으로 친일적인 재만 조선인을 육성하여 활용할 수 있으며, 또는 애매모호한 정치적 지위를 방조·조장하여 만주침략의 빌미로 삼을 수 있다는 점에서 일찍부터 재만 조선인 문제에 깊숙이 관여하고 있었다.6) 속인주의를 채택하고 있던 조선총독부는 국경을 넘어간 조선인에 대해서도 여전히 형사처벌 등의 법적 권한을 갖고 있다고 주장하였다. 더 나아가 조선인의 국적 변경을 허가제로 하여 국적이탈(특히 중국으로의 귀화)을 금지하기도 하였는데, 이러한 억지를 부린 것은 재만 조선인에 대한 통제력을 계속 보유하고자 했기 때문이었다.

조선총독부가 조선인 만주이민정책을 입안하는 과정을 분석하기 위해서는 이 재만 조선인의 존재라는 조선인 특유의 선행조건을 염두에 둘 필요가 있다. 일본인에게 만주는 미지의 '신개척지'였을지 모르겠으나, 조선인에게 만주는 이미 수십만 명이 거주하

---

5) 남은 것은 일본인 이민에 비교적 적극적이었던 브라질로의 이민이었다. 하지만 브라질 이민도 1930년대에 들어가면서 브라질 내부에서 민족주의가 대두하면서 제약되기 시작하여 1938년에 이르러 결국 브라질 정부는 일본인 이민 제한 조치를 시행하였다(岡部牧夫, 2002).

6) 만주 주요 지역의 일본영사관에는 조선총독부의 치안관계 관료가 파견되어 재만조선인 관련 사무를 담당하였다.

고 있던 익숙한 기주지였다. 조선인 만주이민정책이 성공하기 위해서는 항일독립운동과 조선인민회 등 친일세력이 혼재되어 있던 재만 조선인 사회를 총독부가 원하는 대로 재편하는 작업이 병행되어야만 했었다. 이 재편을 위해서는 항일독립군의 일소라는 군사적 조치와 재만 조선인 사회조직의 장악이라는 정치적 조치가 동시에 수행되어야만 했다. 잘 알려져 있듯이, 만주국 건국 이후 관동군과 만주국군 합동의 광폭한 군사작전으로 항일독립군을 일소하려 하였다. 그렇다면 사회조직에 대해서는 어떤 조치가 취해졌을까?

3. 조선총독부의 사회정책적 이민 구상

조선총독부는 1931년 말부터 조선인 만주이민정책을 입안하기 시작했는데, 총독부가 극비문서로 작성한 「선인이민회사설립계획안(鮮人移民會社設立計劃案)」이 바로 그 첫 번째 계획안이다(浅田喬二, 1968; 松村高夫, 1972; 박영석, 1992).[7] 이 계획안은 후에 대폭 수정되기는 하였지만, 조선총독부가 설계한 이민정책의 원형이 무엇이었는지를 이해할 수 있다는 점에서 면밀히 살펴 볼 필요가 있다.

「선인이민회사설립계획안」의 제1조 1항은 '만몽에서 기간지 또는 미간지에 조선인 이민을 초치하여 소작 또는 자작농 설정을 하는 특수회사를 창립한다'고 하여, 이민회사의 설립 목적이 만주 지역에 조선인 이민을 송출하고 이들을 소농으로 창출한다는 데

---

7) 朝鮮總督府(1931), 「鮮人移民會社設立計劃案」. 이 이민회사 계획안의 번역 전문은 조정우의 박사학위논문(2014) 제3장의 「보론」에 수록되어 있다.

있다는 점을 명시하였고, 기간지까지 이민 대상지임을 명기하여 조선인 이민정책이 미간지 개척에만 해당되지 않는다는 점을 시사하였다. 그리고 이민회사의 형태에 관해서는 '특수회사'로 한다고 하여 선인이민회사를 국가의 법령에 의해 설립되고 국가의 지원에 의해 운영되는 '국책회사'로 설립할 것임을 밝히고 있다. 제1조 2항에는 '회사는 일만합병(日滿合併)으로 한다', 6항에 '납입은 제1회에 양 정부의 지주(持株)는 전액납입'한다고 하여, 조선총독부가 선인이민회사의 자본금을 일본정부와 만주국의 공동출자로 조성하려 했다는 점을 알려준다.

이 계획안의 제2조에서는 「회사의 사업」을 명기해 두고 있는데, 회사의 주요 사업은 크게 ① 이민용지의 확보·조성 및 관리, ② 이주민의 모집과 분배, ③ 토지구입자금 및 농경자금의 공급 등의 세 가지로 나눌 수 있다. 다시 말해 회사는 이주민을 모집하고 이 이주민이 정착할 수 있도록 이민용지를 매수·조성하며, 또 이주민이 자영농으로 독립할 수 있도록 토지구입 및 농업경영에 필요한 자금을 공급해 주는 역할을 하는 것으로 계획되었던 것이다. 이는 이민회사라는 것을 생각할 때 당연히 포함되어야 할 세 사업부문이라 할 수 있다. 이주지를 확보하고 여기에 이주할 사람을 모집하여 이들에게 이민 자금을 지원해 주어 정착시킨다는 사업 구상이었던 것이다.

사업 계획의 각 항목을 이민용지 매입부터 차례대로 살펴보면, 선인이민회사가 매수할 이민용지는 총 525,000정보(町步)의 광대한 토지였다. 이 중 300,000정보는 만주국이 토지를 현물출자하여 마련하며, 나머지 225,000정보는 제1회 납입 자본금으로 매수한다는 계획이었다. 그리고 이렇게 매입한 이민용지에 총 15만 호 75만 명의 조선농민을 매년 1만호씩 15개년에 걸쳐 연차별로 이주시키는 것으로 계획하였다(이상 제2조 2항). 즉, 총 525,000정보의 토지에 15년간 조선인 75만 명을 이주시킨다는 계획을 세운 것이다.

조선총독부는 재만 조선인 농촌사회가 조선에서처럼 소작쟁의로 인해 치안이 불안정한 상태로 빠지는 것을 방지하고자 하였다. 조선에서도 '자작농 창정 계획'을 시행하여 소작쟁의의 근원인 소작제도 자체를 약화시키려고 한 것과 마찬가지로, 만주에서도 이주 조선인들을 자영농으로 육성하고자 하였다. 그래서 선인이민회사설립계획안에도 조선인 자작농 육성 계획이 중요한 항목으로 포함되어 있다. 이는 이 이민회사가 단순히 이민자를 알선하는 데 그치지 않는 것으로 계획되었다는 점을 말해준다. 계획안의 〈제3조. 경지의 처분〉은 이민회사가 매입한 이민용지를 이주농민에게 분양하는 방식에 관한 것이다. 그 제1조는 '일정한 장소를 5년 이상 경작한 이민에 대해 성적 우량한 자에게 매도한다'고 하여 규정한 기간 동안 농지에서 이탈하지 않고 소작을 충실히 한 농민을 자영농으로 전환시킨다는 점을 명시하였다. 이민회사는 이 자영농 대상 농민들에게 년 이자 6%에 15년 분할상환으로 농지매입자금을 대출해 주는 역할을 하는 것으로 계획되었다. 요약하면, 조선농민이 이주 후 선인이민회사의 농장에서 5년 간 소작을 무리 없이 한다면 회사로부터 농지매입 자금을 6% 이자로 대출받을 수 있었고, 이 대출금을 15년간 분할하여 상환한다면 만주에서 자신의 땅을 가질 수 있다는 것이었다.

그런데 선인이민회사의 사업은 만주로의 이주를 원하는 조선농민에 한정되지 않았다. 만주에는 그 수를 정확히 파악할 수 없는 수십만에 이르는 조선인들이 만주사변 이전에 이미 이주해 있었다는 점을 고려하지 않을 수 없었다. 이 기주(既住) 재만 조선농민들은 수익성이 높은 벼농사 기술을 갖고 있었기 때문에 중국인 지주들로부터 환영과 보호를 받기도 했지만, 법적 시민권이 확립되지 않는 등 그 생활이 안정적이지 못한 경우가 태반이었다. 자신의 땅을 갖겠다는 희망을 안고 만주로 넘어 왔지만, 만주는 주인 없는 무주공산이 결코 아니라 대부분의 땅은 이미 소유자가 확정이 되어 있는 상태였다. 조선농민에게 주어진 것은 조선에서처럼 소작을 하는 것뿐이었다. 이러한 경제적 조건만큼이나 중요하게 작용했던 것은 정치적 변화에 따라 그 삶이 급변했다는 점이다. 특히 만주사변은 중국인 지주-조선인 농민 간의 불안정하나마 유지되고 있던 공존관계를 깨트려 버렸다.8) 예를 들면, 전쟁 와중에 후퇴하는 동북군벌군은 조선농민에게 보복을 가하기도 하여 많은 조선농민들이 조선총독부가 설정한 '안전농촌'으로 대피하기도 하였다. 이 안전농촌은 주로 일본이 장악하고 있던 만철연선이나 대도시 주변에 설정되어 만주 각 지역에 산재해 있던 조선농민들을 집결시켜 관리하는 역할을 하였다.

조선총독부의 이민회사 설립계획에는 이 기주 재만 조선농민들에 대한 '지원책'도 중요한 사업으로 포함되어 있었다. 지금까지 조선인 만주이민정책에 대한 연구에서 이 점은 잘 부각되지 않았는데, 조선총독부의 이민정책은 조선에 있는 농민을 만주로 송출하는 것뿐만 아니라, 만주에 산재하고 있던 기주 조선인 농민들에 대한 관리 방안까지를 포괄한 것이었다. 선인이민회사설립계획안의 〈제6조 B항. 금융부(金融部) 대출금〉은 바로 기주 농민들에 대한 자금 지원 방식을 명시한 것이다.

---

8) 만주지역 일본의 각 영사관 보고서 등에는 1920년대 말부터 조선농민에 대한 중국 당국 및 중국인들의 '압박'이 가해졌다고 했는데, 김정미와 윤휘탁은 이는 만주에 개입할 구실을 만들고 朝中 양 민족의 연대를 깨기 위해 일본 측이 과장·조작한 것이라 비판하였다. 이 두 연구에서는 공히 양 민족 간의 충돌은 만주사변 이후에야 발생했다고 보고 있다(김정미, 1992; 윤휘탁, 1996).

여기서 금융부는 조선인민회 금융부를 말한다. 조선인민회는 만주의 각 일본영사관이 재만 조선인을 관리하기 위해 창설한 관변조직인데, 그 산하에 금융부를 두고 재만 조선인들에게 농경 자금을 대출해 주었다. 1920년대 만주에는 조선인들이 조직한 소규모 금융기관이 소액대출을 중심으로 영업을 하고 있었는데, 자금이 부족하고 신용조사가 철저하지 못해 그 경영이 대단히 부실하였다(東洋協會, 1927). 그나마 대출금 회수 실적이 양호한 곳이 바로 조선인민회 금융부였는데, 이는 조직화가 체계적으로 되어 있던 조선인민회를 통해 대출신청 농민의 경제상황과 신용도를 비교적 상세히 파악할 수 있었기 때문이었다(東亞勸業株式會社, 1933: 162). 조선총독부는 바로 이 점에 착안하여 조선인민회 금융부를 통해 재만 조선농민들에게 농업자금을 대출해 주되, 그 자금조성을 선인이민회사에서 담당하는 것으로 계획하였던 것이다. 조선총독부는 이민회사를 단순히 이민자의 모집과 알선에 그치는 것이 아니라 토지의 매입과 분양은 물론이고, 금융기관까지 겸하는 것으로 계획했던 것이다.

선인이민회사의 금융기관으로서의 기능은 조선농촌 지배에서 금융조합이 수행한 역할에 비견할 수 있다. 이경란의 연구에 의하면, 농촌진흥운동 기에 조선총독부가 농회와 금융조합을 위계적·체계적으로 조직하여 경제자금을 살포하고, 그 대출심사 과정에서 조선농가의 세부적인 사항까지 파악할 수 있었다. 이 과정을 통해 총독부의 농촌에 대한 침투력이 대폭 강화되었던 것이다(이경란, 2002). 농촌진흥운동에서 조선의 농업금융망은 〈조선총독부 → 조선식산은행 → 금융조합연합회 → 단위금융조합 → 개별농가〉의 위계로 구축되었는데, 만주에서는 〈조선총독부 → 선인이민회사 → 조선인민회 → 조선인민회 금융부 → 개별 조선인 농가〉

의 구도로 금융 공급망을 구축하고자 했던 것이다. 조선에 농업개발 자금을 공급하던 조선식산은행의 자리에 만주에서는 (후에 선만척식회사가 될) 선인이민회사가 들어간 셈이다. 마쓰무라 다카오도 1936년 선만척식회사 설립으로 '만주에는 〈만철·동척 → 선만척식회사 → 만선척식회사〉로 연결되는 금융적 지배기구가 형성되었다'고 평가하였다(松村高夫, 1972: 238). 마쓰무라가 지적한 것은 만주의 금융제도가 선만척식회사의 설립으로 비로소 완성이 되었다는 점이었다.

다시 말해, 선인이민회사는 조선총독부의 직접적 자금 지원을 대신하여 조선인민회 금융부에 자금을 대출하고 이 대출자금이 만주의 조선농민에게까지 공급되도록 설계되었던 것이다. 물론 이러한 프로세스가 실제로 효과적으로 작동한 것은 아니었지만(조정우, 2014: 198~203), 조선총독부-선인이민회사-조선인민회 금융부-개별 조선인농가로 연결되는 금융공급망 구축 계획은 총독부가 설립하려 했던 조선인 이민회사의 성격을 이해하는 데 있어 간과해서는 안 될 문제이다.

조선총독부는 선인이민회사를 통해 신규 이민자는 물론 만주에 기주(旣住)하고 있던 조선인 소작농민들에게도 토지매입자금과 농업경영자금을 대출해 주어 자작농으로 육성하려 하였다. 조선인민회에 농업경영자금을 공급함으로써, 재만 조선인 사회를 조선총독부의 조직망 속에 더욱 깊숙이 편입시키고자 하였다. 다시 말해, 조선인 사회조직은 자금 공급의 루트로 편성하면서 장악하고, 조선인 개인은 토지매입 및 농업자금이라는 경제적 유인을 제공하여 장악하고자 한 것이다. 농촌진흥운동과 만주농업이민정책은 조선총독부를 정점으로 조선인 사회경제 조직을 위계적으로 조직화함으로써 조선인에 대한 인적 지배를 강화하려 했다는 점에서 동질적인 것이었고, 이 점에서 만주농업이민정책은 조선 농촌·농민 지배정책의 연장이었다고 할 수 있다. 그 중심에 있었던 것이 바로 나중에 선만척식회사가 될 선인이민회사 설립 계획이었다.

4. 만주이민을 둘러싼 일본제국 내부의 갈등

1) 일본인 만주이민 우선론과 제국의 국방

조선총독부의 만주이민사업은 일종의 식민지 '사회정책'으로 구상되었지만, 실제 확정에 이르는 과정에서 그 초기의 낙관적인 구상이 크게 후퇴하였다. 무엇보다 만주이민정책은 조선-일본본국-만주국이 모두 연루된 문제로 조선총독부가 단독으로 추진할 수 없는 사안이었기 때문이었다. 만주국의 지배자 관동군은 초기에는 조선총독부의 계획에 호의적이었다. 관동군은 한족을 밀어내고 만주국을 '일본신민'의 영토로 만들고자 하였기 때문에, 조선인을 정책적으로 이주시킨다는 총독부의 계획을 긍정적으로 보았다. 그런데 조선총독부의 계획은 일본본국의 일본인 만주이민정책과 충돌한다는 점이 문제였다.

조선인 만주이민정책 수립과 거의 동시에 일본본토에서도 척무성과 농림성을 주축으로 일본농촌의 과잉인구를 배출하기 위해 국책으로서 만주농업이민을 적극적으로 추진하였다.[9] 조선총독부가 조선농민에 대해 구상한 것처럼, 일본정부도 일본의 농촌과잉인구

---

9) 조선인 만주이민정책과 일본인 만주이민정책의 관련성에 대해서는 별도의 연구가 필요하다. 두 정책은 초기에는 각각 조선총독부와 일본정부에서 별개로 입안·진행되었지만, 1941년에 이르면 '만주척식공사'를 통해 일원적으로 시행되었다.

를 만주로 배출한다면 미가하락과 소작쟁의로 몸살을 앓고 있는 일본 농촌의 사회문제를 해결할 수 있다고 판단하였다. 그런데 조선과 달리 일본의 만주이민정책은 그 추동력과 논리가 재야의 농본주의자들로부터 나왔다는 점에서 차이가 있었다. 이른바 '가토그룹'으로 불리던 이 만주이민 주창자 집단[10]은 일본 농업·농촌의 과잉미·과잉인구 문제를 해결하기 위해서는 과잉된 일본농민을 광대한 만주에 이주시켜야 하며, 또 이들은 만주국의 국방에 있어서도 중요한 배후가 될 것이라 주장하면서, 만주농업이민의 적극화와 국책화를 요구하였다. 이들은 일본제국의 토대는 바로 농촌과 농업이며, 일본농촌의 위기 상황을 타개하기 위한 유일한 해결책이 바로 만주농업이민이라 주장했던 것이다(김기훈, 2002). 가토그룹의 주장은 조선총독부의 계획과 그 논리적 근거가 동일했지만, 문제는 조선인과 일본인이라는 상이한 민족집단을 대상으로 했다는 데 있었다.

가토그룹은 1932년 1월 만주이민정책에 대한 협의를 위해 관동군이 개최한 「만몽정책자문회의」에 참석하여 만주이민정책의 국책화를 강하게 요구하였다. 특히 만주 이주 일본인들을 대(對)소련 방어의 최전선이자 항일게일라의 온상인 북만주·동만주에 입식시켜 관동군의 군사활동을 지원한다는 가토그룹의 계획은 관동군의 큰 관심을 끌었다. 일본본토의 '일본인 이민 우선론자들'은 이러한 일본인 이민정책에 조선인 이민은 장애가 된다고 하며 조선총독부의 계획에 반대하였다. 조선인들은 이미 수십만 명이 만주로 넘

---

10) 그 주도자는 농본주의자이자 재야 농촌운동가인 가토 간지(加藤完治)로, 그의 이름을 따서 '가토간지그룹'이라 하였다. 여기에는 운동가만이 아니라 농정학 이론가인 도쿄제국대학의 나스 시로시(那須晧) 교수와 교토제국대학의 하시모토 이에자에몬(橋本伝左衛門) 교수도 깊이 개입하여, 만주이민정책의 이론적 기반을 제공하는 이데올로그 역할을 하였다(김기훈, 2002).

어와 있을 뿐만 아니라, 계속 만주로 이주해 올 것이므로 정책적으로 지원한다면 더 많은 조선인들이 넘어 와서 일본인의 이주지를 선점할 것이라는 이유였다. 한정된 이주용지와 한정된 자금을 일본인과 조선인이 나누게 된다면 만주국의 중추가 되어야 할 일본인의 이주가 원활하게 이루어지지 못할 것이라는 것이 가토그룹이 조선총독부의 계획에 반대한 이유였다.

게다가 만주지역은 조선인 항일독립군의 근거지이기도 했기 때문에, 조선인의 대량이주는 만주 치안과 국방에 악영향을 끼칠 수 있다는 점도 부각되었다. 특히 이 점은 관동군을 설득하는 데 효과적이었다. 초기에 조선총독부의 계획에 호의를 보이던 관동군은 일본인 이민 우선론의 주장을 받아들여 조선총독부에 만주이민정책과 이민회사 설립 계획을 최소화하도록 요구하였다(김기훈, 1994·2002; 임성모, 2009). 조선총독부는 재만 조선인을 제국신민의 일원으로 양성하는 것이 제국국방에 필수적이므로 조선인 이민정책은 반드시 시행되어야 한다는 반론을 펴기도 했지만, 조선총독부의 계획은 조선의 문제를 만주에 전가시키는 것일 뿐만 아니라 조선인 신규이주자의 증대는 '불령선인(不逞鮮人)'의 확산으로 이어지고 이는 곧 만주는 물론 조선의 통치에도 악영향을 준다는 반박에 부딪혔다.

조선총독부가 구상했던 식민통치의 안정을 위한 사회정책적 이민사업은 제국의 국방이라는 더 큰 명분 앞에서 무산될 상황에 처해 버렸던 것이다. 관동군은 1932년 9월 「만주이민에 관한 요강」을 발표하여 일본인의 이주는 적극 장려하지만, 조선인 이민은 '굳이 오는 것은 막지 않되 지원하지도 않는다'는 이른바 '방임정책'을 취한다는 방침을 명확히 표명하였다. 관동군은 조선인에 대한 정책은 신규 이주가 아니라 기존 재만 조선인에 대한 '통제'에 주안을 두어야 한다고 하면서(김기훈, 2002) 이민정책의 핵심인 신규 이민 송출을 거부해 버렸다. 관동군의 방침을 따른다면 조선총독부의 조선인 이민정책은 더 이상 이민사업이라 할 수 없게 되는 상황이었다.

관동군의 강경한 태도에 조선총독부는 이민정책을 수정하지 않을 수 없었는데, 그 내용을 정리한 문서가 「만선농사주식회사설립계획(滿鮮農事株式會社設立計劃)」(1932년 3월)이다.[11] 이 계획안에서 우선 눈에 띄는 것은 그 명칭이 이민회사에서 농사회사로 바뀌었다는 점이다. 조선총독부는 조선인 신규 이민을 받아들이지 않겠다는 관동군의 방침을 반영하여 '이민'회사가 아니라 '농사'회사로 회사명을 바꾼 것으로 보인다. 또 계획안 제1조 회사의 설립목적에서도 '만주와 조선 내의 조선인을 위한 농촌을 건설하고 그 생활 안정을 위해 필요한 시설을 한다'로 하여 '이민'이라는 말이 일체 언급되지 않는다. 뿐만 아니라 '특수회사를 설립한다'는 말도 '필요한 시설을 한다'라는 모호한 용어로 바꾸어 두었다.

한편 자본금의 구성에 있어서도 일본정부와 만주국의 공동출자를 계획한 선인이민회사 설립안과 달리 조선총독부가 공칭자본금 6,000만 엔의 절반을 출자하고 나머지 절반은 일반공모를 통해 조달하는 것으로 바뀌었다. 이는 조선인 만주이민정책에 반대하는 일본정부와 만주국이 총독부가 설립하려는 회사에 자본을 출자할 리 없었기 때문에, 조선총독부가 단독으로 출자를 할 수 밖에 없게 된 상황을 반영한 것으로 보인다. 이와 관련하여 흥미로운 내용을 담은 문서가 있다. 「만선농사주식회사계획」의 극비 부속문서로 작

---

11) 朝鮮總督府(1932), 「滿鮮農事株式會社設立計劃」. 学習院大学 東洋文化研究所 友邦文庫 소장 문서.

성된 「만선농사주식회사 설립계획 요항(滿鮮農事株式會社設立計劃要項)」은 조선총독부가 회사 설립에서 가장 중요한 문제인 자본금 조달 방안을 담고 있다. 이 문서는 자금 조달 방안을 총독부 최고위급에 보고하기 위해 작성된 것인데, 그 주요 내용은 총독부의 출자금은 2,000만 엔으로 하고 이는 공채발행을 통해 조달한다는 것이었다.[12] 출자금을 공채로 발행하여 조달한다는 것은 독자 예산을 갖지 못한 조선총독부가 일본정부와 만주국이 출자를 거부한 이상 자본금을 마련할 다른 방도가 없었기 때문에 나온 발상이었다. 조선총독부의 예산은 '조선총독부특별회계'로서 일본본국에서 편성되었는데, 일본정부가 조선인 만주이민정책에 반대를 하고 있는 상황에서 이민회사 설립에 소요되는 예산이 제국의회에 상정되어 통과될 수는 없었던 것이다. 조선총독부가 예산 이외에서 자금을 조달할 수 있는 길은 공채를 발행하는 방법뿐이었다. 조선총독부는 공채의 이자를 연 5%로 설정하였지만 이것으로 기채에 성공한다는 보장은 없었다.

이처럼 조선총독부는 조선인 이민회사 설립 계획은 사실상 무산될 위기에 처했다. 만주국은 조선인 이민을 받아들일 생각이 없었기 때문에 당연히 이민회사의 출자에도 응하지 않았다. 조선총독부로서는 이민회사 설립의 목적도 사라졌고 자금조달의 방도도 없던 상황이었던 것이다. 그럼에도 불구하고 조선총독부는 만주이민정책을 포기하지 않았다. 여기에는 조선 내부의 일련의 사태가 작용하였다. 1933년 여름 남부조선의 대홍수와 북부조선의 대

---

12) 이 문서는 조선총독부가 대외적으로는 공칭자본금이 6,000만 엔에 이르는 초대형 회사를 설립한다고 하였지만, 실제 내부적으로는 2,000만 엔 자본금 회사를 이미 염두에 두고 있었다는 점을 말해준다. 실제 선만척식회사는 공칭자본금 2,000만 엔으로 설립되었다.

규모 한해로, 대량의 이재민이 발생한 것이다. 그렇지 않아도 농업 공황 속에서 극도의 궁핍상태에 빠져 있던 조선농촌에 이 자연재해가 덮치자 많은 빈곤농민들이 집중적으로 일본으로 건너가 일본노동시장을 압박하였다. 세계대공황을 전후하여 집중되었다가 일본정부의 억제책에 의해 소강상태에 있던 조선인의 내지도항이 조선농촌이 돌이킬 수 없는 타격을 받고 반대로 일본의 공업부문이 빠른 회복을 보이자 다시 급격히 전개되었던 것이다. 조선총독부는 이재민 구제와 농촌문제에 대한 해결방안으로서 만주농업이민을 결코 포기할 수 없었다.

2) '조선을 위한, 일본을 위한, 만주개발을 위한' 정책

1933년에 조선총독부가 작성한 「조선인구문제대책(朝鮮人口問題對策)」[13]은 인구문제에 대해 총독부가 세운 종합방침을 정리한 것이다. 만주이민 정책과 관련하여 조선인구문제대책에서 주목할 부분은 조선총독부가 '만주국의 개발을 촉진하고 오족공화의 이상을 실현하기 위해' 조선인의 만주이민이 필요하다고 주장한 대목이다. 이는 그간 조선 문제의 해결을 위해서는 만주이민이 필요하다는 주장만 하던 조선총독부의 논리가 바뀌었다는 사실을 말해준다. 조선총독부는 만주국의 양대 슬로건인 '개발'과 '오족협화'를 끌어들여 조선인의 만주이민이 만주국을 위해서도 필요하다고 주장하고 있는 것이다. 조선인 이민정책으로 조선인이 만주경제 개발에 일조하고 만주국의 통치이념인 오족협화 구현의 일원이 될 수 있다는 논리를 창안했던 것이다. 이듬해인 1934년 3월에 조선총독부

---

13) 朝鮮總督府(1933), 「朝鮮人口問題對策」. 学習院大学 東洋文化研究所 友邦文庫 소장 문서.

외사과가 작성한 「만주에 조선인을 이주시켜야 할 필요성과 그 호수」에서도 조선인의 만주이민이 조선의 사회문제를 해결하는 것일 뿐만 아니라 만주의 자원개발에도 일조하는 일이라 하면서, 조선인의 이민은 조선에만 이익이 되는 것이 아니라 만주도 혜택을 볼 수 있는 정책이라는 점을 부각시키고 있다.14) 이 문서는 조선총독부가 제국을 둘러싼 정세변화에 조응하여 만주이민정책의 성격을 새롭게 구성하였음을 잘 보여준다(정안기, 2011).

조선인 만주이민이 조선을 위한 정책이라는 것에 더해 만주에도 필요한 정책이라는 것을 조선총독부가 강조했음에도 불구하고, 만주 측의 입장에는 변함이 없었다. 또 일본본국에서는 이미 이른바 '시험이민단'을 만주로 보내고 있었다. 이 시험이민단은 둔전병 형태의 무장이민단으로 만주농업이민정책의 전초병이자 시험모델로 만주의 주요 지역에 속속 입식되었다. 그런데 이 시험이민단 입식이 전개되는 과정에서 중국농민들이 이민용지 확보를 위한 일본의 강제적 토지매수에 항의하여 토룡산 지역의 일본인 이민단을 공격한 사건, 즉 1934년의 '토룡산 사건'이 발생하였다. 관동군은 시험이민단을 구출하고 치안을 확보한다는 목적으로 수천 명의 중국 농민을 학살하였다. 시험이민단에서도 많은 사상자가 발생하였고, 이에 충격을 받아 많은 이민자들이 이민단을 이탈해 버렸다. 이는 1932년부터 시행된 일본인 시험이민이 파탄났음을 적나라하게 보여준 사건이었다(김기훈, 2002).

이른바 '20개년 100만호 이주계획'을 수립하고 있던 관동군은 토룡산 사건으로 인해 만주이민정책을 수정하지 않을 수 없었다.

---

14) 「滿洲二朝鮮人ヲ移住セシムルコト노 必要性並二其노 戶數」(1934년 3월 조선총독부 외사과). 이 문서는 「朝鮮人口問題對策」에 합철되어 있다.

이를 위해 관동군은 1934년 5월 제2차 신경(新京) 이민회의를 소집하였다. 일본인 시험이민단의 실패는 조선총독부로서는 조선인 만주이민정책을 다시 밀어붙일 수 있는 기회가 되었다. 조선총독부는 이 회의에서 조선인 이민정책의 중요성을 환기시켜 이민회사의 설립을 이끌어내려 하였다. 이를 위해 이민회사 설립 계획안을 치밀하게 마련하였는데, 그것이 외사과에서 작성한 「만주에 대한 조선이민척식회사 설립 요강」이다.15) 이 문서의 '조선이민척식'이라는 회사명은 총독부가 이민사업을 재개하려 하였다는 점과, 또 마침내 처음으로 식민지 개발의 뜻을 내포한 '척식'회사를 구상하기 시작했다는 점을 말해준다.

총독부 실무진의 이러한 노력에도 불구하고 협상이 원활하지 않다는 보고를 받은 우가키 총독은 2차 이민회의 다음 달인 1934년 6월 직접 도쿄에서 일본 정관계의 주요 고위인사들을 만나 교섭을 시도하였다. 우가키의 로비가 성공하였는지, 그 후 일본정부는 내각의 명의로 「조선인 이주대책의 건」(1934년 10월)16)을 작성하여 조선총독부의 계획을 적극적으로 지지한다는 의견을 밝혔다.

일본 내각이 발표한 「조선인 이주대책의 건」은 그 내용을 검토해 보면 1933년 조선총독부가 작성한 「조선인구문제대책」의 내용을 그대로 답습한 것임을 알 수 있다. 조선인구문제대책의 내용에서 일본 고위인사들을 결정적으로 납득시킨 것은 바로 조선인 만주이민정책이 조선인의 일본 이주를 저지·완화시킬 수 있는 방안이라는 총독부의 주장이었다. 내각이 발표한 「조선인 이주대책의

---

15) 조선총독부(1934). 「滿洲ニ對スル朝鮮移民拓殖會社設立要綱」(1934년 5월, 조선총독부 외사과). 이 문서는 「朝鮮人口問題對策」에 합철되어 있다.

16) 內閣, 「(秘)朝鮮人移住対策ノ件」(1934년 10월, 작성은 내무성 사회국). 일본 外務省外交史料館 소장 문서.

건」은 조선인의 내지도항(內地渡航)을 막는 데 있어 가장 좋은 방안은 조선인들을 조선 내에 정착시키는 것이며, 이를 위해서는 사회정책을 적극적으로 펼쳐야 한다고 권고하였다. 그리고 이와 더불어 조선인을 만주와 북부조선으로 이주시키는 조치도 병행해야 한다고 하면서 그 구체적인 방법으로 '농업이민을 보호·조성할 시설을 갖춰야 한다'고 하여 조선인 이민회사 설립을 승인하였다. 다시 말해, 일본 정계에서는 조선인의 내지도항을 저지하기 위해 조선 내에서 적극적인 사회정책을 시행하는 것과 더불어 조선인의 만주이민을 추진해야 한다고 지적한 것이다. 이러한 정계의 지지 방침은 만주이민정책이 조선인의 내지도항 흐름을 만주로 돌려 일본의 실업문제에 부담을 주지 않게 된다는 우가키 총독의 주장에 의거한 것이었다. 일본 내각에서는 조선인의 내지도항은 일본본토의 취업난과 실업난을 가중시킬 뿐만 아니라, 기존 재일 조선인에게도 압력으로 작용하여 조선인의 범죄·주택 문제 등 사회문제를 더욱 증폭시켜 종국에는 '내선융화(內鮮融化)'를 저해하고 치안상의 문제까지 야기하는 원인이 된다고 진단하였다.[17] 우가키 총독은 일본본국이 곤란해 하고 있던 재일조선인 문제와 내지도항 문제에 대한 해결책이 바로 조선인 만주농업이민에 있다는 점을 지적하여 일본 정관계 인사들을 설득하는 데 성공하였던 것이다.

조선총독부 이민정책에 대한 일본 정계의 적극적 지지 표명에 힘입어 이듬해인 1935년 3월 마침내 조선총독부는 조선인 만주이민정책의 시행과 이민회사 신설 계획을 언론을 통해 대대적으로 공포하였다.[18] 총독부가 공포한 계획은 자본금 6,000만 엔의 초대

---

17) 「朝鮮人內地移住對策案說明」, 「朝鮮人移住対策ノ件」의 첨부 문서.

형 국책이민회사를 창설한다는 것이었다. 이는 곧 일본정부가 곧 발표할 일본인 만주농업이민정책의 기초를 제시한 「만주농업이민 근본방책」 발표에 대해 선수를 친 것이기도 하였다. 같은 해 5월 만주농업이민근본방책이 발표된 직후 그 주무부서인 척무성과 조선총독부는 조선인 만주이민정책에 대해 협상을 벌였다. 그 결과는 8월에 언론 상에 공포되었는데, 그 내용은 '조선인 만주이민회사가 자본금 3,000만 엔으로 설립되며, 그 명칭은 선만척식주식회사'라는 것이었다.[19] 이 기사는 조선총독부가 일본정부 및 관동군으로부터 조선인 이민회사 설립에 대한 동의를 얻어 내었으며, 회사의 명칭은 '선만척식회사'로 하는 것으로 결정되었다는 사실을 말해준다. 1931년 말부터 시작된 이민회사 설립 계획이 1935년 5월에 이르러 확정되었고, 회사명이 이민회사가 아니라 척식회사로 결정되었던 것이다. 그리고 회사의 자본금은 조선총독부가 대대적으로 선전한 6,000만 엔이 아니라 그 절반인 3,000만 엔으로 일단 합의되었다는 사실도 알 수 있다.

선만척식회사의 창설이 합의된 후, 조선총독부는 회사의 구체적 세목에 대한 협상을 위한 계획안을 작성하였는데, 「선만척식주식회사설립요강안」(조선총독부, 1935년 11월)이 그것이다.[20] 조선총독부는 선만척식회사의 〈창립취의서〉에서 조선인의 만주농업이민 정책이 일본제국에서 갖는 의의를 제시하였다. 먼저, 관동군이 요구한 재만 조선인 통제 문제에 대해 만주이민의 정책적 추진이 일조할 수 있음을 분명히 하였다. 만주는 '不逞鮮人의 책모지'로 이 불령선인들을 충량한 제국신민으로 양성하기 위해서는 만주이

---

18) 『조선일보』, 1935년 3월 8일·31일자.

19) 『조선중앙일보』, 1935년 8월 15일자.

20) 外務省外交史料館 소장 문서(JACAR Ref.A09050357600).

민정책의 체계적 추진이 필요하다는 것이다. 이는 관동군이 요구한 조선인 통제문제를 수용하였다는 것을 말해준다. 둘째, 조선과 일본간의 최대 현안인 조선인의 내지도항 문제의 해결책으로 만주농업이민이 제시되어 있다. 만주농업이민은 '內鮮 간의 노동 조정'에 있어 중요한 역할을 할 수 있다는 것이다. 이처럼 이 '창립취의서'는 조선인 만주농업이민은 조선 내부의 문제는 물론이고, 조선인 만주이민이 일본과 만주를 아우르는 제국의 문제를 해결할 수 있는 열쇠임을 강조하고 있다. 즉, 조선총독부는 선만척식회사의 창설과 조선인 만주이민정책의 실시가 일본-조선-만주 모두에 필요한 것임을 강조하였던 것이다.

5. 선만척식회사의 설립과 재만 조선인 '집결' 사업

최종적으로 조선총독부는 조선인 만주농업이민정책이 일본으로 도항하는 조선인의 흐름을 만주로 돌려 일본의 사회문제 악화를 방지하는 한편, 이민자에 대한 경제적 지원을 통해 재만 조선인 사회를 안정시키고, 이 이주조선인이 만주국의 경제 개발과 '오족협화' 구현의 일원으로 역할하도록 하는 사업으로서 그 의의를 정리하였다.

당시 만주농업이민정책에 대해 우가키 총독 식민통치정책의 '白眉'라는 평가가 나온 것은 일본-조선-만주가 처한 문제를 한꺼번에 해결하는 일석삼조의 효과를 기대할 수 있었기 때문이다(정안기, 2011). 조선총독부의 핵심 내무관료이자 선만척식회사의 이사를 역임했던 와타나베 도요히코(渡辺豊日子)도 전후(戰後) 인터뷰에서 조선인 만주농업이민 사업은 '일본의 사회문제를 해결하고,

조선농촌을 돕고, 만주개발도 할 수 있는', 따라서 "조선을 위한, 일본을 위한, 만주개발을 위한" 정책이었다고 술회한 바 있었다(学習院大学東洋文化研究所, 2001). 하지만 이와 같은 조선총독부 측의 발언은 사후적으로 정리된 것이다. 설립되었을 때 선만척식회사의 실상은 와타나베 이사의 발언과는 달랐다.

조선총독부의 만주이민정책이 과잉인구 배출을 통해 조선농촌의 위기를 해결하여 식민통치의 안정을 도모한다는 사회정책의 일환으로 추진된 것은 사실이다. 그런데 지금까지 살펴 본 것처럼 일본제국 내부로부터의 강력한 반발로 이 정책은 좌초될 위기에 처했다. 처음 계획을 입안한 1931년 말부터 선만척식회사가 설립된 1936년 9월까지의 5년이라는 긴 기간—이는 우가키 총독의 재임기간과 거의 일치한다—동안 조선총독부는 일본정부·관동군과 지리한 협상을 벌였다. 불리한 위치에 있던 조선총독부는 조선의 홍수나 토룡산사건 등을 비롯해, (여기서는 언급하지 않았지만) 2.26 쿠데타와 같은 일본정치의 급변 등 여러 우연적 사건이 계기가 된 끝에 조선인 이민회사, 즉 선만척식회사를 설립할 수 있었다. 총독부는 4년의 협상 기간 동안 상황대응적인 논리를 개발하여 협상에 나서고 또 우가키 총독이 적극적인 로비를 전개하여 이민회사 설립이라는 목적을 달성하는 데 이르렀던 것이다.

조선인 만주이민을 둘러싼 협상에서 조선총독부는 조선인 이민정책의 명분을 설득하는 데는 성공하였다. 하지만 그렇다고 해서 조선총독부가 당초의 설립 목적을 모두 관철시킨 것은 결코 아니었다. 우선 회사의 규모, 즉 자본금을 보면, 당시 『조선일보』에서도 "이민회사는 자본금이 5천만원이니 3천만원이니 떠들었으나" 그렇게 될 것 같지는 않다고 하면서 총독부가 발표한 규모의 초대형회사가 설립되기는 어렵다고 전망한 바 있었다.[21] 1936년 9월 선만척식회사가 실제로 설립되었을 때 그 공칭자본금은 2,000만 엔이었다. 조선총독부가 계획안에서 6,000만 엔, 3,000만 엔을 거론해서 그렇지 사실 이 2,000만 엔 자본금 회사만 해도 대형국책회사에 속하는 것이었다.

이렇게 공칭자본금 2,000만 엔(납입자본금은 800만 엔)의 대형국책회사를 설립한다는 목적은 일단 달성했지만 문제는 자본금을 어떻게 실제로 납입하는가였다. 선만척식회사는 「선인이민회사설립계획안」 「만선농사회사설립계획」 「만주에 대한 이민척식회사 설립 요강」까지는 그 자본금의 최소 절반을 정부(만주국이나 일본정부 혹은 조선총독부)가 출자하는 것으로 계획되었지만, 1935년 선만척식회사 설립이 일단 합의된 후의 계획안에는 자본금을 전액 일반공모를 통해 모집한다는 것으로 바뀌었다. 일반공모로 바뀐 것은 사업성이 기대되었기 때문이 아니다. 만주국과 일본정부는 조선인 이민정책에 반대하여 이민회사 설립에 소요되는 자본금 조성에 참여할 의사가 없어, 자본금은 조선총독부가 단독으로 마련해야 했다.[22] 조선총독부는 그럴 만한 재정 능력을 갖지 못했기 때문에 고육지책으로 일반 공모를 기획한 것이다. 하지만 수익성을 전혀 기대할 수 없는 국책이민회사의 주식을 주식시장에 상장을 한다는 것은 시도조차 할 수 없는 일이었다. 이 주식을 시장을 통해 인수할 기관이나 개인이 없다는 점은 조선총독부 스스로도 잘 알고 있었고, 자본금 문제는 회사 설립 직전까지 조선총독부를

---

21) 『조선일보』, 1935년 3월 8일자.

22) 회사의 설립이 임박한 1936년 봄에 열린 제국의회에서도 선만척식회사의 자금 문제가 거론되었다. 중의원회의에서 『조선공론』의 사장이기도 했던 마키야마(牧山耕藏) 의원은 선만척식회사가 주주를 모집하는 데 어려움을 겪고 있다고 들었다면서 조선총독부의 대책을 질의하기도 하였다(『帝國議會衆議院議事錄』, 1932년 7월).

괴롭힌 문제였다.23) 결국 조선총독부는 선만척식회사 자본금의 약 3/4를 만철·동척·조선은행·조선식산은행 등 국책회사들을 '종용'하여 조달하고 나머지 약 1/4을 주요 재벌 및 금융기관에 '할당'하는 방식으로 마련하였다.24)

여기서 중요한 것은 선만척식회사는 국책을 수행하는 특수회사임에도 불구하고 정부출자분이 전혀 없었다는 점이다. 이는 다른 국책회사들과는 뚜렷이 구별되는 선만척식회사만의 특징이었다. 예들 들어, 선만척식회사와 거의 같은 시기에 만주척식회사·대만척식회사·남양척식회사가 신설되었는데, 이 회사들의 정부출자분은 자본금의 절반인 50%였다. 그리고 이 회사들의 경우 공칭자본금 대비 납입자본금의 비율은 재무구조 안정성의 최저선인 50%였지만, 선만척식회사만 그에 못 미치는 40%였다. 이처럼 선만척식회사는 일단 설립은 되었지만, 자본금을 모집하는 데에도 큰 어려움을 겪을 정도로 회사의 재무구조는 불안정하였다. 조선총독부는 선만척식회사의 정상 경영을 자신했지만 그 근거는 제시하지 못하였다.25) 이처럼 선만척식회사는 국책회사였음에도 불구하고, 그 재무적 토대가 취약했고 수익성도 대단히 불투명한 회사였다. 그럼에도 불구하고 조선총독부가 선만척식회사에 약속한 지원은 배당금보전 보조금뿐이었다. 만약 선만척식회사가 이 보조금을

---

23) 선만척식회사 설립의 실무를 맡은 다나카 외사과장은 회사설립의 최종심의가 벌어진 1936년 4월의 대만사무국 회의에서 회사의 위험한 재무구조와 손실가능성 문제를 일부 시인하기도 하였다(對滿事務局, 1936).

24) 선만척식회사의 주주내역은『鮮滿·滿鮮拓殖株式會社五年史』, 29~30쪽에 제시되어 있다.

25) 對滿事務局 회의에서 경영부실 가능성이 높다는 질문에 대해 다나카 외사과장은 '선만척식회사의 존속 가능여부는 전적으로 자회사 만선척식회사의 영업성적에 달려 있는데, 이의 예상성적은 각 관계기관에서 세밀히 검토한 것'이라 하면서 답변을 회피하였다(對滿事務局, 1936).

초과하여 손실을 볼 경우에 조선총독부는 아무런 법적인 책임을 지지 않아도 되었다.

이러한 상황에 대비하여 조선총독부가 선만척식회사에 대해 취한 조치가 있는데, 그것은 바로 회사채 발행 요건 및 한도에 대한 법적 특권을 부여해 준 것이었다. 이 점이 선만척식회사가 '특수회사'일 수 있는 이유였다. 선만척식회사의 자금 부족에 대비하여 조선총독부는 「선만척식주식회사령」에 '납입자본금의 3배를 한도로 선만척식채권을 발행할 수 있다'고 규정하고 이 경우 '주주총회의 결의를 요하지 않는다'고 하여, 채권 기채에 있어서 필요한 절차를 면제해 주고, 그 한도를 상법에서 규정한 바의 3배까지 허용하는 특혜를 부여하였다.26) 이는 이민정책 시행에 필요한 자금을 선만척식회사 스스로 조달할 수 있는 법적 방법을 제공해 준 것이었다.

그런데 정부보증채권은 무엇보다 그 인수처가 법적으로 명기되어 정부가 그 상환을 법적으로 보장을 해야 하는데, 선만척식회사의 법령에는 인수처에 대한 어떠한 조항도 찾아 볼 수 없다. 즉 선만척식회사채권은 정부보증채권이 아니었던 것이다. 수익성을 거의 기대할 수 없는 선만척식회사가 자금을 조달할 수 있는 유일한 길은 특권을 통한 회사채의 기채(起債)뿐이었는데, 문제는 이마저도 국가가 상환을 보장하는 정부보증채권이 아니었기 때문에 기채의 성공을 거의 기대할 수 없다는 데 있었다. 주주를 모집할 때 그랬던 것처럼, 수익성을 기대할 수 없고 취약한 재무구조를 가진 회사의 채권이 금융시장의 검증을 통과할 가능성은 별로 없었다.27)

---

26) 「鮮滿拓殖株式會社令」 제13조.

선만척식회사가 조선총독부의 당초 계획대로 설립되지 못했다는 점은 회사의 사업 부문에서도 지적할 수 있다. 조선총독부는 선만척식회사를 통해 조선인 만주이민을 시행한다고 대대적으로 선전하였지만, 문제는 회사의 사업 내용에서 이민자의 모집과 송출이라는 이민회사 본연의 사업이 빠져 버렸다는 점이다.

관동군은 가토그룹의 주장을 받아들여 조선총독부에 조선인 신규 이민은 극히 제한적으로만 허용한다는 방침을 통보한 바 있었다. 이른바 관동군의 '방임' 정책은 개인적으로 넘어오는 '자유이민'은 어쩔 수 없지만, 선만척식회사의 지원을 받아 정책적으로 넘어오는 이민은 받지 않는다는 것이었다. 조선총독부는 조선인 이민회사로서 선만척식회사 설립에는 성공했지만, 정작 이민정책에 있어 가장 중요한 이민송출 부분, 즉 신규 이민은 최대한 억제한다는 관동군의 요구는 수용해 버렸다. 위의 최종협상안(「선만척식주식회사설립요강안」)에는 처음에는 사업내역의 제2항으로 「이주자의 모집과 배분」이라고 하여 이민 송출을 명시한 부분이 들어가 있었다. 그런데 협의의 과정에서 이 항목이 가로줄로 삭제되어 버렸다.[28] 조선총독부는 회사 설립에 대한 합의는 이끌어 내었지만, 그 대가로 조선인 신규이민을 억제한다는 관동군의 방침을 그대로 수용하였던 것이다.[29]

---

27) 선만척식회사는 제2영업년도인 1937년에 기채를 시도했지만 실패하였다.
28) 「鮮滿拓殖株式會社設立要綱案」 중 2. 事業目論見書
   (4) 사업
   一. 이주자를 위해 필요한 토지의 취득, 경영 및 처분
   二. 이주자의 모집 및 배분.
   三. 이주자를 위해 필요한 자금의 貸付 및 정기예금의 收入. (이하 생략)
29) 이민자의 규모와 배분 등 이민의 송출과 수용에 관한 모든 사항은 관동군이 설치한 비밀조직인 '이민사무처리위원회'에서 결정하였다. 선만척식회사는 자금 조달 부문을 제외하고는 이민정책 시행에 수반되는 제반 사항에 대해 아무런 결정권을 가지지 못하

1936년 9월 마침내 선만척식회사가 출범하여, 그 이듬해인 1937년부터 본격적인 사업이 시행되었다. 그런데 회사가 실제로 시행한 사업은 신규 이민자를 모집·송출하는 것이 아니라 만주 각지에 산재해 있던 재만 조선인들을 특정 구역에 '집결'시키는 것이었다. 선만척식회사의 주력 사업은 그 자회사인 만선척식회사를 통해 재만 조선농민들을 관동군이 지정한 구역에 집결시키고, 이를 위한 수용지를 확보·매수하는 것이었다.[30]

관동군의 반대에도 불구하고 이민회사가 창설될 수 있었던 것은 사실 만주국이 해야 할 조선인 집결 사업을 선만척식회사가 대행해 주었기 때문이다. 만주국이야말로 조선인의 만주 이주를 저지한다는 본래 목적을 달성하면서도, 정부재정의 지출 없이 선만척식회사의 자금으로 '불령선인'의 온상인 재만 조선인 사회를 재편성하고, 또 일본인 이민용지까지 확보할 수 있는 일석삼조의 효과를 올릴 수 있었던 수 있었던 것이다.

일본정부도 조선인 만주이민회사 설립으로 조선인의 내지도항을 저지할 명분을 얻음으로써, 일본 노동계의 반발을 달래고 재일(在日) 조선인 문제에 한층 여유를 갖게 되었다. 조선총독부로서는 만주로의 신규 정책이민은 차단되었지만, '방임'정책이라는 이름으로 조선인의 '자유이민'은 허용되었기 때문에 과잉인구의 만주 배출이라는 목적은 '자연스럽게' 이룰 수 있게 되었다. 또 선만척식회사를 통해 재만 조선인에 대한 개입 루트를 갖게 되어 재만 조선인에 대한 지배력을 유지·강화한다는 총독부 만주이민정책의

였다. 회사의 사업 운영은 사실상 이민사무처리위원회가 전부 결정하였던 것이다(조정우, 2014: 165~168).

30) 선만척식회사의 재만 조선인 집결 사업에 대해서는 필자의 박사학위논문(2014) 제4장의 3절을 참조할 것.

핵심 목표는 달성한 셈이 되었다.

조선총독부는 언론을 통해 만주이민정책의 실시를 대대적으로 선전했지만, 실제로 조선사회가 누린 혜택은 없었다. 만주로의 이민에 있어서는 지금까지 해 왔던 것처럼 자유이민으로 하여 국경을 넘으면 될 일이었고, 도리어 주요 이주지였던 일본본토로 가기가 더 어려워졌을 뿐이었다. 가장 큰 피해를 입은 것은 집결 사업으로 인해 생활터전을 강제로 옮겨야 했던 재만 조선농민들이었다. 이것이 바로 선만척식회사의 본질이자 조선총독부의 조선인 만주이민정책의 실상이었다.[31]

---

31) 선만척식회사가 이민 송출 사업을 시작하게 된 것은 중일전쟁을 계기로 관동군의 조선인 정책이 신규 이민 억제에서 제한적·선별적 허용으로 바뀐 이후였다. 중일전쟁 직후 관동군의 정책 변화는 김윤미의 논문(2009)에 상세히 분석되어 있다.

참고문헌

東亞勸業株式會社, 『東亞勸業株式會社拾年史』, 1933.

鮮滿拓殖株式會社, 『鮮滿拓殖株式會社/滿鮮拓殖株式會社五年史』, 1941.

朝鮮總督府, 「[極秘]鮮人移民會社設立計劃案」, 1931.

朝鮮總督府, 「[極秘]移民會社計劃の內容」, 1932.

朝鮮總督府, 「[極秘]滿鮮農事株式會社計劃要綱」, 1932.

朝鮮總督府, 「[極秘]鮮滿農事會社設立趣意および內容證明」, 1932.

朝鮮總督府, 『[極秘]朝鮮人口問題對策』, 1933.

朝鮮總督府, 「[極秘] 鮮滿拓殖株式會社設立要綱案」, 1935.

拓務省拓務局東亞課, 「[極秘] 移民團長會議議事錄」, 1936.

陸軍省, 「[極秘] 鮮滿拓殖股份有限公司設立要綱案」, 1936.

拓務省, 「[極秘] 鮮滿拓殖株式會社設立要綱案」, 1936.

對滿事務局, 「[極秘] 鮮滿拓殖股份有限公司設立要綱案及鮮滿拓殖株式會社設立
　　　　　要綱案二關スル一部事務官會議議事要錄」, 1936.

朝鮮總督府, 「[秘] 鮮滿拓殖株式會社設立要綱」, 1936.

關東軍司令部, 「在滿朝鮮人指導要綱」, 1936.

朝鮮軍, 「滿洲國二對スル朝鮮人移民二關スル件」, 1936.

『鮮滿拓植株式會社關係書類』1·2.

東洋協會, 『對支回顧錄』, 1927.

『朝鮮日報』.

『朝日新聞 外地板』.

강태경, 「東洋拓殖株式會社의 土地 收奪經營」, 『경영사학』13, 한국경영사학회,

1996.

기유정, 「식민지 對 모국 간 경제마찰과 在朝日本人 사회의 대응」, 『사회와 역사』 82호, 2009.

김기훈, 「關東軍의 入滿 朝鮮人 「放任」 政策 형성과정, 1932~1933」, 『陸士논문집』 6집, 1994.

김기훈, 「일제하 '滿洲國'의 移民政策 研究 試論: 일본인 移民 「獎勵」, 朝鮮人 移民 「統制」 정책 형성의 배경」, 『아시아문화』 18집, 2002.

김석준, 「동양척식주식회사의 사업 전개 과정」, 『한국사회사연구회 논문집』 2집, 1986.

김용달, 『일제의 농업정책과 조선농회』, 혜안, 2003.

김윤미, 「日帝의 '滿洲開拓' 政策과 朝鮮人 動員」, 『한일민족문제연구』 17호, 2009.

김주용, 『일제의 간도 경제침략과 한인사회』, 선인, 2008.

김준보, 『韓國資本主義史研究』, 一潮閣, 1970.

김태국, 「북간도지역 조선인거류민회(1917~1929)의 설립과 조직」, 『역사문제연구』 4호, 2000.

김호범, 「日帝下 植民地金融의 構造와 性格에 關한 研究」, 부산대학교 박사논문, 1991.

박경숙, 「식민지 시기(1910년~1945년) 조선의 인구 동태와 구조」, 『한국인구학』 32(2), 2009.

박양신, 「도고 미노루(東鄉實)의 식민정책론: 농업식민론과 '비동화주의'」, 『역사교육』 127집, 2013.

박영석, 「日帝下 韓國人 滿洲移民問題: 日帝의 韓國人 移民政策을 中心으로」, 『韓民族獨立運動史研究: 滿洲地域을 中心으로』, 一潮閣, 1992.

손춘일, 『"滿洲國"의 在滿韓人에 대한 土地政策 研究』, 백산자료원, 1999.

신용하, 「동양척식주식회사의 대(對)한국 및 동북아시아 수탈경영」, 『한국근

현대사회와 국제환경』, 나남출판, 2008.

신주백, 「한인의 만주 이주 양상과 동북아시아: '농업이민'의 성격 전환을 중심으로」, 『歷史學報』 213집, 2012.

윤휘탁, 『日帝下「滿洲國」研究: 抗日武獎鬪爭과 治安肅正工作』, 一潮閣, 1996.

윤휘탁, 「〈滿洲國〉의 '2等 國(公)民', 그 實像과 虛像」, 『歷史學報』 169호, 2001.

윤휘탁, 「侵略과 抵抗의 사이에서: 日·中 갈등의 틈바귀에 낀 在滿朝鮮人」, 『韓國史學報』 19호, 2005.

윤휘탁, 『滿州國: 植民地的 想像이 잉태한 '複合民族國家'』, 혜안, 2013.

이경란, 『일제하 금융조합 연구』, 혜안, 2002.

임성모, 「근대 일본의 국내식민과 해외이민」, 『동양사학연구』 103집, 2008.

임성모, 「만주농업이민정책을 둘러싼 관동군·조선총독부의 대립과 그 귀결」, 『일본역사연구』 29호, 2009.

정안기, 「만주국기 조선인의 만주 이민과 鮮滿拓殖(주)」, 『동북아역사논총』 31호, 2011.

조정우, 「만주사변 전후 '척식'사업기구의 변화: 동아권업㈜의 기업지배구조를 중심으로」, 『사회와 역사』 92집, 2011.

조정우, 「'척식'이라는 비즈니스」, 유선영·차승기 편, 『'동아' 트라우마: 식민지/제국의 경계와 탈경계의 경험들』, 그린비, 2013.

조정우, 「1930년대 제국일본의 식민지 인구 재배치와 선만척식회사」, 서울대학교 박사논문, 2014.

지수걸, 「1932~1935年間의 朝鮮農村振興運動: 運動의 體制安定化政策的 側面에 대한 硏究」, 『韓國史硏究』 46, 1984.

홍종필, 「滿洲朝鮮人農業移民의 經濟狀況에 對하여: 1934年 東亞勸業株式會社 奉天省所在朝鮮人農場을 中心으로」, 명지대학교 『人文科學硏究論叢』 11집, 1994.

황민호, 「1920년대 후반 在滿韓人에 대한 중국당국의 정책과 韓人社會의 대응」,

『韓國史研究』90호, 1995.

岡部牧夫, 『海を渡った日本人』, 山川出版社, 2002.

君島和彦, 「東洋拓殖株式會社の設立過程(上)」, 『歴史評論』 282號, 1973.

君島和彦, 「東洋拓殖株式會社の設立過程(下)」, 『歴史評論』 285號, 1974.

君島和彦, 「朝鮮における東拓移民の展開過程」, 『日本史研究』 161號, 日本史研究會, 1976.

君島和彦, 「滿洲農業移民関係機関の成立過程と活動状況: 滿洲拓植会社と滿洲拓植公社を中心に」, 滿洲移民史研究会 編, 『日本帝国主義下の滿洲移民』, 龍溪書舍, 1991.

金靜美, 『中國東北部における抗日朝鮮・中國民衆史序說』, 現代企劃室, 1992.

金永哲, 『「滿洲国」期における朝鮮人滿洲移民政策』, 京都: 昭和堂, 2012.

東畑精一, 『(増補)日本農業の展開過程』, 岩波書店, 1936.

東鄕實, 『獨逸內國植民論』, 拓殖局, 1911.

東鄕實, 『普國內國植民會社及組合概要』, 臺灣總督府, 1912.

満州移民史研究会 編, 『日本帝国主義下の満州移民』, 龍溪書舍, 1976.

西成田豊, 『在日朝鮮人の「世界」と「帝国」国家』, 東京大學出版會, 1997.

松本武祝, 『植民地期朝鮮の水利組合事業』, 東京: 未來社, 1991.

松村高夫, 「滿洲国成立以降における移民・労働政策の形成と展開」, 滿洲史研究会 編, 『日本帝国主義下の滿洲: 「滿洲国」成立前後の経済研究』, お茶の水書房, 1972.

田中隆一, 『満州国と日本の帝国支配』, 有志舍, 2007.

浅田喬二, 『日本帝國主義と舊植民地地主制』, 御茶の水書房, 1968.

河合和男, 『朝鮮における産米増殖計劃』, 未來社, 1986.

平賀明彦, 『戰前日本農業政策史の研究: 1920~1945』, 日本經濟評論社, 2003.

제2부 이주민의 선택과 전략

중한 이주가족의 초국가적 생존 전략

: 연변 조선족을 사례로

이화(중국, 연변대학교)

1. 초국가적 생존 전략
: 조선족의 해외 이주를 바라보는 또 하나의 시각

1990년대 이후 조선족에 대한 사회적 여론과 학문적 연구의 관심은 주로 조선족 사회의 대규모 인구이동 현상에 집중되어 왔으며 이주의 동기와 요인, 이주국에서의 적응과 법적 지위, 정체성과 디아스포라, 이주가 조선족 사회에 미치는 영향 등 다양한 주제를 둘러 싼 여러 시각의 성과들이 배출되었다. 그런 가운데 해외 이주가 가져다 준 부정적인 영향 특히 가족원들의 분산 이주로 인한 이혼율의 증가, 자녀양육의 고민과 청소년문제의 심각성, 인구유출로 인한 민족공동체의 존속위기 등을 주제로 '붕괴되어 가는 조선족 가족' 내지는 '해체되어 가는 조선족 사회'의 제 양상에 초점을 맞추고 그 해결 방안을 찾아내고자 하는 시각의 언론보도와 연구들이 단연 지배적이었다고 할 수 있다.

그러나 이러한 부정적 시각과 우려에도 불구하고 1990년대로부터 본격적으로 시작된 조선족의 해외 이주는 어언 30년이라는 짧지 않은 세월 동안 지속적으로 이어지고 있으며 이제 이주라는 키워드 없이는 조선족과 조선족 사회를 거론하는 것 자체가 불가능할 정도로 그들 삶의 중요한 방식으로 되었다. 이는 한편으로 조선족 해외 이주에 대한 학문적 접근 방식의 문제점과 한계성을 느끼게 하는 현실적 상황이기도 하다. 즉, 해외 이주의 메커니즘 분석에 있어서 가족 및 개인의 주체성과 능동성을 간과하거나 홀시하고 반대로 사회적 환경에 의한 수동성을 지나치게 강조하며 아직 현재 진행형 상태에 처해 있는 이주의 결과에 대해서 긍정 아니면 부정이라는 이분법적 판단에 서두르는 연구시각에만 의해서는 조선족의 해외 이주 및 그 지속성을 받침해주는 내재적 기제를 충분히 설명할 수 없다는 아쉬움이 많이 남게 된다.

주지하다시피 근래의 국제이주연구에서는 "출신지역과 이주지역 사이를 연결하는 일련의 사회관계를 이주자가 만들어내고 유지해 나가는 과정"(Basch & Schiller & Blanc, 1994: 7), "지리적, 정치적, 문화적 경계를 뛰어넘는 보다 넓은 영역을 무대로 이주자가 전개해나가는 사회적 과정"(Brettell, 2000: 97)과 같이 이주지역과 출신지역 사이의 경제적·정치적·문화적 유대에 관한 이른바 '초국가주의(transnationalism)' 연구가 주목을 받고 있다. 그 가운데서도 본국에 남아 있는 가족은 이주자와 가장 밀접한 관계를 지니는 네트워크로서 각별히 중시되어 왔으며 아울러 이주 의사 결정이나 구체적인 이주 과정, 이주 지역에서의 적응 등 이주 전반에 걸친 가족의 전략과 역할에 초점을 맞춘 연구가 활발하게 진행되어 왔다. 그러나 유감스럽게도 조선족의 해외 이주를 다루어 온 기존의 연구들에서는 가족을 주제로 하는 전문적 연구가 매우 적으며 아울러 가족 전략의 시각으로부터 초국가적 생활실천을 다룬 성과는 더더욱 없었다고 할 수 있다.

이러한 문제의식으로부터 이 글에서는 연변 조선족의 사례를 중심으로 조선족들이 가족분산의 아픔과 자녀교육의 실패 가능성 심지어 가족붕괴의 불안까지 감내하면서도 해외(한국)이주를 이어가고 있는 이유는 무엇이며 그들이 꿈꾸는 가족의 미래는 어떠한 모습인지, 국경을 초월하는 가족의 유지를 가능케 하는 구체적인 생활 전략에는 어떠한 것들이 있으며, 지금까지 이미 두 세대를 뛰어넘는 해외 이주의 경험과 실천이 결과적으로 그 가족들에게 남겨준 의미는 어떠한 것인지 등 측면으로부터 조선족의 해외 이주 및 초국가적 가족의 삶을 조명해 보고자 한다.

2. 가족을 위한 전략적 선택
: 분산 이주를 통해보는 가족의 주체성

현재 조선족은 전 세계 수십 개의 국가와 지역을 아우르는 넓은 범위의 해외 이주를 진행하고 있다. 그 가운데서도 '재한 조선족 70만 시대'라고 불릴 정도로 한국은 조선족의 가장 주요한 이주 목적국이며 아울러 한국으로의 이주노동 역시 조선족과 조선족 사회에 가장 큰 영향력을 미치는 이주 형태로 자리매김하고 있다.

조선족의 한국 이주는 크게 1992년 이전의 친척방문 시기, 1992년부터 2004년까지의 이주억제정책에 따른 불법입국, 불법체류 시기 및 2005년부터 2006년까지의 과도기, 2007년 이후의 대규모 방문취업 시기 등 세 단계로 나눌 수 있다. 그 중 적어도 2005~2006년까지는 산업연수, 친척방문 등 합법적인 경로로 입국하고 체류기한을 넘겨서 불법체류로 전락되거나 아니면 애초부터 밀항, 여권위조, 가짜 친척방문, 위장결혼 등 불법경로를 통해 입국하고 계속하여 불법적 신분으로 체류하는 조선족들이 대다수였으며 심지어 방문취업제가 실행된 1년 뒤인 2008년도까지도 이러한 현상이 지속되었다. 따라서 조선족의 한국 이주는 그 시작부터 가족단위의 이주가 불가능했으며 가족원들의 분산 이주가 주된 형태를 이루었다.

그리고 2007년 3월 한국정부는 '외국인 노동자의 고용 등에 관한 법률'의 개정을 맞아 중국 조선족 및 구소련의 고려인에 대해 '방문취업제'를 실행하기 시작했다. 이로써 한국에 연고가 없더라도 한국어 시험을 통과한 조선족에게는 추첨제를 통해 체류 자격을 부여했을 뿐만 아니라 최장 5년까지의 체류 기간에 자유로이 오갈 수 있도록 보장해 주었다. 그 외에 불법 체류 1년 미만의 체류자에 대해서는 자진신고를 하면 방문취업비자를 발급하는 조치를 취했다.

방문취업제의 실행은 불법체류자 문제를 크게 완화시켰을 뿐만 아니라 주로 브로커에게 거액의 중개비용을 지불하면서 불법 경로를 통하여 이루어졌던 조선족의 한국 입국을 단돈 몇 천 위안으로도 쉽게 실현할 수 있게 했다. 그리고 과거 십여 년간 불법 신분으로 인해 받았던 차별, 고통과 불안감으로부터 그들을 해탈시켜 주었으며 무엇보다 중요하게는 중국과 한국 사이를 자유롭게 드나들 수 있는 법적 여건을 제공했다. 그 후 한국정부는 2012년 4월부터 한국 내 이공계 전문대 및 한국과 외국의 4년제 대학 졸업자 그리고 한국 내 공인 국가기술자격증 소지자에 한해서 F4비자를 발급함으로써 3년 주기의 복수비자 및 미성년자녀의 한국 초청을 가능하게 하는 등 일련의 정책을 추진시켰다. 다만 주목할 점이 있다면 방문취업제의 실행 이후에도 가족단위의 이주노동은 여전히 정책적으로 불가능했다는 것이다.

이와 같이 1990년대 이후 조선족의 한국 이주는 중한 양국의 정치·경제·외교관계와 제반 정책의 영향 특히 한국 정부의 해외 노동력 및 해외동포 관련 정책의 제약을 받아오면서 주로 개인 단위의 이주 형태로 재한 조선족 70만 시대를 맞이하기에 이르렀다.

그렇다면 조선족들은 왜서 가족분산의 아픔 심지어 가족해체의 위험까지 감내하면서 한국 이주를 고집해 왔을까.

여기에는 이주자들이 버릇처럼 내뱉는 "살자면 방법 없지, 새끼들을 공부시키자면 한국 나가서 돈을 벌어야지", "다 가정을 위해서 나가서 고생하는 거지 뭐 별거 있어?" 등의 말들과 같이 힘들고 외로워도 가족을 위해서라면 이주노동을 해야 한다는 가족주의 희생정신이 크게 작용하고 있다고 볼 수 있다. 또한 "살자면 방법 없지"라는 말의 함의를 헤쳐 본다면 이는 생계유지 차원의 목표가 아닌 생활향상 및 사회적 상승 차원의 가족 전략을 의미하는 것이기도 하다. 물론 한국 이주노동의 일차적 목표가 경제적 이익의 추구임에는 틀림이 없다. 그러나 근 30년에 가까운 한국 이주의 역사를 돌이켜볼 때 그러한 경제적 이익의 추구라는 이면에 부모세대의 이주노동을 통하여 자녀세대의 사회적 상승이라는 궁극적인 목표를 이루고자 하는 가족의 생존 전략이 고스란히 드러나게 된다.

주지하다시피 조선족의 한국 이주는 성인노동력이주가 절대 대부분이며 따라서 그들의 이주노동을 뒷받침해 주는 동시에 또 그들이 짊어져야 하는 것은 다름 아닌 가족이라는 책임과 의무의 결정체이다. 한국에서 힘들게 번 돈으로 중국에 집을 마련하고 자녀들을 공부시켜 자신들과는 다른 인생을 살게 하고 싶다는 부모세대의 바램은 2000년대 이후의 조선족 사회 해외 이주의 흐름에도 고스란히 투영된다. 즉, 부모세대가 한국에서 번 돈으로 자녀세대가 일본이나 미국, 유럽으로 유학을 가고 학업을 마친 뒤에는 해당

이주국가에서 취직하거나 국내에 돌아와서 안정된 직장생활을 하는 패턴이 바로 그러하다. 대부분의 이주자들은 자신들의 힘든 이주노동생활이 어디까지나 일시적인 것이며 언젠가는 가족 구성원 모두가 단란히 모여서 "고생 끝, 행복 시작"의 쾌락을 만끽할 수 있을 것이라는 기대감으로 견뎌간다. 따라서 그들의 한국 이주노동 역시 주어진 사회적 구조에 요령껏 적응하면서 가족의 미래를 꿈꾸는 주체적인 선택이며 전략적인 결정이라고 볼 수 있다.

3. 초국가적 가족을 살아가기
: 일상적 실천을 통해보는 생존 전략

1) 중한 양국에 걸친 가족의 경제적 전략

해외 이주에 관한 선행연구들에서는 이주자가 힘든 노동과 험한 생활환경을 이겨내면서 아껴 모아서 국내에 송금하면 국내에 남은 가족은 그 돈으로 일상생활의 영위뿐만 아니라 경우에 따라서는 사치까지 향수하면서 과시욕을 충족시키는가 하면 가옥구매, 사업투자를 비롯한 여러 가지 방식을 통하여 자산을 늘려가는 모습들이 많이 보고되어 왔다. 이는 해외에서 수입을 획득하고 국내에서 일상 소비는 물론 부의 축적까지 꾀하는, 초국가적 가족들이 흔히 실천하는 이분화의 경제 전략이기도 하다.

중한 이주 초기의 조선족 역시 유사한 경제적 패턴을 경험했다고 볼 수 있다. 조선족 집거지가 위치하고 있는 동북지역에서는 1980년대 말기부터 본격적으로 시작 된 시장경제체제에 의해 국유기업을 선두로 하는 기업들의 파산이 줄을 이었다. 연변의 경우

1998년도에 이미 자치주 내 전체 기업의 약 40%를 차지하는 기업체들이 파산의 위기에 빠졌으며 1999년에는 자치주 전체 노동자수의 27% 이상을 점하는 14만여 명이 실업자로 전락했다(蔡春花, 2011: 124). 농촌에서는 학령기의 자녀를 둔 가족들이 모두 교육기회를 쫓아서 도시로 이주했기에 젊은 층의 농업종사자를 거의 볼 수 없게 되었으며 노인들만이 촌락을 지키는 처량한 상황을 초래했다. 이렇듯 피폐해진 지역경제에 더하여 중한 양국의 현저한 임금격차는 국내 경제활동에 대한 의욕을 완전히 잠재워 버렸으며 따라서 일부 학교, 국가기관, 공기업 등 안정된 직장을 가진 이들마저도 노동자, 농민 그리고 무직업자들과 함께 한국 이주노동의 행렬에 뛰어들었다. 또한 언제면 한국에 가서 큰돈을 벌겠는가 하는 환상 속에 백수생활을 보내는 사람들도 적지 않았다.

한편 가족 구성원 중 누군가가 한국행에 성공했을 경우 가족의 생계에 필요한 기본 생활비용, 자녀교육, 결혼비용, 가옥의 신축비용 혹은 구매자금 그리고 다른 가족원의 해외 이주비용, 사업의 개시나 재테크 등 투자비용이 모두 이주노동자의 송금으로 해결되었다. 이러한 돈을 버는 사람/지역과 돈을 쓰는 사람/지역이 따로따로였던 상황이 어느 정도 변화를 가져온 것은 2004년 이후이며 여기에는 중국정부가 실행한 일련의 농촌정책이 상당한 영향을 끼쳤다고 볼 수 있다.

연변지역의 농촌들에서는 1983년을 전후로 가족생산책임제를 도입하기 시작했으며 1995년 전후에는 농지경영권계약을 재체결, 30년의 계약 기간을 부여받았다. 그 뒤 2003년도에 정부는 농지경영권 소유자가 농지를 유상으로 양도할 수 있다는 『农村土地承包法』을 실행했으며 잇따라 2004년부터는 다년간 농가에 부가했던 농업세를 폐지했을 뿐만 아니라 일정 금액의 농사보조금까지 지급하기 시작했는데 농지의 양도금 및 농사보조금의 액수는 해마다 늘어나는 추세이다.1) 이는 그 이전까지만 해도 결코 적지 않은 세금을 피해 아예 버리거나 큰 부담으로 여겨왔던 농지, 그리고 도시 호적에 비해 아무런 경제적 혜택도 없었던 농촌 호적에 대한 사람들의 애착과 소유욕을 강화시켰을 뿐만 아니라 더 중요하게는 국내 수입원이 거의 없이 오로지 해외 이주자의 송금에만 의지했던 농촌가족의 경제구조에 획기적인 변화를 가져다주는 전환점으로도 되었다. 따라서 대부분의 농촌가족들은 그 구성원 전부가 출신촌락을 떠나 생활하고 있더라도 촌락과의 긴밀한 연계를 유지함으로써 농민이라는 신분이 가져다주는 경제적 이익을 최대한 향수하는 이른바 해외와 국내에 걸친 초국가적 경제 전략을 실천하게 되었다.

한편 도시의 가족들 역시 1997년경부터 실행된 중국의 각종 양로금제도를 유효성 있게 활용하여 해외 이주노동을 하면서도 지속적으로 국내의 사회보험과 건강보험에 일정 금액의 보험금을 지불함으로써 나름대로의 노후대책 및 경제적 이익의 획득에 신경을 기울이고 있다.

이와 같은 현상들은 초국가적 가족들이 사회구조적 환경의 변화에 발 빠르게 적응하면서 수입과 소비가 철저히 분리되었던 초기의 경제생활 패턴으로부터 비록 수입의 현저한 차이가 존재한

---

1) 예를 들어 글쓴이가 다년간 조사를 해 온 연길시 조양천진 모 촌 6인 가족의 2007년도부터 2015년도까지의 농업보조금 내역을 보면 2007년도에 1,326위안, 2008년도에 2,246위안, 2009년도에 2,255위안, 2010년도에 2,919위안, 2011년도에 2,803위안, 2012년도에 2,988위안, 2013년도에 3,070위안, 2014년도에 3,160위안, 2015년도에 3,160위안으로 거의 해마다 오르는 추세이다. 뿐만 아니라 2003년도까지만 해도 해마다 1,000위안 이상의 농업세와 400위안 좌우의 수리세를 국가에 바쳤으나 2004년도 이후에는 모든 세금이 폐지됐다. 한편 농지양도금의 경우 2004년도의 1무당 100위안로부터 2017년 현재의 500위안까지 그 가격이 대폭 상승했다.

다 하더라도 이주국가와 출신국인 중한 양국에 걸쳐 최대한의 이익을 추구하는 새로운 경제 전략으로 전환하고 있음을 분명히 보여주는 것이다.

2) 자녀양육과 노부모부양을 둘러싼 가족 전략

자녀양육과 노부모부양은 해외 이주가족이 마주해야 할 가장 기본적인 과제이다. 특히 한국 이주노동의 경우 여러 가지 출입국 정책의 제약으로 말미암아 미성년 자녀 혹은 노부모의 동반 이주가 불가능하며 설사 정책적으로 가능하다 할지라도 과연 얼마나 많은 수의 사람들이 경제적 수입의 감소와 자녀교육의 불안정성 등 마이너스 요소들을 감내하면서까지 가족의 동반 이주를 실행할지는 미지수이다. 따라서 부모의 부재로 인한 소위 '결손가정' 아이들의 존재 및 그 교육문제는 조선족의 해외 이주가 시작된 초기 단계부터 현재까지 줄곧 사회적인 이슈로 관심을 모아 왔다.[2] 그러하다면 부모 부재 혹은 성년 자녀 부재의 초국가적 가족에서 자녀양육 및 노부모부양은 어떠한 형태로 이루어지고 있으며 그 가운데서 어떠한 가족관계의 변화가 일어나고 있는가, 또 역으로 그러한 가족기능의 수행 방식이 어떻게 지속적인 해외 이주를 뒷받침해주고 있는가.

---

2) 연변일보에 따르면 2011년 현재 연변 조선족자치주에서 양쪽 부모 혹은 한쪽 부모와 함께 생활하지 않는 결손가정 학생이 3만여 명에 달하고 있으며 이는 지역 전체 조선족 학생 수의 50% 이상을 차지한다고 한다(김일복, 「모든 학생에게 성장의 푸른 하늘을」, 『연변일보』, 2011년 11월 20일자). 또한 글쓴이가 2013년 4월에 조사를 진행한 연변 모 고등학교 1학년 5개 반급의 302명 학생 중 144명, 즉 48% 이상 학생의 양쪽 부모 혹은 한쪽 부모가 해외에 장기체류하고 있다는 것이 나타났다.

(1) 자녀양육

앞에서도 언급했듯이 조선족의 해외 이주, 특히 한국으로의 이주노동에 있어서 미성년자녀의 동반 이주 사례는 아주 드물다.[3] 여기에는 물론 한국의 관련 출입국정책의 제약도 있지만 더 많이는 "아이가 있으면 마음대로 일을 할 수 없다", "아이를 데리고 가면 경제적으로 너무 부담 된다"거나 "아이한테는 중국에서 교육을 받게 하고 싶다", "중국의 기초교육이 잘 되어 있고 중국이 한국보다 더 장래성이 있을 것 같다" 등 나름대로의 경제적·교육적 전략에 의한 결과로 볼 수 있다.

이렇게 국내에 남겨진 아이들은 누구에게 맡길 것이며 또 누가 가장 우선적으로 아이의 양육을 맡아야 하는 의무를 지니고 있는가 하는 선택과 관념 사이에서 겪게 되는 갈등과 고민은 해외 이주를 앞둔 거의 모든 부모들이 마주해야 하는 또 하나의 어려운 전략적 결정사항이다.

일반적으로 부모가 해외 이주를 결정했을 때 자녀를 맡길 수 있고 또 당연히 맡아야 한다고 인식되는 0순위는 친조부모이다. "○씨 가문의 자손이기 때문에"라는 전통 관념에 의해 친조부모는 싫던 좋던 손자녀의 양육을 맡게 되는 경우가 허다하다. 또한 대부분의 조부모들이 "경제적으로 크게 도와주지도 못하고 자식들이 외국에 나가서 힘들게 돈 벌어 잘 살아보겠다는데 응당 도와줘야지"라는 마음가짐으로 솔선하여 손자녀의 양육을 맡는다. 이러한 자녀양육에서의 부계적 관념은 대규모 해외이동을 시작하기 전에도

---

3) 반대로 일본이나 미국, 유럽과 같은 영어권의 나라에 이주한 고학력, 젊은 층의 조선족들은 자녀를 직접 데리고 이주생활을 하는 경우가 많다고 볼 수 있다.

보편적으로 존재했다. 즉, 夫方居住의 규범에 의해 농촌에서는 농사일에 바쁜 아들부부, 도시에서는 맞벌이하는 아들부부를 대신하여 동거하는 노부모가 손자녀의 양육을 도맡다시피 해 왔던 것이다. 설령 아들 세대와 분가해 사는 부모라 할지라도 딸의 자녀보다 아들의 자녀를 돌보아야 한다는 인식이 보편적이었으며 딸의 자녀를 키워주는 부모는 주위로부터 "외손군은 키워줘 봤자 개를 추길 정도로 소용없다"라는 비웃음을 듣게 된다.

친조부모에 이어서 외조부조가 양육자의 다음 우선순위로 인식된다. 다만 그러할 경우에도 친조부모가 건재하다면 사돈댁에 자주 전화해서 문안하고 노고의 인사를 해야 한다.또 매년 '6·1아동절'이나 아이의 생일에 맞춰 현금과 선물 등을 들고 방문하는 것이 "현명한 처사"이다. 즉, 다시 말하면 "우리 가문의 자손을 대신 키워주셔서 감사하다"라는 식의 행동을 보여줘야 하는바 그렇지 않을 경우 사돈은 물론 며느리한테까지 미움을 사게 된다.

친·외가 조부모 다음으로 해외에 나가는 부모의 형제자매에게 순위가 차례진다. 그 중에서도 특히 어머니의 자매가 우세를 차지하며 아버지의 자매-부모의 남자형제-기타 친척의 순으로 된다. 이는 기혼여성과 친정과의 정서적 친밀성과 성별역할 분담관념에 기인한 것이라고 볼 수 있는데 양쪽 조부모가 부재하거나 조부모가 건강·연령 등의 원인으로 손자녀의 양육을 맡을 수 없는 경우에 결성되는 새로운 동맹관계이기도 하다.

이와 같이 양쪽 조부모, 이모, 고모 등 가족·친족구성원들이 해외로 나간 부모를 대신해 자녀양육을 하는 외 학교 선생님에게 자녀를 맡기는 경우도 가끔 있다. 다만 이는 자녀가 학령기에 들어선 후부터 가능하며 영·유아기에는 볼 수 없는 양육 형태이다. 교사가 양육을 맡을 시의 장점으로는 연로한 조부모나 보통 양육자에 비해 아이의 공부를 더 잘 지도할 수 있다는 점을 들 수 있다. 한편 이 경우 아이의 생활비와 양육비는 반드시 정기적으로 지불해야 하는바 이는 가족 구성원에게 맡길 때와 다른 또 하나의 특징이라 할 수 있다. 즉, 가족의 경우에는 아파트와 같은 통 큰 선물이나 거액의 현금을 건네줄 수도 있는가 하면 반대로 최저한도의 생활비나 양육비마저 지불하지 않아도 괜찮다고 인식되고 있는데 이는 여유가 있을 때는 아무리 큰 대가를 지불해도 아깝지 않으나 형편이 어려울 때는 최저한도의 인사치레 같은 것마저 생략해도 무방하다는 혈연적 친밀감이 크게 작용한 결과로 해석할 수 있다.

이와 같이 기존의 가족이념과 양육 형태를 바탕으로 아이에게 가장 강한 책임감과 의무감 그리고 부모에 못지않은 애정을 지니는 친가, 외가 조부모, 이모, 고모 등 가족원들이 부모의 해외 이주에 따른 대리 양육자로 선정된다. 그리고 다음은 주로 아이의 어머니와 이러한 양육자들 사이의 국경을 초월하는 커뮤니케이션과 협력을 통해 자녀양육이 실천되는데 여기에서 주목할 점은 영·유아기와 학령기 자녀의 양육에서 일정한 차이를 보인다는 것이다.

자녀양육을 둘러싼 초국가적 실천의 첫 번째 단계, 즉 아이의 영·유아기에는 주로 아이의 신체적 발육에 관심이 집중되기에 한국에 있는 엄마들은 분유, 이유식 재료, 영양제, 놀이 감, 베이비오일, 샴푸, 옷과 같은 물품의 선정과 구매, 조달을 직접적으로 주관함으로써 양육자와 국경을 초월한 협력관계를 구축한다.

중국의 56개 민족 가운데서도 높은 교육 수준을 자랑하는 조선족의 교육열은 유별하다고 볼 수 있다. 더불어 자녀양육에 있어서도 학령기를 전후로 그 관심사항이 달라진다. 즉, 영·유아기에는 엄마가 곁에 없어도 조부모의 애정 어린 보살핌 속에서 충분히 잘 자랄 수 있다고 생각하지만 학령기에 들어선 후부터는 양육내용에 그러한 '보살핌'뿐만 아니라 아이의 장래에 큰 영향을 끼치는 '교육'적 측면까지 포함하게 된다. "먹여주고 씻어주고 하는 거야 쉽지. 문제는 공부야, 공부…"라고 말하는 조부모들의 근심 싸인 표정에서 알 수 있듯이 연로하신 조부모들에게 젊은 부모들처럼 아이의 숙제를 봐준다거나 학교 선생님과 밀접한 교류관계를 구축한다거나 학원, 가정교사의 선택 등 공부에 관련한 여러 가지 정보를 다른 학부모들과 공유한다든지 하는 교육적 서포트를 기대하는 것 자체가 무리임이 틀림없다. 그리고 무엇보다 중요한 것은 아이에 대한 엄격함이 부모에 못 미치는 점이다. 주지하다시피 가족관계에서 조부모와 손자녀는 원래부터 친밀한 관계이기도 하지만 부모가 곁에 없는 아이들을 불쌍히 생각하여 응석받이로 키우는 조부모의 약한 마음이 엄격한 훈육을 실행하기에는 걸림돌이 된다.

이러한 상황하에서 해외에 있는 엄마들은 전화나 메일 혹은 웨이씬 등 수단을 이용한 아이와의 커뮤니케이션을 강화함과 동시에 국내의 양육자, 친구, 교사 등 사람들과의 빈번한 교류를 통해 국경을 초월한 교육적 서포트를 진행한다. 또 일시 귀국 때마다 담임교사를 찾아본다든지 고등학교, 대학입시 등 진학과 관계되는 중요한 시험 준비 기간에는 6개월 내지 1년 정도 장기의 일시귀국을 하는 등 방식으로 아이의 교육에 직접 관여한다.

이상에서 살펴본 바와 같이 부모의 해외 이주로 많은 수의 아이들이 조부모를 비롯한 가족과 기타 친족에 의해 양육되고 있다. 또한 자녀양육을 위하여 부모와 양육자 간에 전개되는 송금이나 커뮤니케이션 등 초국가적인 연결을 통해 자칫하면 소원해지기 쉬운 기혼 자녀와 노부모 및 기혼 형제자매들 사이에 긴밀한 협력관계가 형성된다. 그러나 다른 한편으로 이러한 협력관계가 전부 좋은 결과로 이어진다고 보기는 어렵다. 특히 사춘기 자녀의 교육을 둘러싸고 발생하는 여러 가지 문제들은 곧 자녀양육의 실패로 받아들여지며 이는 이주자와 양육자 사이에 그 책임을 서로 추궁하고 원망하는 등 긴장관계를 형성하는 계기로 되기도 한다.

(2) 노부모부양

해외 이주노동에 의한 분산거주는 노부모부양이라는 자녀양육에 버금가는 또 하나의 중요한 과제를 산생시켰다. 주지하다시피 노부모부양에는 일반적으로 신체적 부양과 경제적 부양 등 여러 가지 측면이 포함되어 있으며 우리 민족의 전통적인 관념에 있어서는 장남이 노부모와 동거하면서 모시는 것이 규범으로 간주되어 왔다. 그리고 실제로 조선족들은 1980년대 초·중반까지 그러한 부양 방식을 유지해 왔다. 즉, 신체적 부양과 경제적 부양이 기본상 장남의 집이라는 동일한 공간에서 완결되었다고 할 수 있었다.

그 후 경제 발전에 따른 생활 수준의 향상 및 평균 수명의 연장으로 인해 1980년대 말기부터 조선족 사회에서 많은 노인들이 기혼 자녀와의 별거를 지향하고 서로 자유로운 생활공간을 보장하려는 바램이 강화되었으며 2세대 동거가 현저히 줄어들기 시작했다. 하지만 이러한 경우에도 여전히 중요시되는 것은 '집'의 계승자로서의 장남이 갖고 있는 생득적 지위였으며 비록 별거하고 있더라도 장남이 부모를 모셔야 하는 책임은 변하지 않는다고 인식되어 있었다. 예하면 노부모의 한쪽이 사망했거나 건강에 이상이 생겼을 때 생을 마감하러 가야 할 곳으로 장남의 집이 우선시 되었으며 특별한 사유에 의해서 노부모부양이 장남 이하의 아들 혹은 딸과의 동거를 통하여 수행될 경우 그 자녀들이 가지게 되는 "장남 대신"4)이라는 생각이 보편적이었다.

그러나 1990년대 이후에 본격적으로 시작된 조선족의 해외 이주는 그 이전까지만 해도 비교적 가까운 지역 내에 집중되어 있던 부모와 기혼자녀, 형제자매 간의 물리적 거리를 더욱 확장시켰으며 노부모부양 역시 예전의 형태 그대로 수행하기 어려운 결과를 초래했다. 따라서 해외로 이동한 자녀와 노부모의 가까이에 머물고 있는 자녀 사이에 새로운 관계성의 재편성이 이루어지게 되었다. 그리고 이러한 가족관계의 재편성은 신체적 부양과 경제적 부양을 두 개 이상의 국가에 분리시키는 형태로 나타난다. 즉, 부모가 병이나 고령으로 신체적 보살핌이 필요하게 되었을 경우 해외에 떨어져 있는 자녀가 경제적인 지출을 부담하고 부모의 곁에 남아 있는 자녀가 신체적 돌봄을 책임지는 등 형제자매 간의 협력에 의존하는 경제적 부양과 신체적 부양의 분리인 것이다. 흥미로운 점은 이러한 경제적 부양에는 실제로 노부모를 보살피는 형제자매에 대한 '수고비'까지 포함시켜 될수록 넉넉히 주는 경우가 많다는 것이다. 이는 한편으로 해외 이주자 자신들이 시름 놓고 이주를 계속할 수 있는 일종의 '안전장치'로 활용하는 전략이기도 하지만 다른 한편으로는 돈을 보내는 것보다 노부모와의 동거를 수반한 일상생활의 돌봄이나 병시중이 정신적으로나 육체적으로 훨씬 힘들다는 것을 충분히 감지하는 형제자매 사이의 진심어린 배려라고 볼 수 있다.

여기서 노부모의 신체적 부양을 책임지는 자녀는 첫째, 국내 도

---

4) 만약 사정이 있어서 노부모가 장남 이하의 아들과 동거 할 경우 장남은 자기 대신 부모를 모시는 동생에게 어떤 형태로든 책임을 져야 하며 동생들도 '형 대신 하는 거다'라는 생각으로 거리낌 없이 형으로부터 원조를 받는다. 반대로 장남이 아무런 의사 표시가 없을 경우에는 '장남임에도 불구하고 아무것도 안 한다', '장남 자격이 없다'라고 불만을 표하며 기혼 형제 사이에 불화가 생기기 쉽다.

시에 안정된 직장과 수입을 확보하고 있는 자, 둘째, 어떠한 이유에 의해서든 해외 이주 수속에 실패한 자, 셋째, 몸이 허약하거나 자녀양육 등 이유에 의해서 해외 이주를 포기한 자, 넷째, 다른 형제자매들이 모두 해외 이주를 해서 고령의 부모를 모셔야 하는 자 등 네 가지 유형의 사람들이다.

이러한 형태의 노부모부양을 실행할 경우 반드시 장남이 부모를 모셔야 한다는 규범은 지켜지지 못하고 있지만 그렇다고 해서 "장남으로서의 책임"으로부터 완전히 자유로워진다고는 보기 어렵다. 즉 장남은 적어도 "응당 해야 할 역할을 다하지 못했다"는 죄책감을 느끼게 되고 형제자매들 앞에서 당당하지 못하게 되며 따라서 경제적 부양에서 그들보다 더 많은 기여를 하는 등 어떠한 방식으로든지 그 책임을 미봉해야 한다고 인식되어 있다. 이는 앞에서도 언급한 바와 같이 장남의 상징적 지위와 책임에 대한 전통적 관념이 아직까지도 그 작용을 발휘하고 있음을 말해주기도 한다.

그리고 해외 이주에 동반한 노부모부양의 또 다른 새로운 형태가 바로 기혼자녀가 자신의 아이를 노부모에게 맡기고 해외 이주를 했을 경우 이주 기간의 경제적 부양으로부터 훗날의 신체적 돌봄까지 해당 자녀가 책임져야 하는 일종 부양의 교환이다.

이러한 노부모부양 형태는 원래 따로 살고 있던 부모와 기혼자녀의 세대가 자녀의 해외 이주를 계기로 조부모와 손자녀로 구성된 조손세대를 이루는 방식으로 시작되며 생활비용을 포함한 모든 경제기능의 수행을 자녀의 송금에 의존하게 된다. 특히 부모가 퇴직금이 없고 노후보장이 안 되어 있는 경우 이러한 금전적 문제는 더욱 민감하다. 원칙적으로 장남 이하 여러 명의 아들이 모두 이주노동을 했을 때 장남의 자녀를 돌보는 것이 당연시되고 있으며 그렇지 않고 장남 이하의 기타 아들의 자녀를 맡을 경우 장남부부는 장남으로서의 의무 포기를 정면으로는 아니더라도 불만이나 섭섭함을 토로하는 것으로 표출시킨다. 동시에 주위의 사람들로 부터도 "처사를 잘 못한다"라는 평가를 받는다. 이는 딸의 자녀를 맡았을 경우에 더 심하다.

때문에 어느 자녀의 아이를 맡아주느냐 하는 문제는 노부모의 마지막 거취문제에 관계되는 중요한 사안인 동시에 자칫 잘못하면 기혼 형제자매 사이의 불화를 일으키는 도화선이 될 수도 있다. 이와 같이 초국가적 가족에 있어서 노부모부양은 때로는 기혼자녀의 자녀양육과 서로 교환성을 지닌 기능으로 전환되기도 한다.

상기의 두 가지 유형의 노부모부양 방식 외에도 부모가 건강할 때까지는 자녀들이 경제적 부양만 이행하는 형태, 그리고 배우자를 잃은 부친을 재혼시키는 것으로 신체적 돌봄을 회피하고 경제적 부양만을 이행하는 형태5) 등 예전에 비해 훨씬 다양한 부양방식이 나타났으며 이러한 것들은 근 30년이라는 짧지 않은 초국가적 실천이 유발해낸 가족 전략이라고 할 수 있다. 또한 최근에는 노부모를 양로시설에 맡기는 사례들도 늘어나고 있다.

그리고 이와 같은 여러 유형의 노부모부양에서 간과할 수 없는 것이 딸의 역할이다. 주지하다시피 개혁개방 이후, 특히 해외 이주노동에서의 선두적인 활약은 조선족 여성들로 하여금 경제력의 제고와 더불어 가정 내 지위 향상을 이루게 했으며 거기에 딸과 친정부모 사이의 친밀성으로 인해 각 가정에서의 노부모부양 또

---

5) 대부분의 조선족 남성노인들은 가부장적 관념을 강하게 지니고 있기에 노년에 상처한 부친을 모시는 자녀들의 고충은 만만치 않다. 특히 아직까지도 며느리 혹은 딸이 신체적 돌봄을 전담해야 한다는 성별역할 관념이 우세를 점하는 조선족 사회의 현실 상황에서 자녀들이 일체 경제적인 지출을 감안하는 조건으로 본인 혹은 그 자녀들이 경제적 자립능력이 없는 재혼 상대의 여성에게 부친의 돌봄을 맡김으로써 신체적 부양을 회피하는 사례가 적지 않다.

한 상당한 정도로 딸에 의존하는 변화를 가져왔다. 그러나 한편으로 노부모부양에서의 딸의 공헌은 어디까지나 능력 없는 장남을 도와주는 차원에서 하는 행위일 뿐이고 그로 인해 장남의 지위와 계승권을 딸에게 넘겨주는 일은 결코 있을 수 없다는 것이 보편적인 인식이기도 하다. 즉, '전통 관념의 규범적 역할에 의해 실질적인 부양과 상징적인 부양의 괴리가 생기게 되고, 또 역으로 그러한 괴리에 대한 가족원들의 수긍 및 실천에 의해 전통적인 가족이념의 지속이 가능하게 되지 않았을까'라고 생각된다.

4. 전략적 가족 형태로서의 초국가적 가족

이상 이 글에서는 가족의 생존 전략이라는 시각으로부터 한국 이주로 인한 조선족 가족의 초국가적 삶을 살펴봄으로써 그들이 무엇 때문에, 어떻게 국경을 초월하는 가족을 만들어내고 영위해 왔는가에 대하여 심층적으로 재조명해 보았다. 결과 조선족들은 주어진 환경에 수동적으로 좌우지되기보다 환경에 적응하는 하나의 방식으로 나름대로의 뚜렷한 미래 지향적 목표를 가지고 가족원들의 분산거주를 특징으로 하는 초국가적 가족을 선택했으며 일상생활의 실천 속에서 기존의 가족이념과 규범을 바탕으로 중한 양국에 걸치는 경제적·교육적·사회적 가족 전략을 영활하게 펼쳐감으로써 그러한 초국가적 가족의 유지를 능동적으로 확보해 왔다는 것이 밝혀졌다. 이는 동시에 그렇게 많은 불안과 부정적인 영향 및 부정적인 시선에도 불구하고 한국으로의 이주가 근 30년 간 쭉 이어올 수 있었던 의문에 대한 또 다른 측면으로부터의 해답으로 되지 않을까 생각된다.

초국가적 가족은 그 성원이 두 개 이상의 국민국가에 분산되어 생활하는 동시에 정서적인 결합과 유대감을 공유하면서 지속되는 가족의 한 형태이다. 가족분산은 "때로는 가족을 유지하기 위한 합리적인 의사결정이기도 하고 또 가족을 강화하기 위한 기지 넘치는 탄력적인 방법이기도 하다. 가족은 지역을 횡단하여 이어지기 위해 분열한다"(K. B. Chan, 1997: 195; ブレンダ·ヨ, 2007: 154)라는 해석을 가할 수 있는 현상이다. 이 글에서도 보아 왔듯이 "가족을 위하여", "아이에게 더 나은 환경을 마련해주기 위하여" 등등 가족의 최대의 이익도모가 대부분 사람들이 한국행을 결단하는 주요한 동기로 되고 있으며 기존의 가족이념과 규범에 기초한 가족관계의 존재가 생계와 재생산, 자녀양육과 노부모부양을 포함한 가족기능의 수행에 있어서 든든한 보조적 장치의 역할을 함으로써 이주자의 지속되는 이주행위와 초국가적 가족의 유지를 가능케 하는 것이다. 그러나 한편으로 주의해야 할 것은 기존의 가족관계가 아무런 갈등과 변화를 겪지 않고 마냥 조화롭게만 가족 구성원들의 이주를 뒷받침해주는 것이 아니라 초국가적 일상의 실천 속에서 끊임없는 조절과 적응을 경험하면서 재구성되고 있다는 점이다.

"언젠가는 모여서 행복하게 사는 것"이 초국가적 삶을 살고 있는 가족들 모두가 그리는 미래이기도 하다. 더불어 분명한 것은 조선족들에게 있어서 가족분산의 현 상태가 결코 해외 이주의 궁극적인 결과가 아니며 하나의 과정에 불과하다는 점이다. 주지하다시피 한국의 조선족 관련 출입국정책은 근 30년래 눈에 띠일 정도로 큰 변화들을 가져 왔다. 즉, 초기의 불법체류가 다수를 차지했던 조선족들의 체류신분이 많이 개선되고 입국조건이 현저히 완화되었으며 이제는 한국에서 결혼식이나 돌·생일·환갑 등 경조사를 치르는 가족이 늘어날 정도로 가족의 재결합이 빠른 속도로 이루어지고 있는 현실이다.

물론 해외 이주가 조선족 사회 및 개개의 가족에 미친 부정적인 영향과 문제점들을 간과해서는 안 되며 또 시급히 해결해야 할 사안들임이 틀림없다. 그러나 다른 한편으로 그들의 해외 이주가 아직까지 진행중이라는 점을 감안할 때 현재의 초국가적 가족을 조선족의 긴 이주 과정에서 경과하게 되는 하나의 전략적인 가족 형태로 간주하고 연구하는 시각 또한 필요하다고 본다.

참고문헌

김현미, 「방문취업 재중 동포의 일 경험과 생활세계」, 『한국문화인류학』 42(2), 한국문화인류학회, 2009.

이혜경 외, 「이주의 여성화와 초국가적 가족: 조선족사례를 중심으로」, 『한국사회학』 40(5), 2006.

李　華, 「초국가적 자녀양육으로부터 보는 조선족가족의 문화적 자속성과 변용」, 『중앙사론』 제39집, 중앙사학연구소, 2014.

蔡春花, 「訪問就業制による朝鮮族の出國勞働の變化」, 『人間社會学研究集録』 7, 大阪府立大学大学院, 2011.

ブレンダ·ヨ, 「女性化された移動と接続する場所」, 伊豫谷登士翁 編, 『移動から場所を問う―現代移民研究の課題』, 有信堂高文社, 2007.

李　華, 「老親扶養に見る中國朝鮮族家族の現在: 國外移住に伴う變化を中心に」, 『東北アジア研究』 19号, 東北大学 東北アジア研究センター, 2015.

田渕六郎, 「家族戰略研究の可能性: 概念上の問題を中心に」, 『人文学報』 300, 1999.3.

陳日昇, 「福建亭江的"小美國人": 一个跨國寄养的新移民群体」, 詹冠群 主編, 『历史与现实: 新侨乡·新移民·闽籍华人』, 2008.

L. Basch and N. G. Schiller and C. S. Blanc, "Nations Unbound: Transnational Projects, Postcolonial Predicaments, and Deterritorialized nation-states", *Langhorne, Pennsylva nia: Gordon and Breach*, 1994.

C. B. Brettell, "Theorizing Migration in Anthropology", In Brettell, C. B. and Hollifield, J. F. (eds.), *Migration Theory: Taking Across Disciplines*, NewYork and London: Routedge, 2000.

K. B. Chan, "A family affair: migration, dispersal, and the emergent identity of the Chinese cosmopolitan", *Diaspora* 6, 1997.

문화 커뮤니케이션의 관점으로 본 말레이시아 화인(華人)의 문화적 생존 전략

吳前進(중국, 상해사회과학원)

1. 말레이시아 화인의 문화적 생존에 주목하는 이유

화인 이주자의 문화적 생존과 발전 전략은 결국 전통문화와 거주국의 문화 간 소통, 조화 및 적응의 과정으로 이해할 수 있다. 이러한 적응의 과정은 이중적 특성을 띠는데, 보존과 창조로 개괄할 수 있다. 보존은 일종의 안정성을 추구하는 기제를 가리키는 것으로, 외부의 힘에 의해 부득이하게 변화가 필요할 때, 이러한 변화가 근본적 구조를 바꾸지 못하도록 하는 구심력으로 작용한다. 이러한 안정성을 유지하려는 경향은 모든 문화의 공통적인 특성이다. 한편, 창조는 일종의 구조와 모델의 진화를 가리키는 것으로, 특정한 구조와 모델은 한 문화 또는 유기체로 하여금 필요한 협조(동일시 또는 조정)를 통해 환경에 적응하도록 한다. 이 글의 주제인 화인문화(華人文化)의 경우, 거주지 환경 및 그 속에서 다른 문화들과의 조화를 이루도록 하는 것을 의미한다. 말레이사아 화인사회(華人社會)의 문화적 보존과 창조는 말레이시아 화인의 거주사에 관통(貫通)되어 왔고, 말레이시아 화인 엘리트와 대중들의 문화 실천 속에 관통되어 왔으며, 이러한 이중적 특성으로 화인세계는 자부심과 고무를 받을 수 있었다.

말레이시아[1]는 말레이인 58%, 화인 25%, 인도파키스탄인 7% 등으로 구성(2014년 데이터)된 총인구 3,000만 명 규모의 다(多)민족, 다(多)문화, 다(多)언어와 다(多)종교의 국가이다. 2014년 현재, GDP가 3,250억 달러, 1인당 GDP가 만 달러를 넘어 섬으로써 말레이시아는 중등 개발도상국 대열에 들어섰다. 건국 이후, 말레이시아의 국가발전모델, 특히 다민족사회의 통합에 성공한 경험, 그리고 총인구의 25%를 차지하는 화인사회의 정부에 대한 지지와 다차원적 협력 및 화인사회의 발전 등은 정부, 학계, 대중과 매체의 주의를 끌었다. 이 중에서 화인사회의 발전이 벤치마킹하기 어려운 특수성을 지니고 있음에도 불구하고, 화인사회가 보여준 로컬전통(地方傳統, 화인의 민족문화)의 선양과 로컬전통을 거주국의 역사와 현실에 관철시키려는 문화적 자각과 실천에 주목할 필요가 있다(星洲日報, 2001/07/03).[2] 요컨대, 말레이시아 화인사회의 발전

---

1) 1955년 총선에서 동맹당(Alliance Party)은 말레이시아의 독립과 헌법 제정에 관한 사항을 영국과 신속히 협상하였고, 1957년 8월 31일 드디어 독립하였다. 1961년부터 말레이시아 정부는 사바, 사라왁, 싱가포르, 브루나이를 말레이연방으로 끌어들이려는 정책에 착수했고, 1963년 7월 9일, 브루나이를 제외하고 말레이시아연방을 수립하였다. 1965년 8월 싱가포르는 연방에서 탈퇴해 싱가포르공화국을 설립했다.

2) 王廣武 교수는 말레이시아 화인사회의 로컬전통을 논하면서, "2차 세계대전 이후 말레이시아에서 말레이 민족이 '말레이 연방'이라는 신흥국가를 설립한 이후, 그들의 전통이 곧 국가적 전통으로 되었다. 당시 화인사회의 반응을 볼 때, '화교(華僑)' 개념을 강조하지 않았고, 중국의 국가적 전통도 강조하지 않았으며, 화인 민족문화의 평등적 지위를 요구했는데, 이는 결국 말레이시아 화인의 로컬전통이 인정받음을 의미한다"고 주장했다. 또한 "말레이시아 화인사회는 강한 로컬전통을 가지고 있는데, 예컨대 조호르바루, 페낭, 페라크, 켈란탄 또는 동말레이시아 등 지역은 각자 서로 다른 로컬전통을 가지고 있음"을 강조했다. 王 교수는 이러한 로컬전통을 이른바 '소전통(Little Tradition)'으로 규정했다. 이러한 소전통 중에서 일부는 중국적 전통에서 발전한 것이고, 다른 일부는

은 거주국 정부가 실행한 다민족과 다문화의 공존과 포용정책에 기인할 뿐만 아니라, 민족문화의 근본을 보존하기 위한 화인사회의 노력과 항쟁(抗爭)에 기인한다. 특히 화인사회의 지도자와 엘리트들은 중화문화의 전승과 전파(傳播)를 끊임없이 실천했으며, 말레이시아 다민족사회의 건전한 발전을 위해 기초를 다짐으로서, 말레이시아 화인사회가 역외(域外) 화인세계의 가장 빛나는 존재로 자리매김하게 했다는 것이다.

2. 말레이시아 화인의 문화적 생존과 발전의 기초

말레이시아는 유교·힌두교·이슬람교·기독교 등 세계 4대문명이 교차하는 곳으로, 그리고 다(多)민족, 다(多)종교와 다(多)문화가 일국 내에서 평화적으로 공존하고 상호 교류하는 곳으로 경제발전과 대외무역 및 문화교류에 있어서의 독특한 우세를 지니고 있다. 그 중에서도 국가의 정치적 안정, 경제건설과 사회발전에 있어서의 화인사회의 역할이 두드러지는데, 이는 그들이 다문화 간 소통과 융합을 위해 끊임없이 노력해 왔기 때문이다. "文明新旧能相益, 心理东西本自同"이라는 하버드대학 연경도서관(燕京图书馆)의 주련(对联)이 보여주듯이,[3] 말레이시아 화인사회의 생존과 발전의 기초는 다문화 간의 소통과 융합 노력이다.

문화 간 커뮤니케이션의 주체 또는 매개체는 대체로 인간의 이

___

현지 문화와의 소통 속에서 형성된 것이다(王賡武, 2001).

3) 이 주련의 의미는 신문명이나 구문명이나 모두 상호 참조할 것이 있는 것이고, 동양 사람이든 서양 사람이든 인간의 심리활동은 대동소이하다는 것이다. 즉, 인류문명의 시간적 공간적 전승과 융합을 의미한다.

주와 유동으로, 인간의 끊임없는 이민(移民)운동은 문화 간 커뮤니케이션의 중요한 경로이다. 지리적인 거리뿐만 아니라, 문화와 종교적 이데올로기의 차이로 인해 이민집단을 통한 문화 간 커뮤니케이션은 다문화커뮤니케이션(Cross-Cultural Communication)으로 나타난다. 즉, 서로 다른 문화적 배경을 가진 사회구성원 간의 인적 왕래와 정보 커뮤니케이션 활동으로 이루어진다. 문화 간 커뮤니케이션은 문화적 요소들이 전지구적 범위에서 이동, 확산, 변동의 과정과 서로 다른 집단, 문화, 국가 내지 인류공동체에 영향을 미치는 것 과 연관된다. 이러한 다문화커뮤니케이션은 대체로 두 가지 차원의 내용을 포함하는데, 첫째, 일상생활적 차원에서의 문화 간 커뮤니케이션으로, 서로 다른 문화적 배경을 가진 사회구성원들의 일상적인 교류와 상호작용 속에서 나타나는 융합, 모순, 갈등과 해결 방식 등이다. 단 이 내용은 이 글에서 제외한다. 둘째, 인류문화 교류 차원에서의 문화 간 커뮤니케이션으로, 문화시스템의 차이에 기인한 상이한 문화 간의 교류와 상호작용 과정, 그리고 문화 간 커뮤니케이션 과정에서 나타나는 문화적 변천, 발전과 융합이다. 이 글은 이와 같은 내용에 주목한다. 즉, 말레이시아 화인 엘리트들이 경험한 다문화커뮤니케이션과 연관된 특정 문화 간의 커뮤니케이션 경로와 방법으로, 그 목적은 문화 간 이동(異同)에 대한 이해를 통해, 상이한 지역적 배경을 가진 사회구성원들 간 문화 커뮤니케이션 과정에서 나타나는 오해 또는 갈등을 해소함으로써, 좀 더 포용적인 태도를 취할 수 있도록 유도함과 동시에, 문화적 소통과 융합을 이루는 것이다. 이러한 문화적 소통과 융합에 대한 말레이시아 화인사회의 태도는, 민족문화를 고수하면서도 민족문화와 타문화 간의 소통을 통한 신(新)로컬문화를 만들어간다는 점에서 유의미하다.

문화 간 커뮤니케이션에는 여러 가지 방식이 있는데, 방향성을 기준으로 대체로 두 가지 유형으로 구분할 수 있다. 하나는 종적인 커뮤니케이션으로, 동일한 문화체계 내에서의 지식, 관념, 가치규범 등의 전승을 통한 것인데, 이는 본 민족의 문화적 변천에 속한다. 다른 하나는 횡적인 커뮤니케이션으로, 서로 다른 문화체계 간의 접촉, 채취(采借)로 문화수입 또는 문화수출, 문화차용(文化借用)과 유사하다. 이 글에서 대루고 있는 내용은 이러한 두 가지 유형을 모두 포함하는데, 말레이시아 화인사회의 경우 종적인 커뮤니케이션에 대한 의도가 상대적으로 두드러진다. 실제로 화인사회와 거주국 문화 간의 교류와 융합은 2차 세계대전 이후, 그리고 동남아 민족국가 건국 이후 이들 국가에 거주하는 화인들의 문화적 선택이었고, 화인 이주자와 거주국 역사가 융합되는 필연적인 경로로 말레이시아 화인의 경우도 마찬가지이다.

　역사적으로 말레이시아 화인사회는, 특히 중화문화의 전승과 전파를 중요시했는데, 이러한 점은 세계 기타 지역 거주 화인사회와 유사하다. 즉, 그들은 민족성을 유지하면서 거주국 주민들의 이해, 존중과 흠모를 얻어내려고 했고, 화인 엘리트들은 다문화 간 소통과 융합에 적극적으로 노력했으며, 또한 거주국 정부와 주민들은 다문화에 포용적인 태도를 보여주었다. 그럼에도 불구하고 각국 거주 화인사회 구조의 상이성, 거주국 정부의 화인정책의 상이성, 서방화와 현지화에 대한 강요 정도가 상이함에 따라 각국 화인사회가 중화문화를 전승하고 전파하는 방식과 효과는 다르게 나타났다. 말레이시아의 경우, 중화문화의 전파는 본 민족 신분의 보존과 문화적 권리의 보존뿐만 아니라, 끊임없이 현지와 융합을 이루면서 다문화 간의 융합을 이룩했으며 화인세계 속에서 자부할 수 있는 그들만의 특별한 이른바 '마화문화(马华文化)'를 형성했다. 그러나 기타 국가의 경우, 상술한 원인으로 인해 중화문화를 보존하기 어려웠다.

중화문화와 화인문화 간의 연관성을 볼 때, 대체로 두 가지 맥락에서 이해할 수 있다. 첫 번째 맥락은, 근대로부터 2차 세계대전 종전까지로, 해외 화인사회가 유교문화를 핵심으로 하는 중화문화를 전승(인륜 중시(重人伦), 믿음과 의리 중시(讲信义), 하늘과 조상에 대한 존중(敬天法祖)으로 나타남)하는 것이다. 이러한 연관성은 주로 역사적 연속성으로 구화교사회(老侨社会)의 경우에 해당된다. 두 번째 맥락은, 중국의 개혁개방 이후 이주한 화인들로 형성된 신(新)이민사회를 가리킨다. 신이민사회는 법치를 중요시하고, 정치를 중시하며,4) 다문화 인정 등의 특징을 보여주는 신화교사회(新侨社会)의 경우에 해당된다. 현재 해외 화인사회는 구화교사회와 신화교사회가 뒤섞인 양상을 보이며, 역사와 현실이라는 두 가지 측면에서 중화문화와 뒤섞여, 각국에서 상이한 문화적 중점을 강조하고 있다.

말레이시아 화인문화와 중화문화 간의 연관성을 볼 때, 구화교사회와 신화교사회에서는 다르게 나타난다. 현재 말레이시아 거주 화인은 말레이시아 총인구의 25%를 차지하는데, 인구수를 볼 때, 말레이족에 이어 두 번째로 많은 민족이다. 또한 화인 인구 중 3%만이 말레이시아 본토에서 출생하지 않은 신화교이다(詩華日報, 2009. 04.22). 말레이시아 화인문화는 중화문화의 한 갈래로, 1950년대 이후 현재까지 대체로 거주국의 본토문화와 중국의 전통문화의 융합

---

4) 여기서 '講政治'('정치를 중시하다')는 두 가지 함의를 내포하고 있다. 하나는 해외 화인이 점차적으로 거주국 정치활동 참여의 중요성을 의식했고, 따라서 거주국에 대한 국가 정체성을 인정하면서 현지에서의 사회·정치적 실천에 적극 참여했다는 것이다. 다른 하나는 해외 화인은 점차 발달된 강대한 고국의 중요성을 의식했고, 따라서 대다수 화인들이 고국의 민족문화적 정체성을 인정했다는 것이다.

을 통해 현지 특성에 적합한 문화를 만들어냈다. 화인의 정체성 인정 방식도 본적 인정(祖籍地认同), 친속 인정(亲属认同), 방언 인정 (方言认同) 등에서 중국어 인정(语言认同)으로 변화 발전했고, 문화민족으로서의 화인이 본 민족의 정신문화를 지키려는 모습을 두드러지게 보여주었다. 즉, 말레이시아 화인은 국가정체성에서 문화정체성을 민족의 주요 응집력으로 하는 사회통합의 기제를 만들었으며, 점차 기타 거주국의 화인사회와 다른 이른바 '마화문화(马华文化)'를 형성했다(楊宜音, 2002: 407~420). 그럼에도 불구하고 그들의 '화인성(华人性, Chineseness)'은 오랫동안 지속되었다. 즉 중국어를 알든 모르든, 중문 이름의 유무에 상관없이 중국문화의 유전자를 다소 보존하고 있다. 기타 국가 거주 화인과 비교해볼 때, 말레이시아 화인의 특수성은 그들이 분명한 민족 신분과 문화정체성을 가지고 있다는 것이다. 그들은 전승과 변이를 통해 중화성(中华性) 특징 속에 현지의 지역성과 시대성을 융합시켰다. 인류학자인 진지명(陈志明, 말레이시아계 화인) 교수는 이른바 '본토화(本土化)'에 있어서, 로컬화의 과정은 지역 지리사회 환경에 대한 문화적 적응과 지역정체성 얻는 것이라고 주장한다(楊宜音, 2002: 407~420). 말레이시아 화인사회가 가지고 있는 중화성은 바로 이러한 로컬화의 실천 과정 속에서 중화문화의 강한 생명력을 나타낸 것이다.

해외 화인의 백여 년 이민사는 해외에서의 중화문화의 적응과 발전의 역사이기도 하다. 해외 화인의 끊임없는 이동과 이민은 결국 중화민족과 중화문화가 세계 속의 기타 민족과 문화와의 끊임없는 교류를 통해 발전하는 과정이다. 이를 통해 "우리는 여러 가지 문화와 충격력의 산물이고, 우리의 힘은 우리가 익숙한 것과 외국의 낯선 것과의 결합에 있다는 것"을 알 수 있으며, "이문화에 대한 배척은 결국 실패한다"는 도리를 깨닫게 되었다.[5] 이민문화는 일종의 '변연

문화(边际文化)'이다. 문화변천과 융합은 현재 진행형이고, 이를 통해 우리는 문명과 진보의 노정과 관련된 연구를 더욱 훌륭히 해낼 수 있다(帕克, 1950: 356; 王亞麗, 2013: 10 재인용). 중국의 해외 이주자들은 문화사절로서 반드시 본국의 전통문화가 점차 거주국의 현지 문화적 환경에 적응할 수 있도록 노력해야 하며, 나아가 이른바 '제3의 문화'라는 이색적인 문화공간을 만들어내야 한다. 즉 호미 바바(Homi Bhabha)가 주장하는 이른바 '혼종'문화이다. 총체적으로 볼 때, 화인은 거주국의 주변부에 위치해 있고, 동서방 문화와 거주국 문화의 주변부에 동떨어져 있다. 그러나 화인사회의 엘리트들은 이미 세계무대의 중심에 진입했으며, 다문화의 교착과 융합을 위해 공헌하고 있다. 그들의 문화적 힘은 중화문화에 기인하며, 또한 거주지 문화와 서방문화와의 융합에 기인한다.

3. 말레이시아 화인의 문화적 생존과 발전의 경로

거주국에서 말레이시아 화인사회가 중요한 지위를 누릴 수 있었던 것은 비교적 많은 인구비중 때문만이 아니라 화인사회가 견지한 문화 전승과 전파의 '三宝'(세 가지 보물)에 기인한다. 즉, 화인단체, 화문교육(華文教育)과 중국어 신문의 존재이다. 이 세 가지 '보물'은 공히 말레이시아에서 화인이 생존과 발전을 이룩할 수 있는 기본적 구조와 경로로 되었다.

---

5) 미국 뉴저지 주 사우스오렌지에 있는 시턴홀대학교(Seton Hall University) 외교대학에서 있은 유엔 사무총장 코피 아난의 강연(http://www.un.org/chinese/dialogue/messagesg. htm, 검색일: 2013.10.11).

1) 화인단체: 문화적 생존과 발전의 관건

역사적으로 볼 때, 1957년 말레이시아가 독립을 선포한 당시, 연방정부는 화문(華文)교육과 화인문화에 대해 탄압정책을 실시했다. 이에 화인 민간단체는 타협적인 태도로 일관하지 않고, 화인 문화교육을 말레이시아 다문화사회의 현실에 적합하게 실행해내나가면서 화인 문화전통의 보존에 노력했다. 따라서 말레이시아 화인단체의 최대 공적을 꼽으라고 하면, 하나는 화문교육의 권리에 대한 쟁취와 수호, 그리고 다른 하나는 화인 사상문화의 제창과 확산을 통한 문화적 평등권의 쟁취라고 볼 수 있다.

우선, 화인단체는 화문교육의 권리에 대한 쟁취와 수호에 보다 심혈을 기울였다. 지난 2백여 년간, 말레이시아 화인단체는 화인의 이주, 생계 도모, 성적(省籍) 간 갈등의 해소, 각 거주지에 학교와 묘우(廟宇)를 세우는 등 말레이시아 화인사회가 존재하는 곳이면 화인단체가 적극적으로 협조하는 모습들을 볼 수 있었다(莫順宗, 2011). 현재, 말레이시아 화인이 공식 등록한 단체는 9,000개에 달하고, 그 중에서 비교적 활약적으로 움직이는 단체는 2,000개가 넘는다. 단체의 성격이나 기능에 따라 이들 단체들은 지연적 단체(地緣性社團, 향우회), 혈연적 단체(血緣性社團, 종친회), 신을 매개로 한 단체(神緣社團, 종교와 민간신앙단체, 자선단체), 전문성을 띤 단체(专业性社團, 상공회, 과학기술·문화·교육 관련 전문단체) 등의 네 가지 유형으로 구분할 수 있다.

다양한 성격과 기능의 수많은 화인단체들이 존재함에도 불구하고, 이들을 하나의 정체(整体)로 보는 것이 보편적인 시각이다. 그 이유는 이러한 화인단체들을 이해하는 키포인트는 '단체'가 아닌 '화인'이기 때문이다. 이는 해결과제 등을 놓고 화인사회가 쉽게 동원되고 협력하는 경향을 보이기 때문인데, 특히 화문교육과 관련된 이슈는 최다 화인들을 동원시킬 수 있다. 말레이시아 독립 직전인 1951년에 자발적으로 조직된 '말레이시아화교교사총회(马来西亚华校教师会总会, 교총(教总)이라 약칭)'와 1954년 설립된 '말레이시아화교동사연합회총회(马来西亚华校董事联合会总会, 동총(董总)이라 약칭)'은 '동교총(董教总)'이라고 불리는데, 60여 년간 현지 화문교육을 이끌고 있다(莫順宗, 2011). 여기서 주목할 점은, 말레이시아 독립 이후 적지 않은 화문(华文)학교는 화인단체가 설립, 지원 및 경영을 하고 있다는 것이다. 특히 화문소학교(华文小学校)의 경우는 국가교육체계에 속하는 것임에도 불구하고, 학교 건물이나 시설비용 등 대부분의 운영비는 화인단체에서 부담하고 있다. 화인소학교에 대한 지원과 화문독립중학교(华文独立中学校)의 유지를 위해 화인사회는 막중한 부담을 안고 있으나, 말레이시아에서의 화문교육의 보존을 위해 화인사회 구성원들은 묵묵히 이러한 부담을 떠안고 있다.6) 화인단체는 이미 말레이시아에서 민족문화를 보존하는 중요한 기초적 사회조직이 되었다. 현재 말레이시아에서 1,289개의 화문소학교(관영), 78개의 화문중학교(관영), 60개의 화문독립중학교(민영)와 3개의 화문을 주요 교육언어로 하는 대학(민영)의 유지는 화인단체와 갈라놓을 수 없다.7)

다음으로, 화인단체는 화인 사상문화의 제창과 확산에 보다 심혈을 기울였다. 1983년 말레이시아 화교단체 지도기구는 문화대회를 개최하고 선언문을 발표했다. 선언문의 주요내용은 국가문

---

6) 林金樹, 「馬來西亞華人的多元文化經驗」(http://www.nandazhan.com/jijinhui/nf17p033.htm, 검색일: 2007.04.21).

7) 林玉唐, 「傳承中華文化是華社緊根護根基礎性工作」, 中國僑網(http://www.chinaqw.com, 검색일: 2007.06.21).

화 건설의 6개 기본관점, 국가문화 속에서의 화인문화 발전공간, 각 주(州)의 화인단체 지도기구가 윤번으로 '전국화인단체문화절(全国华团文化节)'을 조직할 데 대한 것 및 상호간 단합 강화에 관한 것이다. 1991년 말레이시아중화대회당연합회(马来西亚中华大会堂联合会)가 설립되어 화인문화의 발전 추진 관련 중임을 맡게 되었다. 1993년 화인단체는 화인문화의 발전방향과 관련된 새로운 총화에서 "말레이시아 화인문화의 독특성을 창조하고, 화인문화의 내포를 증가시키며, 문화교류를 추진하고, 개방·다원화·국제화의 문화관념을 관철시킴으로써 화인문화가 말레이시아 국민들에게 받아들여지고 인정받음과 동시에 이를 자부심으로 느끼게 하는 것"이라는 결론을 내놓았다. 1996년 3월, 말레이시아 정부는 처음으로 강력한 영향력을 미칠 '회교-유교 간 대화 국제학술회의'를 개최했다. 중국, 미국, 일본과 본국의 11명의 전문가들이 선후로 발표했는데, 회교와 유교라는 양대 문명의 공통점, 양대 문명 간의 충돌과 해결 방법 등이 주요내용이었다. 말레이시아 전문가는 여러 가지 문명에 대한 내용을 발표하면서, 공자의 사상과 철학은 세계적인 것이지 어느 민족이나 국가에 국한된 것이 아니라는 점을 강조했다.[8] 2001년, 말레이시아 화인문화협회가 1980~1999년 20년간 정치·경제·문화·교육·사회 5대 영역 평론 중의 가작(佳作)을 수록한 열권짜리 『당대 말레이시아 화교 문존(当代马华文存)』을 출판해 화인사회에 소중한 역사기록물을 남겼다.[9] 자신의 문화권리를 쟁취하고 화인사회의 역량을 결집함과 동시에, 화인문화의 로컬전통을 거주국 국가문화의 대전통 속에 융합시키는 노력을

---

8) 吳文華, 「中華傳統美德在東南亞華人中的傳承和弘揚」, 『福建致公』(http://www.fjzg.org/jyjl/2004/chuantonghunyan.htm, 검색일: 2014.05.21).

9) 「大馬華族發揚中華文化的點滴經驗」, 光明網(http://www.gmw.cn, 검색일: 2006.03.21).

함으로써, 말레이시아 화인들은 다민족사회의 번영과 발전에 대한 공헌은 물론 말레이시아 국가문화의 공통적인 창조자가 되었다. 한편, 최근 십여 년간 화인단체는 말레이시아 화인문학의 발전에도 주목했는데, 문학상과 출판경비 지원은 늘어나는 추세다. 지역단체는 회원들의 서예, 회화, 무용 등의 문예반을, 그리고 일부 단체는 화인 역사·문화의 연구·출판경비와 학술회의 개최를 지원함으로써 사회문화를 개조하여 경직된 사고와 환경을 바꾸려고 했다. 말레이시아중화대회당총회(马来西亚中华大会堂总会, '화총(华总)'으로 약칭)는 화인문화절(华人文化节)을 연 1회 조직하고 있는데, 시청각을 넘어 서예, 회화와 문학 등의 예술양식을 빌어 화인문화의 발전을 추진하고 있다. 한편, 화인민간단체는 사회문화사상의 측면에서 현지 화인 자신의 발전 역사를 정리하고 보존하려는 노력을 기울여왔다. 1985년 화인단체는 '화교사회연구센터(华社研究中心, 초반에는 화교사회자료연구센터(华社资料研究中心)라고 함)'을 조직해 학술연구, 자료 수집과 화인 지식인들의 힘을 모아 말레이시아 화인의 역사, 현실과 미래의 비전을 찾으려고 노력했다(莫順宗, 2011).

2) 화문(華文)교육: 문화적 생존과 발전의 생명력

언어의 전파는 문화의 존망에 있어서 중요한 위치를 차지한다. 말레이시아에서의 화문교육은 190여 년의 역사를 자랑한다.[10] 처음 말레이반도에 이주한 당시, 화인은 서당을 많이 만들어 후대들

---

10) 1819년 페낭(檳城)에서 만든 최초의 서당인 오복서원(五福書院)을 말레이시아 화문교육의 시초로 본다면, 이미 190여 년의 역사를 자랑한다고 볼 수 있다.

을 교육했는데, 당시 서당들은 대체로 『삼자경(三字经)』, 『천자문(千字文)』이나 『사서오경(四书五经)』 등을 교재로 삼았다. 학교 설립 초반, 영국 식민지 정부는 화인 서당에 방임하는 태도를 보였다. 1920년에 들어 화인세력이 점차 강대해짐에 따라 점차 『1920년학교등록법령(1920年学校注册法令)』을 공포해 이를 억제하려 했다. 2차 세계대전 시기, 일본이 말레이반도를 침략함에 따라 민간교육은 일체 중지되었다. 2차 세계대전 종전 이후 영국 식민지 정부는 선후로 『1952년교육법령(1952年教育法令)』, 『1956년교육(수정)법령(1956年教育(修正)法令)』, 『1957년교육법령(1957年教育法令)』과 수많은 보고서를 반포했다. 말레이시아 독립 이후 연방정부가 1955년의 『라조크 리포트(The Razak Report)』와 1961년의 『탈립 리포트(Rahman Talib Report)』를 수용해 『1961년 교육법령(Education Act, 1961)』을 반포함에 따라 화문교육의 발전을 강력하게 저지했으며, 이는 화인사회의 큰 반발을 불러일으켰다. 당시 말레이시아 화문교육을 위한 항쟁을 위해 희생을 두려워하지 않은 화인 지식인들이 나타났는데, 임연옥(林连玉),[11] 심모우(沈慕羽),[12] 육정유(陆庭谕), 임수호(林水濠) 등이 대표적이다.

"어문(语文)은 민족의 영혼"이라는 지적처럼, 화인들의 문화적 생존과 발전은 화문교육을 통해 체현된다. 말레이시아에서 민족문화 기억을 유지하는 길은 대체로 두 가지를 들 수 있다. 하나는 체제 내에서 정당정치의 방식을 통해 화문교육의 평등권을 쟁취하

---

11) 임연옥(林连玉, Lim Lian Geok, 1901~1985)은 말레이시아 화인 중 가장 유명한 화문교육가로 교총(教總)의 지도자로 활약했다. 1961년 『탈립 리포트』가 화문중학의 제도를 바꾸려는 것에 반대한 결과 말레이시아와 국적 상실, 교사자격증을 취소당했다. 그는 말레이시아 화인들로부터 족혼(族魂)으로 불린다.

12) 심모우(沈慕羽, 1913~2009)는 말레이시아 화인 중 임연옥에 버금가는 화문 교육가이자 서예가이다.

는 것이고, 다른 하나는 체제 밖에서 민간단체가 후원이나 경영하는 방식이다. 2차 세계대전 종전 이후, 냉전이라는 국제적 배경과 동남아 각국의 민족국가 건설의 절박성으로 인해 화인은 강제 동화되어 갔고, 화문교육은 배척과 탄압을 받는 궁지에 몰렸다. 그럼에도 동남아 기타 국가들과 달리, 말레이/말레이시아 화인들은 결코 의기소침해지기는커녕, 상호간 협력 도모와 합법적인 절차를 통해, 그리고 합리적인 논설(论说)로 당시 일정한 민주주의 이념을 갖춘 말레이 정부당국에 공민으로서, 그리고 정당과 교섭단체로서의 여러 가지 건설적인 주장을 내놓았다. 물론 이 과정에서 화인조직 내(화교(华教) 인사들과 말레이시아화교협회(马华公会, Malaysian Chinese Association)[13])에서는 화문교육의 권익을 달성하는 방법 수단과 목표를 두고 의견이 분분했다. 그럼에도 불구하고, 이들은 민족문화의 근본을 지켜야 한다는 점에서는 합의를 찾았으며, 이는 결국 말레이시아에서 화인으로서 생존 및 발전하는 기초가 되었다.

대표적인 화교(华教)의 투사 심모우(沈慕羽)의 경우, 화교 교총(教

---

13) 말레이시아화교협회는 1949년 설립 당시 화인 복지기구의 하나였으나, 말레이시아의 중국계 정당으로, 현재 집권 연합인 국민전선(BN)의 일원이다. BN 내 대표 정당인 통일말레이국민조직(UMNO)과 말레이시아인도인회의(MIC)와 더불어 가장 큰 정당 중 하나이며, 말레이시아 정계 내에서 큰 영향력을 행사하고 있다. 화렌 홀딩스(Huaren Holdings)와 같은 회사들을 실질적으로 보유하고 있으며, 두 개의 대표적인 신문사—The Star(말레이시아 최고의 영어 신문), 『남양상보(서말레이시아 최고의 중국어 신문)』—를 보유하고 있다. 한때는 중국인들을 대변하는 최고의 정당이었지만, 최근 중국계들의 지지가 민주행동당(DAP) 등 야권으로 이동함에 따라 지지율이 축소하고 있으며, 실질적으로 중국계들의 지지를 얻지 못하는 편이다. 현재 헌법의 보장하에 화인은 종교 신앙의 자유와 모국어 교육의 선택 자유, 합법적 장사할 수 있는 권리와 공민권리 등을 향유하고 있는데, 이는 말레이시아화교협회의 노력과 갈라놓을 수 없다(南洋商報, 2009.07.03). 그러나 화문교육에 대한 태도에 있어서 말레이시아화교협회는 자신감을 상실해 화교(華教) 인사들의 불만을 사며, 교육평등권 쟁취에 있어서의 최대 걸림돌은 통일말레이국민조직(The United Malays National Organization)이 아닌 말레이시아화교협회라고 한다. 何啟良(1997: 121)을 참조.

总)의 주석직을 맡은 29년간 그는 말레이시아 화문교육의 큰일마다에 발기 및 참여했다. 예컨대 화문(중국어)을 통용어의 하나로 만들기, 독립대학의 설립, 독립중학교의 발전 운동 추진, 화인소학교의 동화 저지 및 화문교육연구센터의 설립 등이다(鄭良樹, 1997: 5). 일찍이 1933년 영국 식민지 시기 심모우는 당시 화인사회에서 널리 유행되고 있는 언어가 표준어가 아닌 복건어(福建话, 복건 방언)임에 난처해했다고 한다(陸庭諭 主編, 1997: 25). 따라서 그는 중국 국내의 주음자모(注音符号)에 근거해 병음(拼音)할 것,14) 화인 간의 교류와 교육 용어는 반드시 표준어여야 하며 반드시 표준어를 배울 것을 요구하면서, 우선적으로 모교인 배풍학교(培风学校)에서 표준어 사용 운동을 벌였다. 얼마 후 말라카의 신종야학(晨钟夜校)에서 표준어를 가르침으로써 표준어 보급의 씨앗을 뿌려놓아 화인사회 내부의 의사소통과 교류에 원활하도록 만들었다(陸庭諭 主編, 1997: 25). 표준어의 광범위한 사용을 위해, 1956년 9월 22일 심모우는 말레이시아화교협회 청년회(马华公会青年组) 제1회 전국대회의 보고 발표를 전부 표준어를 사용하도록 했다. 동 회의에서

---

14) 1912년 중화민국 건국 이후, 중화민국 정부는 국어를 繼續推했다. 이러한 배경하에 중국어 표준음은 '경(음)국(음)문제(京(音)國(音)問題)' 대토론을 거쳐 "경음을 위주로 하면서 남북음을 고려한다"는 원칙이 경음을 표준으로 하는 원칙으로 수정되었다. 그 이후 주음(注音) 자모는 주음부호(注音符號)로 되어 국어를 推行하는 利器가 되었으며, 국어는 사범학교와 소학교 어문 교학 과정에 들어갔을 뿐만 아니라, TV 라디오, 영화, 연극 등 영역에서 牢固陣地를 고수했다. 중화민국 시기, 관용/관방언어에서 국어로, 낡은 국음(國音)에서 신국음(新國音)으로, 그리고 국어운동에서 가장 중요한 내용이 된 역사적 경험은 바로 자연적으로 형성된 명확한 발음이 없는 초급형식의 민족 공통어(관화(官話))에서 명확하고 규범적인 고급형식의 민족 공통어(국어(國語)와 표준어(普通話))로의 변경이다. 국어운동은 북경어를 전국적으로 유일한 표준어로 명확히 선포했는데, 이는 국어운동 최대의 역사적 공적이다. 이는 1949년 신중국 건국 이후 전개된 한어(漢語)규범화운동과 표준어 및 한어의 拼音方案의 제정에 기초를 마련했다. 『漢語拼音方案與注音符號、國羅、北拉의 歷史淵源關系』(http://www.confucianism.com.cn/html/hanyu/5186822.html, 검색일: 2008.05.05).

심모우는 "민족의 자존심을 위하여 모국어 사용에 대한 자부심을 느껴야 한다"고 발언함으로써 참가자들의 놀라움과 박수갈채를 받았다. 심모우의 이런 행동은 말레이시아 화인들이 역대로 영어로 소통하던 관례를 깼으며, 표준어가 말레이시아 화인단체의 회의 통용어로 자리 잡는데 기초를 마련했다(陸庭諭 主編, 1997: 72). 또한 심모우는 여러 국제회의장에서 표준어가 유엔의 다섯 가지 통영어 중의 하나가 되어야 함을 강조했다(陸庭諭 主編, 1997: 116). 1973년 심모우는 한자간소화위원회(汉字简化委员会) 부주석을 맡아 한자를 간소화시키는 일을 책임졌다. 당시 그는 다섯 가지 원칙을 제기했는데, 주요내용은 간자체 또는 번자체는 대중이 선택해야지 강요해서는 안 되고, 합리적이고 중화문화의 존엄에 손해를 끼치지 않는 간소화는 수용할 수 있다는 것이다. 또한 간자체와 번자체 모두를 반드시 배우고 상호 대조해봐야 하는데 이는 중국 고대의 문화 유산·학술을 정리하고 문화를 전승하는 데 유리하다 (陸庭諭 主編, 1997: 128). 1970년대에 들어 심모우는 말라카에 중문 (中文)도서관을 설립해 화인들을 계몽하고 학술연구를 제창했다 (陸庭諭 主編, 1997: 142). 요컨대 표준어 발음의 통일, 화인정당 공식 용어로서 표준어 채택, 한자 간소화 원칙의 제창, 그리고 중문도서관의 건립 등 이 모든 사업들은 말레이시아 화인들이 민족문화를 보존, 전승, 빛내고 발전시키는 데 있어서 필요한 것이었다.

현재 말레이시아는 이미 중국 대륙, 홍콩과 대만 이외의 지역에서 화문교육체계를 가장 완벽하게 갖춘 나라로 되었고, 말레이시아 화인의 중국어 수준은 중국 대륙, 홍콩과 대만 이외의 지역에서 가장 높다. 독립 이후 말레이시아의 화문(华文)학교는 국민자질을 향상시키고 경제와 사회의 발전을 이룩함에 있어서 중요한 역할을 했다. 화문독립중학교(华文独中中學校)는 세 가지 언어 구사가 가능한 10만 명에 달하는 고등학교 졸업생을 배출했고, 그 중 절반 이상은 국내외 대학에서 고등교육을 받고 있다. 이들은 정치, 경제 또는 문화영역에서 모두 중요한 공헌을 했다.[15] 화문교육의 중요한 공헌 중의 다른 하나는 말레이시아 화문 작가대오의 형성과 화문 신문업(报业)의 번영을 촉진한 것으로, 이는 기타 국가와 지역 화인이 비교불가한 문화적 우세이다. 한편, 말레이시아 화문교육의 발전 과정에서 말레이시아 민주정치의 아량 역시 무시 못 할 역할을 했다. 따라서 아래와 같은 질문을 던져볼 수 있다. 연방정부가 주도한 국가문화 통합정책과 화교(华教) 엘리트들이 추구하는 화문교육 평등권은 어느 정도 합의를 이룬 것은 아닌가? 화인의 문화교육 권리의 수호는 말레이시아 민족국가 건설의 목표 달성에 영향을 미칠 것인지 아니면 공통목표의 형성에 유리할 것인지? 말레이시아 건국의 역사가 보여주듯이, 중화성과 본토성은 문화교육 정책 속에서 끊임없이 갈등하며 이는 현재 진행형이다. 그럼에도 이러한 갈등의 본질은 민족정치, 이는 말레이시아 다문화 사회로의 발전이 굴곡적임을 설명해준다.

1990년대, 국가 간 이데올로기 대립이 점차 약화되고 아태지역 경제가 번영함에 따라 본국의 화인에 대한 각국의 정책이 점차 완화되면서, 화인과 중국과의 연계와 긴밀성이 어느 정도 강화되었다. 화인을 매개로 중국경제의 발전에 편승하려는 것이 동남아 각국 지도자의 정책 목표의 하나로 되었고, 각국은 화인들이 중국과 거주국 간 경제무역의 교량역할을 해주기를 희망하고 있다. 경제적 긴밀성에 따른 문화적 영향력, 즉 화문교육은 중국요인과 현지

---

15) "辦好華校 協助實現我國2020宏願: 有關當前我國華教的迫切問題和我們的要求與建議: 董教總呈給給政府的教育備忘錄", 馬來西亞華人公會官網(www.mca.org.my/cn, 1995.07.21).

화교(华教) 엘리트들의 추진에 따라 새로운 생명력을 보여주었다. 중국과 비즈니스를 할 경우, 화문교육을 받은 젊은이들은 문화적, 기교적 우세를 가지게 되었고, 일부 화인 자제들은 중국유학을 통해 고국의 언어와 문화에 대한 학습을 통해 중국에 대한 이해를 높일 수 있었다. 오늘날 화인 자제들이 선택한 생활과 사업은 그들과 중국 간 경제적·문화적 관계와 연관성을 가지며, 이는 말레이시아 화교(华教) 엘리트들이 화문교육을 위해 50여 년간 끊임없이 노력한 결과이다. 냉전이라는 정치적 요인보다는 염황자손(炎黄子孙)이라는 점에서 출발해, 중화문화의 전승과 전파를 책임과 의무로 자각하는 화교(华教) 엘리트들이 있었기에, 화문교육과 중화문화는 말레이정부의 자문화 중심주의와 말레이시아정부의 다문화주의 속에서 존속할 수 있었다.

3) 중국어 신문: 문화적 생존과 발전의 알림이

중국어 신문은 동남아국가 화인들이 정치적 주장을 전달하고 화인 사상과 문화를 전파하는 중요한 플랫폼이다. 초기에 말레이시아 화인들은 끊을 수 없는 조국에 대한 애정 때문에 조국과의 연계를 강화시키려 했고, 따라서 초기 중국어 신문 내용의 대부분은 중국관련 기사였다. 하지만 독립 이후 말레이/말레이시아 정부가 실행한 느슨한 국적정책과 화인 2세대의 출생에 따라, 중국어 신문의 내용도 변화를 보였다. 중국어 신문은 점차 화인과 정부 및 기타 민족 간의 정보를 교류하는 교량으로 변해 갔다. 오늘날 말레이시아 중국어 신문의 주요 기사내용은 국제신문, 국내시사, 지역정세, 오피니언, 화인단체 동정(动态, 특히 단체의 활동), 화교(华教) 동정, 화인단체 문화활동 등이다.[16] 이제 중국어 신문은 진정으로 국외 중국어 매체의 현지 특성을 체현하고 있고, 화인사회의 목소리를 반영하며 화인사회의 권익을 수호하고 있다.

말레이시아는 세계적으로 가장 많은 종류의 중국어 신문을 보유한 국가임과 동시에, 중국어 신문을 만든 역사가 길다. 1815년 세계 최초의 중국어 신문 『察世俗每月统记传(Chinese Monthly Magazine)』이 말라카에서 창간된 것을 시작으로, 200여 년간 중국어 신문은 화인사회의 사상여론의 주요 대변인 역할을 했고, 거주국 정부와 타민족 간 소통의 주요 도구 중의 하나로 되었으며, 말레이시아 화인사회 내지 말레이시아 연방 모두에서 큰 영향력을 행사하고 있다. 중국의 개혁개방 이후, 국제 이데올로기적 대립과 갈등이 완화된 큰 배경과 중국의 평화발전 담론하에 말레이시아 중국어 신문은 더욱 광범위한 구독자와 발언권을 갖게 되었다.

750만 말레이시아 화인 중 87%의 화인들이 중국어를 장악하고 있고, 77%의 화인들은 중국어 신문의 구독자이다. 매일 중국어 신문을 구독하는 화인은 약 230~260만 명으로 집계되는데, 중국어 매체를 접하는 화인가정은 화인 전체 가정의 60%에 달한다(彭偉步, 2005). 2012년 4월, 말레이시아 발행감사기구에서 공포한 데이터에 따르면, 2011년 말까지 말레이시아에서 발행하는 각종 중국어 신문은 19종에 달하고, 중국어 정기간행물은 63종에 달해, 해외에서 중국어 신문을 가장 많이 보유한 국가로 되었다(陳俊林, 2012: 55~60). 신문 한 개당 50~60면/일을 출판하고, 발행량은 수만(数万)~수십만(数十万) 부에 달한다. 그 중에서 『남양상보(南洋商报)』의 경우, 말레이시아에서 발행 역사가 가장 긴 중국어 신문의 하나인

---

16) 林金樹, 「馬來西亞華人的多元文化經驗」(http://www.nandazhan.com/jijinhui/nf17p033.htm, 검색일: 2007.04.21).

데, 1972년 10월 15일 솔선적으로 간체자를 신문 언어로 채택했다.[17] 발행량이 가장 많은『성주일보(星洲日报)』는 말레이시아에서 가장 큰 중국어 신문으로,[18] 100여 만이 넘는 말레이시아 화인들이 구독한다.『성주일보』는 동남아에서 가장 큰 중국어 신문일 뿐만 아니라, 중국 대륙, 홍콩, 대만을 제외한 국가에서 가장 많은 중국어 신문 구독자를 보유한 신문이기도 하다. 이밖에, 말레이시아의 주요한 중국어 신문으로는『광화일보(光华日报)』,[19]『국제시보(国际时报)』,[20]『사라왁만보(沙捞越晚报)』,[21]『중국보(中国报)』,『시화일보(诗华日报)』,『중국일보(中华日报)』,『미리일보(美里日报)』,『아주시보(亚洲时报)』,『사바시보(沙巴时报)』,『화교일보(华侨日报)』,『산다칸일보(山打根日报)』,『타와우일보(斗湖日报)』,『신보(晨报)』,『통보(通报)』,『신생활보(新生活报)』,『신명일보(新明日报)』등이 있다. 신문 외에도 잡지, 예컨대『공상세계(工商世界)』,『상해(商海)』등이 있다.[22] 이러

---

17) 1923년 진가경(陳嘉庚)이 싱가포르에서 만든 것으로, 1962년부터 쿠알라룸푸르에서 말레이시아판을 발행하기 시작했다. 1965년 이 신문의 말레이시아판이『남양상보(南洋商報)』로 되었다.『남양상보(南洋商報)』는 말레이시아에서 역사가 가장 길고 발행량이 비교적 많은 중국어 신문이다. 陳俊林(2012: 55)을 참조.

18) 싱가포르의 거대 매약상(藥商)인 호문호(胡文虎)가 1929년에 싱가포르에서 창간한 것이다. 1965년 이 신문은 말레이시아『성주일보(星洲日報)』를 발행하기 시작했고, 1987년 한동안 정간(停刊)을 강요당했으나, 후에 화문문화에 열정을 지닌 장효경(張曉卿)의 전폭적인 지지하에 1988년 4월 8일부터 재발행했다. 이후『성주일보(星洲日報)』는 版面의 혁신에 노력함과 동시에 정보량을 늘여 현재 말레이시아에서 발행부수가 가장 많은 신문이 되었다.

馬來西亞: 世界華文報紙最多的國家'(http://blog.sina.com.cn/s/blog_4ef893540102vz7c.html, 검색일: 2015.09.10).

19) 1910년 페낭에서 창간했는데, 창간 과정에 손문(孫文)도 참여했으며, 말레이시아 독립 이후 현지 신문으로 되었다.

20) 딴스 리 나뚜 아마인 황문빈(黃文彬)이 1968년 10월 1일 창간한 것으로, 사라왁 지역에서 최초 전산화한 중국어 신문이다.

21) 화문 문화사업에 열정을 지닌 청년들이 돈을 모아 1972년 12월 18일에 만들어 고진(古晉)에서 출판했다. 원래 보르네오주 지역 최초의 석간(晚報)이었다.

한 중국어 매체는 화인사회에 없어서는 안 될 국내외 정보원이다. 또한 이러한 매체는 중국어의 보급, 화문 수준을 제고시킬 수 있는 대중적인 잡지로, 화인들이 본 민족의 정치·경제·문화·교육 등 영역에서의 활약상을 이해하는 주요 수단이다. 중국어판과 영어판을 동시에 발행하는 화문매체의 경우, 특히 영어 등 통용어를 통해 화인사회의 요구를 연방정부와 말레이시아 사회에 전달함으로써 화인의 생존실태에 대한 사회 각계의 주의를 불러일으킨다.23) 말레이시아 중국어 매체는 말레이시아의 국가건설, 경제발전, 각 민족의 화목(和睦相处), 화문교육의 보존 등에 화인을 동원시킴에 있어서 중요한 역할을 하고 있다. 2015년 9월, 『성주일보(星洲日报)』 언론(言论)면에 대해 전문적인 조사를 진행한 말레이시아 Southern University College 양계화(梁桂花) 박사의 연구에 따르면, 화인사회의 주요관심은 국가정치와 화문교육에 관한 것이다.

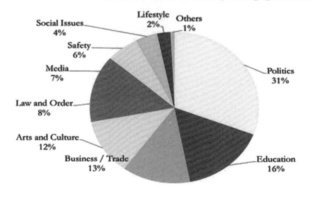

Percentage of Themes and Categories of Articles
Published in Editorial Columns from 15 Sept to 15 Nov
2014 in the Sin Chew Daily Newspaper, Malaysia

---

22) 「馬來西亞: 世界華文報紙最多的國家」(http://blog.sina.com.cn/s/blog_4ef893540102vz7c.html, 검색일: 2015.09.10).
23) 위와 같음.

양박사의 연구는 『성주일보(星洲日報)』(2014년 9월 15일~11월 15일) 언론면의 기사 총 614개를 분석대상으로 하여 10개—정치, 교육, 상업무역, 예술문화, 법률질서, 매체, 안보, 사회문제, 생활 방식 및 기타—의 주제로 분류했다. 그 중 정치 관련 기사는 189개(30.78%), 교육 관련 기사는 99개(16.12%)를 차지한다. 교육 관련 기사 중 가장 많이 언급된 것은 화문교육으로 59개(9.61%)를 차지한다.[24]

여기서 주목해야 할 점은, 화인들이 중국 이외 국가와 지역에서 생존과 발전을 하려면 화인문화의 정신적 자양분이 필요하다는 것이다. 화인사회에 있어서 중국어 신문의 가장 두드러진 역할 또는 공헌 중의 하나는 화인문학에 대한 추진이다. 다년간 중국어 신문의 문예란(文艺副刊)은 신세대 화인작가를 양성하고 베테랑작가가 창작능력(创作力)을 이어가는 데 있어서 추진 역할을 했다. 구독층이 많아 영향력이 크기 때문에, 『성주일보(星洲日報)』의 『문예춘추(文艺春秋)』나 『남양상보(南洋商報)』의 『남양문예(南洋文艺)』는 말레이시아 화인문학 발전의 두 버팀목으로 되었다. 현재 이두 문예란에 작품을 자주 싣는 비교적 주목할 만한 작가로는 이자서(黎紫书), 종이문(钟怡雯), 진강화(陈强华), 반우동(潘雨桐), 온장평(温任平), 임건국(林建国), 방앙(方昂), 우천(雨川), 신금순(辛金顺), 도라(朵拉), 진설풍(陈雪风), 진첩(陈蝶), 황금수(黄锦树) 등이 있다. 한편, 중국어 신문의 문예란 외에 말레이시아 문단에는 몇 종류의 순수 문학잡지가 생겨났다. 예컨대 마화작가협회(马华作协)의 『마화작가(马华作家)』(계간지에서 반년간(半年刊)으로 고침), 마화사작인

24) Dr. New Kuwi Hoi, "Chinese Print Media In Malaysia: The Analysis Of The Sin Chew Daily Editorial Columns"(http://www.southern.edu.my/igsr/seminar/s08_transcript.html, 검색일: 2015.09.10).

연합회(马华写作人联)의 계간지『작화(嚼火)』이다. 그럼에도 유감스러운 점이 있다면 긴 역사를 자랑하는 월간지『초풍(蕉风)』이 정간된 것이다(年紅, 2003: 49). 말레이시아 화교문학은 거주지인 남양(南洋) 특색과 타민족과의 상생공존의 경험들을 담아 방언 색채 또는 남양 색채가 짙은 수많은 산문, 단편소설, 시가와 극본(劇本) 등을 발표했다. 또한 중국어 신문은 화인문화 전승과 관련된 활동들을 주최했는데, 특히『성주일보(星洲日報)』가 주최한 '화종문학상(花踪文学奖)'25)은 말레이시아 최고의 문학상 중의 하나로 화인사회와 화인문단의 주목과 인정을 받고 있다.

만약 독립 이후의 1세대 화인 엘리트들이 화인의 문화적 생존과 발전을 위해 심혈을 기울이고 희생을 두려워하지 않았다면, 현세대 화인 엘리트들은 선배들의 인격정신(人格精神)에 감화를 받아 그러한 이념과 실천을 계승하고 있다. 구세대든 현세대든 중화문화에 심취해 있는 한편, 거주국의 국가정체성을 인정하며 거주국의 미래를 위해 노력분투하고 있다. 이러한 실천은 중화문화와 현지 특성 간 소통과 융합을 모색하고 그 위에서 현지 특성이 있는 말레이시아 화교문화를 만드는 것이다. 이는 말레이시아 화인들이 가장 자부하는 문화적 상징이고, 또한 그들이 역외(域外)에서 생존 및 발전하는 정신적 동력이다.

---

25) 이 문학상은『성주일보(星洲日报)』가 1990년에 설립한 상으로, 매년 1회 수상하는데, 마화문학상(馬華文學獎), 신인상(新秀獎), 마화문학대상(馬華文學大獎) 등을 설치하고 있다. 이 문학상은 말레이시아 화인 문단이 최고로 주목하고 인정하는 문학상인 동시에, 화인세계 유명 작가들의 큰 관심도 받고 있다.

4. 말레이시아 화인의 문화적 생존과 발전의 특징

말레이시아 독립 이후, 다문화 교차 속에서 화인 엘리트·지식인·기업가들은 장점을 취하고 단점을 보완하면서, 그리고 모든 것을 두루 받아들이면서 자부심을 느낄 만한 마화문화(馬華文化)를 만들어냈다. 그럼에도 불구하고 말레이시아 화인 엘리트들은 주기적으로 자신들의 문화에 대한 검토를 하며, 문화적 경계심을 늦추고 있지 않고 있다. 문화적 경계심을 늦추지 않은 주요이유는, 그들이 볼 때 말레이시아 화인사회가 아직 국제적 영향력을 갖춘 문화인이나 사상의 대가를 배출하지 못했고 화인사회의 문화적 생존을 위협하는 수많은 요인들이 산재해 있다는 것이다. 위기감, 경계심과 동시에, 동남아 기타 국가의 화인들과의 비교를 통해 말레이시아 화인 엘리트들은 어느 정도 만족을 느끼는 것도 사실이다. 이는 틈새 속 살아가기가 화인사회의 힘을 결집할 수 있기 때문이다. 따라서 말레이시아 화인 사례가 화인세계 속에서의 특수사례이긴 하나, 이 사례가 갖고 있는 보편성 역시 규명가능하다. 특히 화인 이주민의 생존과 발전의 역사 속에서 우리는 말레이시아 화인사회가 보여준 몇 가지 특징들을 규명할 수 있다.

우선, 말레이시아 화인은 국가정체성에 있어서 스스로를 중국인 또는 화교(華僑)가 아닌 말레이시아인으로 의식한다. 세계 각국에 흩어져 거주하고 있는 경력은 그들에게 더욱 객관적으로 중국과 말레이시아 및 세계 관계를 관찰할 수 있게 했다. 그들은 이주역정(曆程)에 대해 종래로 후회한 적이 없고, 또한 말레이시아인으로서 자부심을 느낀다.

최근 '중국열(中國熱)'26)이 동남아사회와 화인사회에서 지속적으로 열기를 올리고 있어, 말레이시아 화인문화는 더 생기가 넘쳐나고 있고, 더불어 중국과 말레이시아 양국 간에는 문화·교육·관광 등 방면 민간교류의 활발한 진행을 추진하고 있다. 2011년 「중화인민공화국 정부와 말레이시아 정부 간 고등교육 학력과 학위를 상호 인정할 데 대한 협정(中華人民共和國政府和馬來西亞政府關於相互承認高等教育學曆和學位的協定)」의 체결에 따라, 일부 말레이시아계 청년들이 대만유학 선택에서 중국대륙 유학 선택으로 방향을 바꿔 북경대(北京大)와 하문대(廈門大)[27]에 오고 있다. 중국유학 시 그들은 말레이시아 화인이라는 정체성을 보다 분명하게 의식한다. 귀국한 이후 다문화 환경에서의 그들의 생존 및 발전능력은 더욱 많이 활용되고 있고, 그들과 중국과의 관계 역시 새로운 장을 열었다. 또한 그들은 이미 세계적 무대에서 각종 다양한 문화를 수용 및 융합시킬 수 있는 능력을 갖추고 있어, 그 어떤 위기와 도전도 이겨낼 수 있을 뿐만 아니라 혁신적이고 진취적인 인재로 성장했다.

다음으로, 기타 국가와 지역에 흩어져 사는 화인들과 마찬가지로, 말레이시아 화인사회는 일종 '집단인격(集體人格)'이라는 일치성을 갖고 있지 않다. 말레이시아 화인사회 내부에도 분열과 파벌 내지는 대립과 갈등이 있다. 그럼에도 불구하고 그들은 화인이라는 신분을 부인하지 않으며, 상이한 방식으로 화인문화를 수호하고 있다.

중국 대륙의 교육가 서을(舒乙)은 말레이시아 화인들의 중화문

---

26) (중국) 표준어 과외, 중국음식, 중국어 신문, 중국어 라디오와 TV 프로그램, 중국 음악, 중국 TV드라마 등이 점차 환영받는 현상이다.

27) 하문대(廈門大學)는 동남아지역에서 큰 영향력과 방대한 규모의 동문을 보유하고 있어 말레이시아 학계에서 비교적 알려진 중국의 유명 대학교이다. 현재 하문대 재학 중인 말레이시아 유학생은 200여 명에 달하며, 이는 유학생 총 숫자 중에서 차지한 비율이 높은 편이다.

화에 대한 끈질긴 견지에 경의와 감탄을 표하면서, "말레이시아, 특히 사라웍 지역에 가보지 않고, 또 그 지역에 사는 화인들과 접촉해보지 않으면 그들에게 특수한 존재인 중국어의 중요성을 느끼지 못할 것이다. 그들에게 있어서 물, 공기와 햇빛 외에 생존에 필요한 조건이 또 하나 있는데 그것이 바로 모국어(중국어)이다. 일종의 언어에 불과한 모국어가 이렇게 중요하다는 것은 경이로운 일이다. 한 지역에 이주한 화인이 백여 년에 걸쳐 중국어가 주류언어 또는 통용어가 아닌 이국타향에서 모국어 사용을 견지한 것은 매우 드문 문화현상이다. 중국어의 구사뿐만 아니라 중국어가 단절되지 않게 하기 위하여, 중국어를 가르치고, 스스로 화문학교를 만들어 소학교로부터 대학교까지의 과정을 이수 가능하게 하며 중국어 보급률이 95%에 도달하는 것은 쉬운 일이 아니다. 또한 화인사회는 화문교육 장기적인 대사(大事), 그리고 가장 중요한 대사(大事)로 생각하고 있다".[28] 말레이시아 화인 문화 엘리트들이 평생 견지하고 노력하는 일은 바로 화문교육과 관련된 것이며, 화문교육을 인생의 전부 가치나 생명에 버금가는 의미를 갖는 일로 여기고 노력하고 있다. 이러한 사례는 말레이시아 이외 국가나 지역의 사례에서 찾기 어렵다. 또한 말레이시아 화인 중 이미 본토화 또는 서방화가 된 화인, 그리고 말레이족이나 인도족 모두 부인할 수 없는 사실은, 화인문화가 이미 말레이시아 국가문화의 중요한 구성부분이 되었다는 점이다.

마지막으로, 중국의 평화발전은 말레이시아 화인의 문화적 생존과 발전에 더욱 많은 기회를 부여할 것이다. 그리고 말레이시아

---

28) 舒乙, 「馬來西亞華人對華語的堅持」(http://zhidao.baidu.com/question/13416179.html, 검색일: 2009.03.09).

화인은 중국과의 문화교류와 무역왕래 속에서 중국에 대한 인식과 이해를 새롭게 그리고 더 깊게 할 것이며, 또한 그들은 전 세계를 향해 마화문화(馬華文化)의 포용적 특징을 재현할 것이다.

많이 알려지다시피 냉전 기간 동남아국가에게 화문교육과 화문매체는 공산주의 이데올로기를 선전하는 이른바 '홍수'와 '맹수'로 여겨져 왔다. 탈냉전 이후 중국과 동남아 국가 간 관계의 전면적 개선과 발전, 그리고 세계화의 심화에 따라 동남아국가들은 화문교육과 화문매체를 탄압 및 금지시키는 적대정책을 포용정책으로 변경했고, 심지어 중국 대륙에서 화문 교사를 모집하여 중국경제에 발전에 편승하여 화문을 배우려는 화인과 비화인 자제들의 요구에 수용했다. 더 나아가 2014년 나지(納吉) 총리의 요청 및 양국 정부의 협의하에 하문대(廈門大) 말레이시아 분교가 순리롭게 정초식을 거행했다. 이 학교는 중국이 국외에서 개교한 첫 대학교이자 말레이시아와 동남아 기타 국가의 청년들이 학업과 꿈을 이룰 수 있는 곳으로 되었다. 분교의 설립을 위해 말레이시아의 일부 기업가들이 특별히 자금 후원과 지지를 보냈다. 2014년 하문대 개교 93주년 기념식 당시, 복주(福州)에 본적(祖籍)을 둔 말레이시아 부호 곽학년(郭鶴年)이 2억 위안을 기부했는데, 이 기부금은 분교의 본부와 도서관 건설 전용금으로 책정되었다. 또한 말레이시아 IOI그룹 CEO이자 탄스 리 나뚜인 이심정(李深靜)이 3,000만 위안을 기부했는데, 이 기부금은 분교 본부 건물군(群)의 1호 건물 건축 전용금으로 책정되었다(廈門日報, 2014.04.07). 중국과 말레이시아 간 우호관계의 강화는 화인문화에 대한 연방정부의 우호정책으로 이어졌다. 2012년 10월 28일, Nirvana Malaysia이 투자 건설한 동남아 최초의 '중화인문비림원(中華人文碑林園)' 제막식이 쿠알라룸 푸르에서 열렸다. Nirvana Malaysia 책임자 광한광(鄺漢光)은 축사를 통해, "말레이시아 화인은 줄곧 중화경전(中華經典)의 전승과 중화문화의 발전을 자신들의 소임으로 여겨왔다. 서예는 풍부한 문화적 수양과 감동적인 예술매력을 내포하고 있는데, 비림원을 빌어 말레이시아에서 중국 고대 선현(先賢)들의 인문결정체(人文結晶)와 예술창신(藝術創新)을 재현해내고 중화문화에 대한 말레이시아 국민들의 이해를 제고시키고자 한다"고 했다.29) 말레이시아 중화인문비림원의 준공, 하문대 말레이시아 분교의 설립은 화인사회의 훌륭한 문화 생존과 발전의 실태와 정부의 포용정책을 여실히 보여주었다. 21세기의 마화문화(馬華文化)는 시대성, 본토성과 중화성의 융합에 있어서 더욱 큰 성과를 이룩할 것이다.

5. 말레이시아 화인의 문화적 생존과 발전의 미래

화인의 신분의식의 변천 과정에는 이주 과정에서의 정체성 곤혹, 몸부림과 견지가 있는가 하면, 불공정한 외부환경에 맞선 항쟁, 그리고 본토화에 협조하면서 세계화에 동조하려는 추세도 볼 수 있다. 중국의 개혁개방 이후, 특히 최근 20년간 국외의 일부 정부인사, 매체와 학자들은 화인과 중국과의 정치적 관계를 민감해하거나 우려스럽게 바라보지 않고 있고, 오히려 동남아 국가의 경제발전에 도움이 된다는 의미에서 양자의 경제적 관계를 낙관적으로 바라보고 있다. 반면에, 화인과 중국의 문화적 관계는 거주국에 대한 국가정체성 확립을 가로막는 상징으로 되어 우려를 사고 있다. 이러한 우려는 바로 중국의 평화발전이 곧 화인 모두가

---

29) 中國文物信息網(http://www.ccrnews.com.cn, 검색일: 2012.11.02).

한민족(漢民族)의 문화와 언어를 모국어로 하는 화문교육체계에 들어가는 것을 의미하는 것이고, 따라서 국외 중화문화의 주체적 가치를 확립하는 것은 아닐까 하는 것이다(光明日報, 2006.06.23). 화인문화와 중화문화의 관계는 여전히 거주국 정부 인사들이 관심을 갖는 이슈이다. 특히, 총인구 중 화인인구가 1/4를 차지하는 말레이시아의 경우, 이러한 곤혹과 우려를 뿌리칠 수 없다. 이에 말레이시아 화인들은 그들의 실천으로 답했는데, 국외 화인사회 중의 특별한 집단으로서 말레이시아 화인들이 선택한 길은 중화문화와 현지문화의 융합이라는 모델이며, 세계화시대 초국적 실천을 지속하고 있다.

이구범(李歐梵)의 '화인세계주의(華人世界主義)'는 "국외 중국 지식인들의 일종의 심리상태를 보여주고 있는데, 그것인즉 중화문화의 근원을 고수하면서도 다문화의 침입을 받아들여 모든 전통의미의 국가 간 경계를 자유롭게 넘나든다. 이는 의식적으로 문화중심에서 문화변연(文化邊緣)으로 후퇴함으로써 심적 안전감과 문화적 우세를 실현하고자 하는 것"이라고 주장한다(王蒼柏, 2004: 81). 현재 말레이시아 화인들이 자신들만의 '제3의 문화'를 갖고 있는 것은 분명하다. 이러한 문화는 순수하게 화인들 것만도 아니고, 역으로 순수하게 거주지 것도 아닌 유동적인 것이다. 그들은 적극적으로 거주국 문화에 융합되며, 현지 정부와 주민들과 우호적으로 지냄과 동시에, 고국과의 감정적 연계도 유지하려고 노력하며, 다만 정치적으로는 일정한 거리를 두려고 한다. 화인 이주자들에게 있어 거주국 정부와 국민들의 우려를 불식시킬 필요성은 여전히 과제로 남아 있으며, 그들이 거주국의 일원인 점은 분명하다. 그들의 문화적 생존과 발전 전략은 세계화시대 개인감정과 국가(거주국, 고국 모두)이익을 동시에 고려하는 최선의 모델인 것이다.

참고문헌

陳俊林, 「馬來西亞華文媒體對中華文化傳承」, 『東南亞縱橫』 5, 2012.

陸庭諭 主編, 『沈慕羽事跡系年』, 馬來西亞華校教師會總會出版, 1997.

莫順宗, 「馬來西亞華人與中華文化」, 『僑協雜志』 127, 2011.

年　紅, 「馬華文學發展近況」, 『世界華文文字論壇』, 2003.

彭偉步, 『東南亞華文報紙研究』, 社會科學文獻出版社, 2005.

王蒼柏, 「重塑香港華人的族群地圖: 華人移民認同和族群建構的再認識」, 『社會學研究』, 2004(6).

王亞麗, 『邊緣書寫與文化認同: 論北美華文文學的跨文化寫作』, 中國社會科學出版社, 2013.

楊宜音, 「文化認同的獨立性和動力性: 以馬來西亞華人文化認同的演進與創新爲例」, 張存武·湯熙勇 主編, 『海外華族研究論集』 三卷, 台北: 華僑協會總會出版, 2002.

陳玉珍, 「華人在砂拉越的人文面貌: 文化、曆史、經濟、信仰、文學」, 『詩華日報』, 2009.04.22.

林金樹, 「馬來西亞華人的多元文化經驗」
(http://www.nandazhan.com/jijinhui/nf17p033.htm, 검색일: 2007.04.21).

林玉唐, 「傳承中華文化是華社縶根護根基礎性工作」, 中國僑網
(http://www.chinaqw.com, 검색일: 2007.06.21).

舒　乙, 「馬來西亞華人對華語的堅持」
(http://zhidao.baidu.com/question/13416179.html, 검색일: 2009.03.09).

王賡武, 「政治體系差異所致新馬華人傳統不同('新馬華人: 傳統與現代的對話', 國

際學術研討會发表文)」,『星洲日報』, 2001.07.03.

吳文華, 「中華傳統美德在東南亞華人中的傳承和弘揚」,『福建致公』
　　　　(http://www.fjzg.org/jyjl/2004/chuantonghunyan.htm, 검색일: 2014.05.
　　　　21).

張　桃, 「漢語走向世界的時代」,『光明日報』, 2006.06.23.

中國文物信息網(http://www.ccrnews.com.cn, 검색일: 2012.11.02).

「辦好華校　協助實現我國2020宏願: 有關當前我國華教的迫切問題和我們的要求
　　　　與建議: 董教總呈給政府的教育備忘錄」, 馬來西亞華人公會官網
　　　　(www.mca.org.my/cn, 1995.07.21).

「大馬華族發揚中華文化的點滴經驗」, 光明網
　　　　(http://www.gmw.cn, 검색일: 2006.03.21).

「馬來西亞: 世界華文報紙最多的國家」
　　　　(http://blog.sina.com.cn/s/blog_4ef893540102vz7c.html, 검색일: 2015.
　　　　09.10).

「廈門大學昨日迎93周年校慶獲贈3.2億元捐款」,『廈門日報』, 2014.04.07.

『漢語拼音方案與注音符號、國羅、北拉的曆史淵源關系』
　　　　(http://www.confucianism.com.cn/html/hanyu/5186822.html, 검색
　　　　일: 2008.05.05).

Dr. New Kuwi Hoi, "Chinese Print Media In Malaysia: The Analysis Of The
　　　　Sin Chew Daily Editorial Columns"
　　　　(http://www.southern.edu.my/igsr/seminar/s08_transcript.html, 검색
　　　　일: 2015.09.10).

칭다오 한인 이주자의 자녀교육 실태 분석※

이상우(중국, 중국해양대학교)

1. 칭다오 한인 이주자의 자녀교육에 주목하는 이유

이 논문은 초국적 사회공간인 중국 칭다오(靑島)의 한인 이주자 자녀교육 실태에 대한 고찰을 통해 한인 이주자 자녀교육의 특성과 문제점을 찾아보는 데 목적이 있다. 이는 아래와 같은 이유에서 필요하다고 생각한다.

첫째, 한국 부모들의 자녀 교육열은 세계 최고라고 해도 과언이 아닌데, 최근 들어 교육열이 높은 중학교 학부모들이 "알파고가 어디에 있는 고등학교냐"라며 관심을 보였다는 우스갯소리가 나올 정도다. 개인은 물론 한국의 국가와 사회의 발전에 순기능을 했던 교육열은 마치 동전의 양면처럼 역기능을 동시에 품고 있다. 한국

※ 이 글은 2014년도 대한민국 교육부와 한국학중앙연구원(한국학진흥사업단)을 통해 해외한국학중핵대학육성사업의 지원을 받아 수행되었음(AKS-2014-OLU-2250004). 이 글은 서강대학교 동아연구소『동아연구』제35권 2호(2016)에 게재된 논문을 수정·보완하여 완성하였다.

교육열의 역기능은 입시지옥, 사교육 번성, 학력주의, 학벌현상 등으로 나타난다. 특히 높아지는 교육에 대한 욕구는 학벌을 중시하고 교육을 사회적 성공의 수단으로 여기는 풍조와 결합하여 정규교육 이외의 사교육을 발생시켰고, 현재 사교육은 경쟁적 교육구조로 인하여 더욱 조기화되고 더욱 다양한 형태로 확장되고 있다(우남희·김유미·신은수, 2009: 2). '대치동 맘(Daechidong moms)'[1])이나 '기러기 아빠'[2]) 등은 한국에서 사교육과 조기교육(또는 조기유학)이 유행하면서 생겨난 신조어들인데, 조기유학 대상 국가는 1997년 이전까지는 대부분 미국, 영국, 독일, 프랑스 등 구미국가들이 주종을 이루었지만, 1997년 이후부터는 캐나다, 뉴질랜드, 호주 등에 이어 최근에는 말레이시아, 싱가포르, 필리핀, 베트남, 중국 등이 가장 선호되는 국가로 부상하고 있을 정도로 다양해지는 중이다(홍석준·성정현, 2009: 240). 그럼에도 조기유학 대상국 사례연구에 있어서는 영미권 국가, 특히 최근에는 동남아국가가 비교적 많은 관심을 받고 있으나, 중국 사례(예컨대 초국적 도시 칭다오, 상하이(上海), 베이징(北京))에 대한 관심은 적다. 따라서 중국 사례에 대한 연구의 필요성이 제기되며, 이 논문은 중국 사례 연구의 일환으로 칭다오 사례를 검토하고자 한다.

둘째, 칭다오 한인 이주자의 자녀교육을 다룬 선행연구는 장수현(2013)이 유일하다.[3]) 장수현(2013)은 신자유주의적 교육정책이

---

1) 이 용어는 2005년에 국제화된 한국발 영어로 CNN, 일본 마이니치, 미국 시카코트리뷴 등에 널리 보도된 한국의 사생결단 교육열(life-and-death exams)이라고 알려진 것이다 (http://blog.naver.com/esuccess/40020369934). 한편, '헬리콥터맘', '매니저맘', '타이커맘' 등은 한국 사회의 높을 교육열을 단편적으로 보여주는 신조어들이다.

2) 김지훈(2014: 208~209)에 따르면, 홍콩·대만에는 '기러기'의 '원조'격인 '우주비행사 남편(astronaut husband)', '낙하산 자녀(parachute children)', '인공위성 가족(satellite families)'이 존재한다고 한다. 한국에는 '기러기아빠'를 원조로 한 '부엉이아빠', '펭귄아빠', '참새아빠' 등도 있다.

칭다오 한인 조기유학생들의 초국적 교육환경에 미친 영향을 살펴보고 그것이 이들의 교육적 선택과 관련하여 야기하는 제반 문제들을 논의하고 있다. 특히 학교나 교육 프로그램의 다양성에 따른 선택의 딜레마에 초점을 맞추고 있다. 장수현(2013)을 포함한 중국 사례를 다룬 선행연구들은 아래와 같은 두 가지 점에서 보완될 필요가 있다. 우선, 선행연구들은 학교교육에 초점을 맞추고 있는데, 자녀(또는 개인)의 교육(또는 성장과 발전)에 있어서 중요한 가정교육과 사회교육 관련 내용에 대한 검토와 부분적인 보완이 필요할 것으로 보인다. 다음으로, 선행연구들은 칭다오 또는 상하이(예성호 외, 2014)라는 현재까지의 이주지에만 초점을 맞추고 있지만, '유동적 이동성(fluid mobility)' 관련 내용에 대한 검토와 보완이 필요할 것으로 보인다. 즉 비용과 성과 등 주요변수들을 고려한 초국적 교육환경과 교육프로그램에 대한 학부모의 전략적 결정은 칭다오라는 공간에 국한된 과거형이 아니라, 한국-중국 또는 한국-중국-제3국 공간에서의 현재 진행형 또는 미래형이라는 점이다.

셋째, 칭다오는 "대한민국 칭다오시" 또는 "중국 속 한국특구"라는 말이 있을 정도로 중국 내에서도 한인이 가장 밀집해 있는 지역 중 하나다(장수현, 2013: 180; 구지영, 2014: 5). 2015년 현재 칭다오 소재 산둥(山東)성에는 한국 재외국민이 10만 명 있고, 그 중 절반은 칭다오에 있다(주칭다오대한민국총영사관, 2015). 또한 한인 자녀들이 정규교육을 받을 수 있는 국제학교와 중국학교 등 학교들은 물론, 한국 내 사교육 형태 중 이용률이 가장 높은 학원과 과외, 그리고 학습지 등 다양한 사교육 형태들이 칭다오에서 성행하고

---

3) 물론 선행연구 검토에서 다루어지겠지만, 재외한국학교의 운영실태 등을 다루면서 칭다오의 한국학교(청운학교)도 포함시킨 연구들은 다수 존재한다.

있다. 따라서 칭다오 한인 이주자 자녀교육 실태에 대한 연구는 대체로 네 가지 차원의 비교연구에 활용하기 위해 필요하다. 사교육에 초점을 맞춘 칭다오와 한국의 비교, 그리고 칭다오와 기타 한인 집거지 또는 조기유학지—중국 내 기타 한인 집거지, 동남아 국가 및 지역, 기타 국가 및 지역—간의 비교연구 등이다.

이 논문의 연구주제인 칭다오 한인 이주자의 자녀교육 실태는 이주자 자녀에게 제공되는 교육적 환경과 기회의 실제를 뜻하며, 그 내용으로 학교교육에 초점을 맞추면서도 가정교육과 사회교육을 함께 살펴보는 것을 의미한다.

이 논문은 사회과학연구의 기본 방법인 문헌연구 방법 외에 학교관계자, 학부모, 학생과, 주칭다오대한민국총영사관 교육담당 영사와의 개별인터뷰와 초점집단인터뷰, 그리고 연구자의 참여관찰을 기본적인 연구 방법으로 한다. 우선, 연구자는 "칭다오 한인사회(중국 조선족 이주자와 한인 이주자)에서의 민족교육 현황"을 주제로, 칭다오에 거주하는 장점을 살려 2012년 10월부터 꾸준히 조사를 진행해 왔다. 학교와 학원 등에 대해 방문조사와 참여관찰을 수행했고, 교육 현장 관계자, 학부모와 학생들을 대상으로 개별인터뷰와 초점집단인터뷰4)를 진행했다. 더불어 주칭다오대한민

---

4) 초점집단인터뷰는 6명의 학부모를 대상자로 선정해 면접과 모바일 메신저 위챗(WeChat)으로 실시했다. 심층면접 대상자의 신상정보는 별도의 장절로 구성하지 않고, 인터뷰 내용 인용 시 나이, 성별, 주거연한, 직업 순으로 밝힌다. 심층면접 대상자를 선정함에 있어서의 기준은, 대상자의 자녀가 칭다오에 주거한 연한이 3년 이상인 학부모로 한정했다. 이는 최근까지 이주자 자녀의 대부분이 한국대학 진학(특례입학)을 목표로 한 점, 더불어 한국대학 특례입학(공식명칭은 재외국민특별전형) 제도의 대상자가 일반적으로 3년 특례 입학생과 12년 특례 입학생이라는 점을 염두에 둔 것이다. 재외국민특별전형은, 한국이 아닌 외국에서 거주하며 학업을 이수했기 때문에 한국 내의 교육환경과 상이한 수학 과정을 거친 학생들을 정책적으로 배려하기 위해 도입된 대학 입시제도로, 대학의 정규 입학 정원과는 별도로 전체 정원의 2% 이내 인원이나 혹은 순수 정원 이외에 약간 명을 추가로 선발할 수 있도록 특례 입학을 허용하고 있다. 이 입시 제도의

국총영사관의 『뉴스레터』와 『산동성 주간 언론동향』, 그리고 칭다오 거주 한인들이 발행하는 각종 소식지와 광고책자인 『한상저널』, 『칭다오한국인』, 『청도굿모닝』, 『산동교차로』 등을 참조했다. 아울러 칭다오 거주 한인들이 운영하는 인터넷 커뮤니티, 특히 '칭한모'(칭다오 한인들의 모임)와 '칭도마'(칭다오 한국인 도우미마을)의 교육 관련 글과 댓글 등을 통해 연구자는 본 논문의 주제와 관련된 많은 고민과 해결책을 심도 있게 이해할 수 있었다.

이 논문의 구성은 아래와 같다. 우선, 위의 문제제기에서 연구자가 주목했던 선행연구들을 중심으로 비판적으로 검토한다. 이어서 칭다오 한인사회의 변천을 간략하게 살펴보면서 이와 밀접하게 연계되어 있는 이주자 자녀의 학교·교육프로그램을 살펴본다. 이러한 학교교육과 더불어 가정교육과 사회교육과 관련한 내용도 부분적으로 검토한다. 이러한 분석을 기초로 칭다오 한인 이주자 자녀교육에서 나타나는 특성과 문제점을 찾아본다. 이를 기초로 제언과 후속과제를 제시하면서 연구를 마무리한다.

2. 칭다오 한인 이주자의 자녀교육 관련 기존논의들

이 논문은 초국적 사회공간인 중국 칭다오 한인 이주자의 자녀교육 실태를 분석한 연구이다. 따라서 이 논문의 선행연구 검토의 주요 대상은 칭다오 한인 이주자 자녀교육을 검토한 연구들에 한

대상자는 일반적으로 국외에서 몇 년을 수학했느냐에 따라서 크게 3년 특례 입학생(고등학교 1년 과정을 포함해 3년간 해외에서 수학한 학생)과 12년 특례 입학생(초등학교 때부터 고등학교 졸업까지의 전 교육 과정을 해외에서 이수한 학생)으로 구분한다. 대표적인 이 두 전형 이외에도 몇몇 대학에서는 2년, 6년, 9년 등 다양한 특례 입학 전형을 운영하고 있다(엄성원, 2015: 162).

정한다. 더불어 초국적 사회공간에서의 한인 이주자 자녀교육이
라는 점에 비추어 볼 때, 특히 중국 기타 초국적 도시나 동남아국
가에서의 한인 이주자 자녀교육을 논의한 대표적 연구도 선행연
구의 검토대상에 포함된다.5)

이 논문의 주제와 가장 근접한 선행연구는 장수현(2013)의 연구
이다. 장수현(2013)은 칭다오지역의 한인 조기유학생들의 초국적
교육현장에 초점을 맞춰, 신자유주의적 교육정책이 이들의 교육
환경에 미친 영향을 살펴보고 그것이 이들의 교육적 선택과 관련
하여 야기하는 제반 문제들을 논의했다. 특히 초국적 교육환경에
서 가장 주목할 만한 변화인 교육프로그램의 다양화(국제화교육,
국민교육, 현지화교육, 세 교육모델을 다양한 방식으로 접합시킨 변종 모
델)에 대한 도식화, 그리고 다양한 교육프로그램이 야기한 다양성
딜레마, 즉 학부모들의 교육프로그램에 대한 선택은 정책적·환경
적 측면과 더불어 행위자 차원의 변수들을 두루 고려한 전략적 결
정의 문제라는 점을 강조하고 있다. 예성호 외(2014)는 장수현(2013)
에서 제시된 교육프로그램 또는 교육모델의 유형을 중국 상하이
지역에 적용해, 상하이 한인 이주자의 자녀교육 선택 유형을 한국
학교 선택('외국아이'가 아닌 '한국아이'≒국민교육), 중국학교 선택
('로마에서는 로마법'을, '중국통으로'≒현지화교육), 영미계 국제학교
선택('자유와 선택 속의 다양성과 자립심'≒국제화교육), 그리고 중국학
교 국제부 선택(이른바 '퓨전식 교육'≒세 교육모델을 다양한 방식으로
접합시킨 변종 모델)으로 정리하면서, 자녀교육 선택과 그 원인을
'초국가주의 역동성(Dynamics of Transnationalism)'이라는 교육환경

---

5) 영미권 국가와 지역을 검토대상에서 제외시킨 이유는, 영미권 국가와 지역은 한국보다
발달한 '선진국가'들이고, 동남아국가와 지역은 중국과 마찬가지로 한국에 비하면 '후
진국'이기 때문이다.

에서 찾고 있다. 장지혜(2015) 역시 베트남 이주 한-베트남 다문화 가정이 직면한 자녀교육의 딜레마, 즉 '글로벌'한 아이로 키우려는 원래의 목표와 철저히 '한국식' 교육을 시키는 현실 간의 괴리를 다루고 있다. 이러한 연구들은 본 논문이 한인 이주민의 교육관과 학교선택 동기 등을 검토함에 있어 유익한 시사점을 제공해 주고 있다.

한편, 재외한국학교의 교육과 운영실태를 다룬 선행연구들 역시 주목할 필요가 있다. 김준희(2008), 최기수(2010)와 김경화(2012)는 재외한국학교의 교육과 운영실태 전반을, 그리고 재외한국학교를 고찰함에 있어 배진숙(2010)은 평가체제, 김성아(2014)는 진로교육, 정일(2015)은 영재교육에 초점을 맞추고 있다. 재외한국학교의 교육과 운영실태를 다룬 상술한 연구들의 공통점은 재외한국학교, 즉 한국정부의 인가를 받고 한국정부로부터 일정한 지원을 받는 학교라는 공통점이 있다.6) 또한 재외한국학교는 재외국민교육기관 중의 하나로 추구하는 교육목표와 이념은 민족정체성 교육, 현지 적응적 교육과 본국 연계적 교육의 3원성을 갖고 있다(김준희, 2008: 23). 이러한 교육목표와 이념의 3원성은 결국 장수현(2013)에서 제시한 교육모델과 크게 다르지 않다. 칭다오 재외한국학교가 칭다오 한인 이주자 자녀교육 검토에 있어서 중요한 부분을 차지하는 만큼 이 글의 완성에 기초자료는 물론 여러 가지 유익한 시사점을 제공해준다.

다른 한편, 서에스더(2012)는 베트남 거주 한인가정의 자녀교육에 대한 인식과 실태를 다루면서 가정에서의 자녀교육과 함께 가

---

6) 한국정부의 인가를 받은 중국 내 한국학교는 2015년 3월 현재 총 12개인데, 산동성의 경우 칭다오 소재 청운한국학교와 옌타이(煙臺) 소재 한국학교 두 곳이 있다.

정 외에서 여러 교육기관을 통해 이루어지는 자녀교육도 다루고 있다. 또한 그녀는 가정 외에서 이루어지는 교육을 정규 교육기관과 사교육인 비정규 교육기관을 통한 교육으로 구분한다. 자녀교육에 있어 가정 내 교육과 가정 외 교육으로의 구분이라는 그녀의 아이디어를 살리는 기초위에, 정규와 비정규 교육기관에만 초점을 맞추는 것을 수정 및 보완하는 차원에서, 이 글은 한 개인의 성장과 발전에 있어서 가장 중요한 가정교육, 학교교육, 사회교육이라는 세 가지 차원에서 접근해보고자 한다. 즉 이는 제대로 된 교육이 학교 등 교육기관뿐만이 아닌 가정 그리고 사회와의 삼위일체가 되었을 때야만 가능하다는 입장으로, 이는 위에서 검토한 선행연구들에서 다루지 못한 부분이다.

마지막으로 거시적 측면에서 볼 때, 위의 선행연구들은 현재까지 이주지에서 진행된 자녀교육과 그 유형들이라고 볼 수 있다. 김지훈(2014)은 한국인 조기 유학생의 이주 궤적은 여러 나라를 거치는 여러 번의 연쇄적인 재이주가 특징적이었으며 전체적으로 보아 '유동적인 이주' 상태라고 부를 수 있을 정도로 이주의 경로·궤적은 다구간적이며 그 시점은 불확정이라고 지적했다. 따라서 그는 초국적 이주자로서의 교육 이주자의 이동성을 이해하기 위해서는 가족 수준, 로컬 수준, 글로벌 수준의 여건과 맥락이 서로 조응하며 변형되는 과정으로 이해하는 것이 중요함을 제시했다. 더불어 학업을 주목적으로 한 조기유학생의 이주는 자녀 학업의 성취 수준 정도가 이동 혹은 정주를 추동하는 근본적인 이유이지만, 가족 여건의 변화와 이주국가와 출신국가의 교육제도 등 이주자 수용 맥락은 초국적 교육 이주자의 국경을 넘는 교육 열망을 촉진하거나 혹은 위축시키는 도약대 혹은 허들과 같은 역할을 함을 강조했다. 이에 조기유학생의 초국적 이동성 유형으로 '현지 계속 체류형'(로컬 수준의 이동성), '제3국(1차 조기유학지)에서의 2차 조기유학지로의 이동(글로벌 및 지역적 교육 위계와 도약대로서의 2차 조기유학지) 유형', '한국으로의 귀국형'(혹은 제3국으로의 재이주 후 귀국 유형) 등의 현재까지의 이주 유형과 더불어 불확정된 미래의 재이주인 '유동적 이동성'의 유형을 제시한다. 초국적 이주로서의 칭다오에서의 조기유학 역시 이러한 유형과 특성을 보여주고 있는데, 김지훈(2014)은 칭다오 한인 이주자의 자녀교육의 특성을 찾아냄에 있어서 이론적 기반을 제공해준다.

3. 칭다오 한인 이주자의 자녀교육 실태

칭다오 한인 이주자 자녀교육의 실태를 검토함에 있어, 우선 칭다오 한인사회의 변천을 간략하게 살펴본다. 이어서 이러한 한인사회의 변천과 밀접하게 연계되어 있는 한인 이주자의 학교·교육프로그램의 변천을 간략하게 살펴본다. 이어서 이 글에서 가장 중요한 부분인 칭다오 한인 이주자 자녀교육의 실태 분석에서는 학교·교육프로그램에 초점을 맞추면서 사교육, 가정교육과 사회교육 관련 내용을 검토할 것이다.

1) 칭다오 한인사회의 형성과 학교·교육프로그램의 변천

1980년대 말부터 형성된 칭다오 한국인사회는 1992년 한중수교를 계기로 급성장하고, 1990년대 후반 IMF 금융위기 이후 내적 분화기를 거쳐 2008년부터 서서히 쇠퇴하고 있는 것으로 평가된다(구지영, 2013: 271).

1980년대 말부터 민간교류 방식으로 한국기업의 투자가 시작되었는데, 초기에는 주로 300만 달러 이하의 의복, 신발, 포장, 식품 가공 등 노동집약적 제조업이 진출했다. 이 시기에는 대개 경영자나 주재원이 단신으로 이주했다(구지영, 2013: 272). 1994년 9월 12일 주칭다오대한민국총영사관(이하 주칭다오 총영사관)이 중국 본토에 있어서는 주베이징 대사관과 주상하이 총영사관(1993년 7월 14일)에 이어 세 번째로 개설되었다. 이는 칭다오 한인사회의 급성장을 보여주는 단적인 예다. 또한 동 시기인 1995년 3월 한국정부 현지 파견 교육기관으로서는 최초인 칭다오한글학교[7]가 설립되어 재외국민(주로 5~6세의 유아기부터 중학생)에게 한국어와 한국문화 등 민족교육을 실시하고 있다.

1997년 금융위기의 여파로 기업투자는 잠시 침체되기도 하지만, 한중 간의 이동은 더욱 확대되었다. 투자침체기에도 가족·친지의 연쇄이주, 조기유학을 포함한 교육이주, 공식·비공식으로 이루어지는 각종 투자이주에 새로운 기회를 찾는 무직자까지 다종다양한 한국인이 이동대열에 합류했다. 또한 2000년부터 기업투자가 침체되는 2008년까지는 한국과 칭다오 간의 이동과 교류가 가장 활발했던 시기였다. 그 규모로 보면, 사람, 자본, 물자가 한국에서 칭다오로 건너갔다기보다는 한국적 공간(생활공간)이 칭다오로 확장되었다고 표현하는 것이 더 정확할 것이다. 인적·물적 이동을 통제하는 법제도적 허용범위가 넓어지고 양국을 잇는 공식·비공식 네트워크가 활기를 띠면서, 칭다오는 이른바 한중 접경 생활공간에 위치하게 된다(구지영, 2013: 272).

---

7) 한글학교의 소관부처는 외교통상부(재외동포재단)이다. 칭다오한글학교는 세종한국학교로 이전하여 수업을 하다가 세종한국학교를 모태로 청운한국학교가 설립되면서 현재 청운한국학교 안에 있다.

한중교류 초반 중국 중앙정부 차원에서 시행한 세금감면 및 수출세 환급정책은 11차 경제개발 5개년계획(2006~2010년) 중 환경 친화적 산업과 고기술산업 육성을 강조하는 정책을 중앙정부가 채택하고 이를 위해 그동안 전통적인 제조업 분야에 진출한 외자 기업들에 제공해 오던 세금 우대를 비롯한 여러 가지 정책적 혜택을 폐지하거나 축소했다(장세길, 2009: 12~16; 장수현, 2012: 345~346). 또한 2008년부터 글로벌 경기침체와 맞물린 한국 중소제조업의 경영난, 베이징올림픽 이후 인적·물적 이동에 대한 통제 강화, 위안화 평가절상에 따른 한국자본의 가치 하락, 비정상적 기업철수로 인해 한국기업(인)에 대한 이미지 악화 등으로 많은 한국인이 칭다오를 떠났고(구지영, 2013: 273), 2015년 현재 칭다오 거주 한국인의 공식인구는 약 5만 명 정도인 것으로 파악된다(주칭다오대한민국총영사관, 2015).[8]

한편, 2000년대로 들어선 다음에는 생활여건의 개선, 장기적인 사업이주의 증가, 자녀교육의 필요성 등으로 인해 가족동반 사례가 많아졌고, 이에 따라 이들의 자녀들이 조기유학생의 주류를 형성했다. 칭다오 한인 이주자의 자녀교육 수요를 충족시키기 위해 많은 새로운 학교·교육프로그램이 만들어졌다(장수현, 2013: 183).

한인 이주자 자녀가 받을 수 있는 학교·교육프로그램으로 한국계 국제학교,[9] 중국계 공립학교, 중국계 공립·사립학교의 국제부·

---

8) 2007년 당시 한국인 정주인구는 약 10만 명, 칭다오로 입국한 한국인은 연간 30만 명을 넘어서 칭다오 한인사회가 규모 면에서 최정점에 달했다면(구지영, 2013: 272), 현재는 절반 규모인 5만 명인 것으로 파악된다.

9) 중국 교육부가 규정하는 정식 국제학교(International school)의 개념은 순수하게 외국 자본으로 설립되어 외국 학생만을 받을 수 있고, 특정 국가의 교과 과정을 위주로 교육하는 학교를 의미한다. 어느 국가의 교육 체계를 기반으로 하고 있는가에 따라 미국계 국제학교, 영국계, 혹은 한국계, 일본계 국제학교 등으로 구분한다.

한국부,10) 영미계·일본계 국제학교 등이 있다. 중국학생들과 동일한 중국계 공립학교와 교육프로그램을 이용하는 소수의 경우 외에, 한인 이주자 자녀들이 상대적으로 많이 이용하는 학교·교육프로그램으로 공립학교 칭다오2중의 국제부가 있고, 사립형 국기외국어학교, 백산학교(국제부·한국부), 해산학교(국제부·한국부), 신육영학교(청담학원 운영), QTI(대한학원 운영, 국제부·한국부·중국부) 등도 있다. 더불어 영미계 사립형 국제학교 교육프로그램으로 ISQ(International School of Qingdao),11) QIS(QISS),12) YCIS13) 등에도 영미권 대학 진학을 목표로 하는 다수의 한인 자녀들이 다니는 것으로 파악된다.

ISQ(MTI)의 경우처럼 수업료가 한국계 국제학교 최고 수업료의 3배 정도 되는 200,000위안/년의 수업료를 지불하는 영미계 사립형 국제학교를 이용하는 경우는 칭다오 한인 이주자녀의 약 5% 정도밖에 안 되므로, 한국계와 중국계 학교의 기본상황을 보면 아래와 같다.

---

10) 중국 현지 로컬학교들은 운영 주체에 따라 공립과 사립으로 구분하고, 학교 내 외국 학생들(특히 칭다오에서는 한국 학생들)을 위한 국제부 또는 한국부 등이 분리되어 운영된다. 국제부나 한국부는 해당 학교에서 직접 운영하는 방식보다 행정적인 부분만 지원하고 외부(한국인 혹은 중국인)에 위탁 운영하는 방식을 많이 사용한다. 교과 과정이나 교육 방식 등이 실제 중국 학생들이 받는 내용과는 많이 다르다. (현지화교육이 아닌 한국식교육을 받을 수 있는 장점, 대신 입시 위주로 치우친다.)

11) 현지에서 이 학교는 흔히 MTI국제학교로 불리며, 본 논문에서는 ISQ(MTI)로 표기한다.

12) 이 학교의 정식명칭은 Qingdao No.1 Internaional School of Shandong이다.

13) 이 학교의 정식명칭은 Yew Chung International School of Qingdao인데 화교가 세운 학교이다.

〈표 1〉 한인 이주자 자녀 학교·교육프로그램: 한국계 국제학교

설립연도	학교명	학교 종류	고졸 배출 시간	수업료
2002.3	한국국제학교	사립형	2007.2	72,000위안/년
2004.3	이화한국학교	사립형	2004.12	34,200위안/년
2006.5	청운한국학교 (전신은 칭다오세종한국학교)	공립·사립형*	2010.12	25,000위안/년14)
2008	국기외국어학교 한국부	사립형	2012.2	39,600위안/년
2015.8	정양학교 국제부 (청도대원국제학교)	사립형	미(未)배출	80,000위안/년15)

*공립·사립형 국제학교란 한국 교육부와 현지(중국) 교육부 등 양국 교육당국으로부터 설립인가를 받은 학교를 가리킴. 그럼에도 교민들의 기부금과 학비가 학교 재정의 주요 부분이 된다는 점에서 공립이 아닌 공립·사립형으로 표기함.

한편, 중국계 공립학교를 다닐 경우, '차독비(借讀費)'나 '건교비 (建校費)' 등의 기부금 명목으로 우회적으로 학비를 받음으로써 학교 재정에 도움이 되는 측면에서 인내해 왔지만 점차 정책적으로 이러한 학비 이외의 명목으로 돈을 걷지 못하게 하거나, 또는 아주 축소시켜버림으로써, 기존의 중국 학부모들의 불만까지 고려하여 대부분의 공립학교들은 신규로 한국 학생을 받는 것을 극도로 꺼리게 되었다. 이에 칭다오시 교육국에서는 한인 자녀들을 받을 수 있는 학교를 지정했다. 2005년 봄학기, 칭다오시교육위원회 발표 "신교육법령"에 따르면, 2005년 봄학기를 시작으로, 외국인의 칭다오투자근무인원의 자녀가 공립초·중등학교에 입학할 때 받던 차독비를 받지 않기로 했으며, 해당 학기의 현지 학생들에게 받는

---

14) 25,000위안/년(한국대학반), 23,000위안/년(중국대학반)인데, 기본은 20,000위안/년 과 18,000위안/년이나 학교활동비, 학생회비, 식비, 차량비 등을 포함한 5,000위안/년을 추가한 금액이다.

15) 100% 기숙사 생활을 해야 하는데, 기숙사비는 4만 위안/년, 방과 후 수업료가 6천 위안/학기인데 학원비에 비교해 볼 때 많이 저렴하고, 수업내용도 좋아서 학부모들이 좋은 반응을 보이고 있다고 한다(학부모 S2씨(47세, 여, 4년, 대학교 원어민 강사), P씨 (48세, 여, 9년, 전업주부)와의 인터뷰 2016.04.12, 2016.06.07).

학비 및 잡비와 동일한 기준으로 받기로 규정했다.16) 2016년 현재 칭다오시에 외국인유학생 모집 자격이 있는 학교(초·중·고)는 총 69개교가 있는 것으로 파악된다.17)

2) 칭다오 한인 이주자의 자녀교육 실태

일반적으로 "사회적 경쟁에서 우위를 차지하도록 더 나은 학력을 갖게 하려는 행위, 동기체제"를 교육열이라고 하지만(이종각 외, 2003), 한국 교육열의 본질이 입시를 위한 교육, 특히 자녀를 좋은 대학에 보내기 위한 것임을 감안할 때, 칭다오에서의 한인 이주자의 자녀교육 또는 교육열은 어떻게 재현되는지를 학교교육에 초점을 맞추면서 가정교육과 사회교육 관련 내용도 살펴보도록 한다. 특히 '대학 진학', '특례입학' 등 키워드를 염두에 두면서 아래에서는 이른바 칭다오 한인사회 5대 국제학교이자 칭다오 한인 이주자 자녀들이 가장 많이 다니고 있는 국제학교인 ISQ(MTI), QIS(QISS)와 한국국제학교(KISQ), 청운한국학교, 이화한국학교 중에서, 한국계 국제학교인 한국국제학교, 청운한국학교, 이화한국학교, 그리고 로컬학교인 칭다오2중 국제부의 고등부를 중심으로 살펴보도록 한다.

---

16) 위 발표 기준에 적용되려면 다음의 네 가지 조건에 부합하여야만 된다. ① 3개월 이상의 유효 기간이 남아 있는 거류증 혹은 유효한 증빙서류, ② 기본적인 중국어 수학 및 교제능력, ③ 칭다오시 규정에 부합하는 수학연령, ④ 학부모가 칭다오에 투자 및 근무하고 있다는 유효한 증빙서류, 즉 정식 근로계약서나 사업자등록증, 투자증명 등을 반드시 제출해야 한다. 조건에 부합하지 않는 외국학생에 대해서는 현행의 차독비 기준(초등학교 1,000위안, 중학교 2,000위안, 고등학교 3,000위안)으로 실행한다.

17) 장수현(2013: 192)은 외국인 자녀 입학 가능 학교가 초중고 통틀어 총 62개교로 기록했는데, 최근 산둥성교육청(山東省敎育廳)에서 발표한 외국인 자녀 입학 가능 초중고교 리스트에는 69개교가 이름을 올렸다(山東省敎育廳: 山東省接受外國留學生學校名單 2016. 04.11).

(1) 학교·교육프로그램

한국계 국제학교와 로컬학교 고등부 교육프로그램의 특징은 두 가지로 정리할 수 있다. 우선, 교육모델에 있어서 장수현(2013)이 지적했듯이, 대체로 국제화교육, 국민교육, 현지화교육과 세 교육모델을 다양한 방식으로 접합시킨 변종 모델을 적용하고 있다.

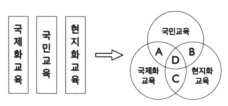

출처: 장수현(2013: 190).

〈그림 1〉 칭다오 교육모델의 다양화

청운한국학교와 한국국제학교는 국민교육과 국제화교육을 접목시킨 프로그램(A), 이화한국학교 한국대학 진학반은 국민교육과 현지화교육을 접목시킨 프로그램(B), 이화한국학교 중국대학 진학반과 칭다오2중 중국대학반은 국제화교육과 현지화교육을 접목시킨 프로그램(C), 칭다오2중 한국대학반은 세 가지 모델을 골고루 섞은 프로그램(D)처럼 보인다.

다음으로, 교육 과정을 볼 때, 중국교육부와 한국교육부로부터 설립인가를 받은 유일한 학교인 청운한국학교[18]와 전통적으로 한

---

18) 한국국제학교와 이화한국학교도 학력은 인정받으나 한국교육부의 설립인가를 받지 못하고 중국 현지 교육부인 칭다오시교육국이나 산둥성교육청 또는 중국 교육부의 설립인가만 받은 상태이다. 중국교육부와 한국교육부로부터 설립인가를 받은 유일한 학교인 청운한국학교는 특례 입학이나 수시를 통해 한국대학으로 진학하는 진학률이 거의 100%다(학부모 H씨(45세, 남, 8년, 중국어학원 원장), 학부모 S1씨(57세, 여, 9년, 학원 한국어강사)와의 인터뷰 2015.10.15, 2015.12.11).

국대학 특례입학 진학률이 높은 한국국제학교[19]는 한국대학 진학을 목표로 운영되고 있고, 이화한국학교의 경우, Two-Track제를 고등부 교육 과정에 편성시켜, 이른바 '한국대학 진학반'(특례 입학)과 '중국대학 진학반'(외국인 특별전형)으로 나누어 운영하고 있는데, 특히 중국 5대 명문대학[20]의 외국인 특례 입학을 목표로 운영하고 있다. 청운한국학교에 들어가지 못하고 한국학교를 선택할 경우, 학부모들은 각자의 희망 대학에 근거해, 그리고 각 학교의 강세에 비추어 한국국제학교와 이화한국학교 중 하나를 선택하는 것으로 나타났다(한국국제학교, 이화한국학교 관계자 인터뷰 2015.03.05, 2015.04.09).

한편, 장수현(2013: 193~194)이 지적했듯 국가관이나 민족정체성의 문제가 학교 선택의 하나의 요인으로 작용하기도 한다. 중국공산당을 찬양하거나 중국을 조국이라고 말하는 자녀들 때문에 한국학교로 전학시키는 경우도 종종 있다(학부모 L씨(50세, 여, 12년, 대학교 원어민 강사)와의 인터뷰 2015.08.07).

한국계 국제학교와 로컬학교의 고등부 교과 과정을 재구성해보면 아래와 같다. 청운한국학교의 교과 과정은 한국의 7차 교육 과정에 준하지만 현지 상황을 감안해 영어와 중국어 교육을 조금 더 강화시키는 내용으로 구성했다. 한국국제학교와 이화한국학교는 한국 7차 교육 과정에 준한 교육을 실시했었는데, 공립·사립형 청

---

19) 한국 언론의 보도에 의해서도 한국국제학교가 한국 특례 입학에서 강세를 보이고 있음을 엿볼 수 있다. 서울경제의 보도에 따르면, 2005년 고등부 개설 이후 첫 졸업생이 배출된 2007년부터 2009년까지 서울대를 포함해 국내 유수 대학의 합격자를 배출했는데, 졸업생 117명 중 특례 입학 합격자만 99명인 것으로 나타났다(서울경제 2009.11.11).

20) 중국 5대 명문대학은 베이징대(北京大), 칭화대(淸華大), 런민대(人民大), 푸단대(復旦大), 상하이교통대(上海交通大)를 가리킨다.

운한국학교가 설립되어 학교 그곳으로 학생들이 몰리게 되자 학교 존립을 위해 영어 교과 과정을 도입하거나 입시대비 과목들을 보강하고, 중국대학 진학자들을 위한 중국부를 따로 개설하는 등 변화를 꾀해 왔다(장수현, 2013: 185~186).

〈표 2〉 고등학교 3학년 교육 과정 단위 배정표(단위: 교시)

학교		수강 언어			총 수업시수
		한국어	중국어	영어	
청운한국학교		24		14	40
한국국제학교		25		12	40
이화한국학교*	한국대학 진학반 (특례입학)	15	10~12	10~14	40
	중국대학 진학반		20~22	6~8	
칭다오2중	한국대학반	15	10	15	40
	중국대학반	4	28	8	

*1~2학년 학교장 재량활동 5교시, 3학년 학교장 재량활동 9교시.
**출처: Qingdao Chungwoon Korean School, School Profile(2015학년도), 한국국제학교 2015학년도 고등부 교육 과정, 이화한국학교 2016학년도 고등 과정 편성표(고등학교 전학년). 장수현(2013: 188~ 189)과 참여관찰을 통해 정리함.

연구자의 조사에 따르면, 상술한 교육과 직접적으로 연관되는 변수 외에도 두 가지 변수에 주목할 필요가 있다. 하나는 학부모의 비자여건이고(학부모 K씨(49세, 여, 10년, 자영업), L씨(50세, 여, 12년, 대학교 원어민 강사)와의 인터뷰 2015.04.16, 2015.04.25), 다른 하나는 교통여건이다(학부모 H씨와의 인터뷰 2015.12.28). 청운한국학교의 경우 학부모의 비자가 Z비자 소지자여야 한다.[21] 즉 청운한국학

---

21) Z비자(Z字签证)는 단수비자로 외국인들이 합법적으로 중국 내에서 일할 수 있는 비자로 취업비자를 가리킨다. 중국에 입국한 후, 30일 이내로 거류수속을 반드시 마쳐야 중국 내 장기체류가 가능하다. 또한 중국은 외국인 취업비자를 자국민 보호차원에서 상당히 까다롭게 적용하고 있다. 취업비자 서류 중에는 대학교 졸업 후 필히 경력 2년 이상의 증명서류를 제출하도록 함으로써 중국에서 졸업하여 바로 취업하려는 한국 유

교가 기타 한국학교에 비해 상대적으로 수업료가 적은데, 그렇다고 누구나 입학할 수 있는 것은 아니다. 다른 하나는 학교의 지리적 위치와 교통여건이다. 청운국제학교, 이화한국학교는 청양구에 있고, 한국국제학교와 칭다오2중 국제부는 노산구에 있다. 물론 한국학교들은 스쿨버스를 운영하고 있지만, 등하교 시간이 오래 걸리고, 더불어 학원을 이용하는 데 불편함 등 여러 가지 이유로 같은 구에 속하지 않는 학교·프로그램을 선택하기가 쉬운 일은 아니다.

한편, 학부모의 학교·교육프로그램 선택에 있어서 최근 나타난 두 가지 현상에 주목할 필요가 있다. 하나는 중국의 위상의 격상과 더불어 한국 대학생들의 취업난과 실업률의 증가에 따라 중국대학 진학을 선호하는 학생들이 늘어나고 있다는 점이다(학부모 S2씨, P씨와의 인터뷰 2016.04.12, 2016.06.07). 다른 하나는 중국에 있는 한인 이주자 자녀들의 한국대학 특례 입학 성공에 있어 칭다오가 강세지역으로 부상하면서 상하이 등 기타 지역의 어머니들이 '칭다오 원정'현상을 목격할 수 있었다.[22] 이러한 원정을 통해 현지 학교와 입시 관계자들에게 자문을 요청한다든가, 칭다오 한국학교에서 입시설명회에 참가하는 등의 경우이다. '원정엄마'에서 정보력을 가장 중요한 자질로 꼽는 이른바 '강남엄마'를 연상케 한다.[23]

학생은 졸업 후 즉시 중국 내에서 취업 장애에 직면하여 원칙적으로 취업이 불가능하다. 더불어 각 성마다 신청 필요 서류와 체류 기한이 다르다.

[22] 2015년 11월 28일 청양 홀리데이인 호텔에서 칭다오2중 국제부, 2016년 3월 28일 이화한국학교에서는 성균관대학교 입시설명회가 열렸고, 다수의 타 지역에서 원정 온 어머니들을 만날 수 있었다. 한국대학 특례 입학 성공에 있어 칭다오가 강세지역으로 부상한 이유와 관련해, S2씨와 H씨는 칭다오에는 한국대학 특례입학 관련 정보들이 많다고 하면서, 학부모들 사이에서는 "한국대학 특례입학 정보는 칭다오에, 중국대학 외국인 특별전형 정보는 베이징에 가라는 말이 떠돈다."고 했다(학부모 S2씨, H씨와의 인터뷰 2016.04.12).

(2) 사교육

칭다오에 한인 이주자 자녀교육과 관련한 다양한 학교·교육프로그램이 있다면, 이러한 다양성은 사교육 영역에서는 더 복잡하고 다양한 사업자들로 구성되어 있다(장수현, 2013: 180). 상술하다시피 한인 밀집 지역에는 한국 내 사교육 형태 중 이용률이 가장 높은 학원과 과외, 그리고 학습지 등 다양한 사교육 형태들이 칭다오에서 성행하고 있다.

한국계 학교에 다니는 학생들의 경우, 한국 국내에서와 마찬가지로 사교육을 당연시하는 경향이 있다. 조사에 따르면, 한국대학 진학을 희망하는 학생은 자기에 알맞은 사교육 형태를 선택하여 1~2개를 받고 있는 것으로 나타났다. 칭다오2중 국제부 고3 교육과정에 다니는 한국대학 희망자 K양의 하루 일과를 보면 아래와 같다.

〈표 3〉 K양의 하루 일과

시기	1학기	2학기
08:00~12:00	학교 수업	학교 수업
13:30~16:30	학교 수업	점심, 중국어 학원 강의 1
16:30~18:00	학교에서 명인광장 학원가로 이동, 저녁식사	중국어 학원 강의 2
18:00~20:00	중국어학원 HSK시험 대비 수업	중국어학원 HSK시험 대비 수업
20:00~23:30	나머지 공부(중국어 단어 암기, 문장 만들기, 숙제)	나머지 공부(중국어 단어 암기, 문장 만들기, 숙제)
23:30~24:00	귀가	귀가

---

23) '원정엄마'라는 용어가 적절할지는 모르나, 연구자가 '강남엄마'와 '원정출산'을 접목시켜 만든 용어이다.

K양은 한국대학 언어 특기자 전형으로 중문과 또는 글로벌학부 진학을 희망하는데, 2016년 9~10월 있을 수시모집 원서 제출과 면접·논술에 대비하기 위해, 6월 칭다오2중을 졸업한 후 한국에 건너가 강남 대치동 쪽에 가서 HSK시험6급 시험점수 올리기 대비 전문학원, 중국어 면접과 에세이 등을 가르치는 전문학원에 들어가 사교육을 받을 것이라고 했다(한국국제학교 재학 K양과의 인터뷰 2015.11.7, 2016.04.12).

한편, 중국대학 진학을 희망하는 학생의 경우에는 한 가지 흥미로운 점을 발견할 수 있다. 예컨대 상술한 중국 5대 명문대를 포함해 특히 베이징 지역의 명문대를 지원하는 학생들은 입학에 필요한 학원 또는 개인과외를 받는다. 지방 명문대를 포함한 기타 대학의 경우는 거의 사교육을 받지 않는 것으로 나타났다(중국해양대 한국유학생 H씨(23세, 여, 중문과 학부생), K씨(21세, 남, 영어과 학부생)와의 인터뷰 2015.05.20).

다른 한편, 중국 공립학교 국제부가 아닌 중국인과 동일한 교육을 받는 학생의 경우에 특이한 점을 하나 발견할 수 있다. 일부 학생들이 학교에 등록만 하고 수업은 명인광장에 있는 학원가에서 한국 특례입학 관련 교육프로그램을 이수한다는 것이다. 중국 공립학교는 이런 학생들로부터 학비를 받고 졸업장은 주는 대신 수업에서 빼주는 것이다(학부모 S1씨 인터뷰 2015.12.11).[24]

(3) 가정교육

교육의 본래 의미는 지식과 기술 등을 가르치며 인격을 길러주

---

24) 물론 그렇지 않은 학교가 다수 있으며 일반화하기 어렵다.

는 것이며, 인간을 올바른 방향으로 이끌어 가는 과정이다. 교육이 이루어지는 장을 중심으로 교육의 형태를 분류하면 가정교육, 학교교육, 사회교육으로 구분된다(권정숙 외, 2009: 34).

가정교육은 가정의 일상생활 속에서 자연스럽게 이루어지는 일차교육이라고 할 수 있는데, 어떤 사람으로 살아가야 되는가에 대한 '사람됨'을 집안의 어른에게서 교육 받는 것이다(손연아 외, 2013: 249~250). 가정교육은 예의범절, 타자의 인격 존중, 정의감 등 대(對)사회적인 자녀교육과 정서, 품위, 도덕 등 인격 형성에 중점을 두어야 한다. 그러나 학력주의가 심화된 교육현실에서 좋은 대학에 가는 것이 성공적인 인생을 살아가는 첫 번째 조건이 되어 버렸고(손연아 외, 2013: 250), 인간의 형성에서 실리적인 것을 노리는 자녀교육으로 변질되었다. 또한 입시위주의 자녀교육에 치중하다보니 자녀교육에서의 성공은 영어교육으로 판가름 나며(서에스더, 2012: 22), '글로벌한' 자녀교육의 성공에 있어서 영어 습득과 부/모 나라의 언어 습득이라는 다중언어 자원의 획득이 필수적이라는 것이다(장지혜, 2015: 122~123). 따라서 한국이 아닌 낯선 영어권 국가에 교육이주를 하는 것이다.

연구자가 보건대 칭다오 한인 이주자의 가정교육의 내용에는 두 가지 필수적인 것이 들어가야 한다. 우선, 상술한 예의범절, 타자의 인격 존중, 정의감 등 대(對)사회적인 것, 또는 외국이라고 해서 한국의 그것과 별반 다르지 않은 인간이 추구해야 할 보편적인 가치에 관련 내용이다. 다음으로, 한국어교육과 한국문화와 정서습득이다. 영어나 거주국가의 언어와 문화를 습득하는 것도 좋지만, 그것에 앞서 출신국의 언어와 역사문화에 대한 이해가 선행되어야 하고, 이를 기초로 두 언어와 문화의 차이를 이해할 때야 진정한 '글로벌한' 인재로 될 수 있다.

연구자가 직접 체험한 두 가지 사례를 적어보면 아래와 같다. 우선, 연구자가 대학에서 개설한 수업에서 마주친 상황이다. '한국 역사'와 '영화와 한국 사회' 수업을 수강한 칭다오 현지 학교(국제학교, 로컬학교) 출신 한국 유학생들은 한국 역사문화와 사회, 그리고 중국 역사문화와 사회 어느 것에 대한 이해도도 낮았다.25) 다음으로, 연구자는 한국대학 진학 준비 중인 고등부 재학생(칭다오에서 국제학교, 로컬학교 다닌 경력 있음)을 만난 자리에서 '사육신과 생육신'과 관련해 질문했는데, '생육신'을 '살아있는 몸'이라고 대답해 당황했던 적이 있다.26) 언어와 문화적인 차이 때문에 거주국의 언어와 문화에 대한 이해력이 낮고, 더불어 제한적인 현지 여건으로 출신국의 언어와 문화에 대한 이해력까지 낮다면 '글로벌한' 인재, 양국 교류의 '매개'나 '가교' 역할을 할 수 없다. 즉 중국 교육 이주에 있어서 가정교육의 주요내용은 '지한(知韓)', 즉 출신국의 역사문화를 제대로 습득하여야 한다. 특히 제한적인 현지 여건으로 출신국의 언어와 문화에 대한 습득이 어려울 때(예컨대 한국학교를 다닐 수 없는 상황) 가정교육의 책임이 더욱 두드러진다.

(4) 사회교육

공간 개념적 측면에서 볼 때, 사회교육은 법률적 강요나 특수 분야의 전공에 구애받지 않고, 특정 교육 장소를 불문하고, 학습자

---

25) 중국에서 초등학교 또는 중학교부터 다녔고, 중국대학 진학을 목표로 했기에 한국의 역사문화나 사회를 잘 몰라서 수강했다고 대답했다. 물론 그들의 이러한 학구열은 높이 평가하나 이들의 모습을 보면서 마음이 무거웠다.

26) 물론 이런 학생들이 다수라고 단정 짓기 어렵고, 사육신보다는 생육신이 대답하기 어렵다는 점을 인정한다.

개인이 자기 발전을 위해 자발적으로 탐구·전개하는 합목적적인 교육적 노력으로 볼 수 있다. 또한 형식적 측면에서 볼 때, 사회교육은 학교 안에서처럼 완전한 형식을 갖춘 것이 아닌 교육이라는 뜻에서 '비형식적 교육'으로 볼 수 있다.

이주자의 가정교육과 마찬가지로 사회교육에는 언어(이중, 3중 언어)의 교육과 거주국 문화와 정서습득에 대한 내용이 포함된다. 이러한 습득은 현지어를 구사하면서, 현지인과의 접촉 과정에서 이루어진다. 즉 현지인들에게 친구로 받아들여지고 자연스럽게 현지인들과 어울리면서 소통이 수월해지는 것이다.

칭다오 한인 이주자의 사회교육 또는 가정교육·사회교육과 관련해 주목할 만한 현상이 있다. 이는 한인교회에서 벌어지고 있는 현상으로 어머니들의 '구별짓기' 교육이다. 홍석준·성정현(2011)은 말레이시아 조기유학생 어머니들의 자녀교육 사례를 다루면서, 한국에서 어머니들 간의 '구별짓기'가 말레이시아에서 유사한 상황으로 연출된다고 했다. 자녀의 성적과 가정의 사회경제적 지위, 어머니의 취업 여부와 정보력 등에 따라 그룹에 속하거나 혹은 속하지 못하는 경우가 발생하는 것처럼, 말레이시아에서도 어머니들의 정보력을 따라가지 못하는 사람들은 다시 소외와 배제를 경험한다는 것이다. 이러한 현상 역시 칭다오 사례에서도 찾아볼 수 있다. 그럼에도 이 글이 주목하는 한인 이주자 어머니들의 '구별짓기'는 조금 다르다. 한인 이주자에게 교회는 종교 신앙 외에도 여러 가지 정보를 교환함에 있어 중요한 장소이다. 한인교회에서 나타나는 한인 이주자 어머니들의 '구별짓기'는 계층분화와 계층 간 선긋기 단면을 보여준다. 예컨대 자녀가 영미계 국제학교, 한국계와 중국계에 다닌다고 볼 때, 영미계는 영미계끼리, 한국계는 한국계끼리 어울리면서 중국계 학교 다니는 아이들과 어울리지 말라고 교육한다고 한다. 그러다보니 한인자녀들 사이에서는 영미계 학교생은 영어로, 한국계 학교생은 한국어로, 그리고 중국계 학교생은 중국어로 교류하면서 끼리끼리 어울리는 특이한 현상이 나타난다. 그러면서도 한인 학부모들은 자녀들에게 한국 아이들끼리만 어울리고 중국 아이들과는 어울리지 말라고 교육하는 경우도 상당수 존재한다고 한다.[27]

4. 칭다오 한인 이주자의 자녀교육 특성

1) 교육의 파행성: 입시교육 위주와 사교육의 번성

한국의 교육열은 대학 입학 전까지만 높게 나타나기 때문에 한국 교육열의 본질은 입시 교육열이라고 한다. 제한된 수의 한인 자녀들을 두고 서로 치열한 경쟁을 벌이고 있는 학교·교육프로그램들은 대부분 단기 목표에 맞춰 사교육 성격이 강한 과목들을 접목시킨 변질된 교과 과정들을 개설하고 있고, 학부모들의 궁극적인 관심사인 대학입시에서 좋은 성적을 기록하기 위해 파행적인 교과 운영을 한다. 심지어 일부 학교는 정규 교과 과정을 완전히 중국어, 수학, 영어 중심의 입시대비 과목들로 편성한 프로그램을 운영하기도 한다(장수현, 2013: 196). 〈표 2〉 교육 과정 단위 배정표를 보면 대학입시를 위한 반 편성과 중국어 혹은 한국어로 하는 수업에 쏠림 현상이 잘 드러나 있다.

---

27) 이는 학부모 S1씨, S2씨, K씨와의 인터뷰 과정에서 제기되었고, 이러한 제보를 염두에 두고 필자가 참여관찰을 하면서 확인한 바다.

한편, "…과도한 사교육비 지출로 발생할 수 있는 각종 문제에 대해서는 인정하고 있다. 그렇지만 자녀들의 교육을 포기할 수는 없다는 입장이다. 자녀들에게 아낌없는 투자를 할 수 있는 '강남 학부모'들만큼은 아니더라도 비슷한 수준은 맞춰줘야 한다는 판단에서다"(시사저널, 2016.03.04)를 보면[28], 학부모들이 사교육을 시키는 최고목표가 경쟁 상대를 초월해 명문대 또는 평판이 좋은 대학에 들어가는 것, 그리고 최저목표는 경쟁 상대에게 밀리고 나아가 불이익으로 작용할 것을 걱정하는 불안심리에서 기인한 것으로 보인다. '에듀푸어(Edu-Poor)'[29]라는 신조어가 등장에서 보다시피 무리한 사교육비 지출은 가족 구성원의 삶의 질을 떨어뜨리며 이러한 '에듀푸어'는 '실버푸어'로 이어질 소지가 다분하다. 자녀의 미래와 노후 대비를 맞바꾸는 셈이다. 학부모 S2씨는 "국제학교와 학원 보내는 딸 때문에 국내에 있는 남편은 등골이 휘다 못해 부러질 지경이다"면서 냉소적 반응을 보였다. 학부모 S2씨와의 인터뷰 내용이나 K양의 하루일과를 보면 연구자의 수업을 수강한 몇몇 한인 유학생들은 '효자'들이고 한국 내 학생들과 달리 '학업문제와 관계로부터의 해방'된 행복한 사람들로 볼 수 있다.

2) 가정교육과 사회교육
: '지중도 그렇다고 지한도 아닌', '구별짓기'

한국 교육열의 모순점의 하나는 학부모들이 오로지 입시교육에

---

28) 한국 초·중·고생 68.8% 사교육을 받고 있고, 1인당 사교육비 지출액은 월 35만 5000원인 것으로 조사됐다(조선비즈 2016.02.26).

29) 가계가 적자 상태인데도 평균보다 많은 교육비를 지출해 빈곤하게 사는 가구를 일컫는 말이다.

만 관심을 가질 뿐 전인교육에 관심이 없다는 것이다. 상술하다시피 입시교육에 대한 어머니들의 관심은 한국에서는 이른바 '강남 엄마', 그리고 중국에서는 이른바 '원정엄마'를 탄생시켰다. 정보력과 자녀의 성적, 가정의 사회경제적 지위 등을 기초로 한국 어머니들의 '구별짓기'는 말레이시아에서도 칭다오에서도 재현되고 있다.

또한 현재 학교교육은 "공리주의나 입신출세주의를 동기로 하거나 국가권력이 요구하는 부국강병주의에 지배되어 인간생활의 일면에 지나지 않는 실용적인 지식기능이나 극단적인 애국심만을 강조하는 경향이 있는" 반면, 이러한 경향에 반대하여 "인간으로서 바람직한 넓은 교양과 건전한 인격을 육성하는 것을 목적으로 나타난 것"이 전인교육이라고 할 때,30) 전인교육의 완성은 학교를 중심으로 하면서도 가정과 사회의 삼위일체가 되었을 때 가능하다고 본다.

학력주의, 대학입시 위주의 교육현실이 그대로 재현되어 있는 칭다오 한인 이주자의 가정교육 전망은 그리 밝아 보이지 않는다. 인간이 추구해야 할 보편적인 가치에 대한 교육은 물론, 출신국 언어와 문화에 대한 교육을 방치하고 있는 현실이 안타깝다. 더불어 '지한'도 '지중', 그러다보니 양국 교류의 '매개'와 '가교' 역할을 기대하기 어려운 현실이 더욱 안타깝다.

한편, 칭다오 한인 이주자의 가정에서, 그리고 그들의 중요한 사회활동 공간인 한인교회 내에서 공공연히 일어나고 교육되어지는 이주자 간 '구별짓기'와 한인 이주자와 현지 중국인과의 '구별짓기'는 이른바 '중국통'이거나 '글로벌한 마인드를 가진 아이'를 키

---

30) 전인교육 관련 정의는 두산백과 내용을 참조.

우려는 학부모의 당초 목표에 위배되며, 한인 이주자와 현지 중국인간의 조화와 공존공영의 미래를 어둡게 만들고 있다.

3) 유동적 이동성

상술하다시피 김지훈(2014)은 조기유학생의 초국적 이동성 유형으로 '현지 계속 체류형'(로컬 수준의 이동성), '제3국(1차 조기유학지)에서의 2차 조기유학지로의 이동(글로벌 및 지역적 교육 위계와 도약대로서의 2차 조기유학지) 유형', '한국으로의 귀국형'(혹은 제3국으로의 재이주 후 귀국 유형) 등의 현재까지 이주 유형과 불확정된 미래의 재이주인 '유동적 이동성'을 제시했다. 칭다오에는 한국대학의 특례 입학 자격조건에 맞추기 위해 체류하고 있는 사람, (한국보다)저렴한 가격의 사(영어)교육을 위해 온 사람, 중국대학으로 진학하려는 사람 등 목적도 체류 기간도 매우 다양한 한인이 거주하고 있으며(구지영, 2011: 26), 환율, 성과와 효율을 중시하는 교육풍토의 확산, 중국어 실력 향상의 한계와 영어 실력 향상으로의 선회, 국가관과 민족정체성 등 문제로 인해 중국 내 또는 중국에서 한국이나 제3국으로 이동하는 끝나지 않은 이동 여정상에 있다. K양의 사례가 이러한 유동적 이동성의 특징을 잘 보여주고 있다. 한국대학 특례 입학 자격조건에 맞추기 위해 칭다오로 왔으나, 사전에 정보를 꼼꼼히 체크하지 못한 관계로 자격미달로 1차 좌절을 겪는다. 본인의 미술 특기를 살려 예술 특기자 전형을 준비하려고 하지만 알맞은 미술학원이 없는데다 개인과외 시 고액의 과외비 지출이 힘들어 결국 2차 좌절을 겪는다. 2차 좌절을 겪은 후 한국국제학교에서 칭다오2중 한국대학 진학반으로 옮겨 중국어 특기자 전형으로 입시 준비를 하고 있다. 또한 졸업 후 한국으로 귀국해 입시 준비를 계속할 전망인 것으로 조사되었다.

요컨대, 초국가적 환경 속에서 이루어지는 교육 선택 또는 교육 이주는 유동적 성격을 보여주고 있다. 이는 동남아 사례, 중국의 초국적 도시 사례(칭다오, 상하이)에서 공히 드러난다.

5. 이상적인 교육상으로서의 '지한(知韓)'과 '지중(知中)' 교육

이 논문은 초국적 사회공간인 중국 칭다오(青島)의 한인 이주자 자녀교육 실태에 대한 고찰을 통해 한인 이주자 자녀교육의 특성과 문제점을 찾아보는 것을 목적으로 했다.

근면함과 능력주의를 강조하는 동양문화를 지닌 한국을 포함한 아시아계 이민자들의 자녀교육열망(educational aspiration for children)이 자녀들에게 전수되면서 이들의 높은 교육열망과 이에 따른 교육적 성취가 미국 주류 사회로의 진출을 용이하게 만든 것으로 평가된다(손인서, 2015: 192). 또한 재미 한인 이주자에 대한 "이민생활 만족도" 관련 조사에서는 '자녀교육'에 이민생활의 최고 가치를 두고 있는 것으로 나타났다(『한국일보』, 2013.09.07). 오바마 미 대통령은 한국의 교육열을 여러 번 극찬하면서(김용택, 2015), 한국 학부모의 열정, 학생들의 노력, 교사에 대한 존경 등을 낙후된 미국 교육이 보고 배워야 하며, 한국을 미국이 본받아야 할 대표적 모범국가로 지목했다. 하지만 미국 대통령의 이런 칭찬(?)이 무색하게 미국 내 한국인 초·중·이 유학생은 2만여 명에 이르며, 국적별로는 중국 다음가는 숫자다(『오마이뉴스』, 2015.03.17).[31] 한국 내 교육열의 수용(추동)하에, 아니면 그러한 교육열의 탈출을 위해 한인들은 영미권 국가로, 동남아국가와 중국 칭다오로 이주했다. 이주지에서 한 국적 상황은 그대로 재현되기도 하고, 현지의 사회적 환경 요인의 영향하에 변질되기도 한다. 입시교육열, 사교육의 번성, 계층간·종족간 '구별짓기', '원정엄마', 불확정된 미래에 따른 '유동적 이동성' 등은 한국적 상황을 칭다오에 복제해 놓은 듯하다.

한중교류에 있어서 '매개' 또는 '가교' 역할을 할 '글로벌한' 인재로 성장하는 데 있어 중국 교육이주 경험의 중요성은 부인할 수 없다. 문제는 다양한 교육이주의 경험에 있어서 추출할 수 있는 이상적인 교육상이다. 연구자는 이상적인 교육상을 '지한(知韓)'과 '지중(知中)'교육이라고 본다. '지한'과 '지중' 교육의 핵심은 많은 선행연구들에서 강조하는 이중 언어 교육과 다중 언어 교육의 '언어'가 아닌 출신국과 거주국 역사문화에 대한 이해를 높이는 것이다. 특히 제한적인 거주지 여건으로 출신국 역사문화에 대한 학교 교육과 사회교육이 뒷받침되지 못하는 경우가 있어 관련 내용에 대한 가정교육의 중요성이 두드러진다. 또한 '지한'과 '지중'의 기초위에서 자녀에게 두 문화의 차이를 교육 및 습득시키는 것이 중요하며, 이런 점에서 이 연구에서 제기한 '구별짓기'는 아이러니가 아닐 수 없다.

이 글의 진행 과정에서 동남아국가 조기유학, 한국 내 교육열 관련 선행연구를 다수 참조하면서 일부 비교를 시도했다. 그럼에도 연구의 너비와 깊이에 있어서의 개선점이 많다. 더불어 성실하게 인터뷰에 응해준 표본이 적고, 또한 통계학적 연구에 필요한 작업, 계층, 소득, 학력 수준에 대한 조사가 제대로 이루어지지 못

---

31) 김용택, 「세계가 놀란 한국의 교육열, 이제 경쟁의 늪에서 헤어나야」 및 최현정(2015) 을 참조.

했기 때문에 객관적 결과보다는 방향성을 제시하는 수준에 머무르는 정도이다. 아울러 자녀교육 실태 분석에 있어서 고등학교에 초점을 맞추고 있어 전수조사를 통한 실태 파악, 한국 내 사교육과 칭다오에서의 사교육 간 비교, 중국 기타지역과 비교 등의 후속연구들을 통해 보다 심층적인 논의가 이루어지기를 기대해본다.

참고문헌

구지영, 「지구화 시대 한국인의 중국 이주와 초국적 사회공간의 형성: 칭다오 (靑島)의 사례를 통해」, 『한국민족문화』 40, 2011, 1~37쪽.

구지영, 「동북아시아 이주와 장소구성에 관한 사례연구: 중국 청도(靑島) 한인 집거지를 통해」, 『동북아문화연구』 37, 2013, 269~289쪽.

구지영, 「동북아시아 해항도시의 접촉과 갈등에 관한 사례연구: 한국인사회 를 중심으로」, 『한국민족문화』 52, 2014, 127~162쪽.

권정숙·서재복·김청자·이석열·이정원·장선철, 『신교육학 개론』, 태영출판사, 2008.

「기러기 아빠 vs 한국 교육열이 낳은 신조 영어 대치동 맘스」, http://blog.naver.com/esuccess/40020369934(검색일: 2016.01.10).

김경화, 「재외 한국학교 운영실태 및 개선 방안에 대한 연구」, 고려대학교 석사논문, 2012.

김성아, 「재외한국학교의 진로교육 연구」, 고려대학교 석사논문, 2014.

김용택, 「세계가 놀란 한국의 교육열, 이제 경쟁의 늪에서 헤어나야」, http://poweroftruth.net/column/mainView.php?kcat=2030&table=yt_kim&uid=70(검색일: 2015.11.15).

김준희, 「재외한국학교의 교육 실태 비교」, 서울교육대학교 석사논문, 2008.

김지훈, 「초국적 이주로서의 조기유학: 싱가포르의 한국인 조기 유학생 추적 조사를 통한 이동성(mobility) 유형화」, 『동남아시아연구』 24(2), 2014, 207~251쪽.

두산백과, 「전인교육」, http://terms.naver.com/entry.nhn?docId=1139715&cid=40942&categoryId=31723(검색일: 2015.12.11).

배진숙, 「재외한국학교 평가체제 연구」, 고려대학교 석사논문, 2010.

서에스더, 「베트남 거주 한인 가정의 자녀교육에 대한 인식과 실태」, 덕성여자
　　　대학교 석사논문, 2012.

손연아·손은령, 「한 엄마의 가정교육 경험에 관한 연구」, 『교육연구논총』
　　　34(1), 2013, 249~268쪽.

손인서, 「한국계 미국이민자의 자녀교육열망: 문화, 계층, 그리고 인종적 영향」,
　　　『역사문화연구』 55, 2015, 191~232쪽.

송응철, 「사교육, 가정파괴범이 되다」, 『시사저널』(3월 4일), 2016.

엄성원, 「대학 글쓰기 재외국민반 운영의 개선 방안 연구」, 『대학작문』 11,
　　　2015, 161~188쪽.

우남희·김유미·신은수, 「조기교육/사교육」, 『아동학회지』 30(6), 2009, 1~17쪽.

이성기, 「韓·英·中 3개 국어로 수업 받아요」, 『서울경제』, 2009년 11월 11일.

이윤정, 「'뒷걸음치는 공교육'...성적 상위 10%, 하위 20%보다 사교육비 2배
　　　지출」, 『조선비즈』, 2016년 2월 26일.

이종각·김기수, 「교육열 개념의 비교와 재정의」, 『교육학연구』 41(3), 2003,
　　　191~214쪽.

예성호·김윤태, 「'초국가주의 역동성'으로 본 재중 한국인 자녀교육 선택에
　　　대한 연구: 상해지역을 중심으로」, 『중국학연구』 68, 2014, 337~363쪽.

장수현, 「중국 청도 한국인 교민사회에 대한 연구: 지구화 시대 초국적 이주의
　　　구조적 유동성」, 『중국학연구』 62, 2012, 337~360쪽.

장수현, 「중국 청도 한국 조기유학생들의 초국적 교육환경: 교육의 시장화와
　　　다양성의 딜레마」, 『열린교육연구』 21(1), 2013, 179~202쪽.

장세길, 「중국식 산업구조조정의 사회문화적 영향: 경쟁에서 배제되는 청도
　　　한국제조업의 변화와 대응」, 『비교문화연구』 15(1), 2009, 5~49쪽.

장지혜, 「한-베 가정의 베트남 이주 과정, 젠더 그리고 자녀교육」, 『동남아시
　　　아연구』 25(3), 2015, 91~138쪽.

정대용, 「'이민생활 만족' 75%…'자녀교육' 최고가치」, 『한국일보』, 2013년 6월 7일.

정 일, 「재외한국학교 영재교육에 대한 학부모·교사 인식 연구」, 가천대학교 석사논문, 2015.

주칭다오대한민국총영사관, 『뉴스레터』 125, 2015.

최기수, 「재외한국학교 실태분석과 발전 방안 연구」, 한국교원대학교 석사논문, 2010.

최현정, 「'한국 교육' 칭찬한 오바마가 몰랐던 한 가지」, 『오마이뉴스』, 2015년 3월 17일.

홍석준·성정현, 「조기유학 대상지로 동남아시아를 선택하는 한국인 부모들의 동기 및 사회문화적 배경에 대한 연구: 말레이시아의 사례를 중심으로」, 『사회과학연구』 20(4), 2009, 239~262쪽.

홍석준·성정현, 「말레이시아 조기유학생 어머니들의 자녀교육 및 '어머니 노릇'에 대한 인식과 의미」, 『동남아시아연구』 21(1), 2011, 1~47쪽.

山東省教育廳, 「山東省接受外國留學生學校名單」(2016년 4월 11일), http://www.sdedu.gov.cn/sdjy/_xxgk/_xxgkml/_ywgz/index.html(검색일: 2016.07.30).

제3부 이주민의 사회적 분화와 문화 적응

갈등과 적응의 진자(振子)운동※

: 올드커머 재일 한인과 일본 사회

송석원(한국, 경희대학교)

"아내의 한복은 세 자식들에게 각각 어떻게 비쳤을까. 고리타분한 것으로, 멋쩍고 부끄럽게 생각할까. 그렇지 않으면 자랑할 만한 것으로 눈부시게 받아들일까. 생각해 보면 그녀가 이 식장에서 아이들에게 자신의 생각을 전해 줄 수 있는 방법은 그것뿐이었다."(박중호, 1994)

"이, 김, 박, 고, 강, 백…모두들 인연의 뿌리를 거슬러 올라가면 한 핏줄임을 느끼는 동족이다. 우리 모두의 핏줄에는 굶주린 피가 몹시 날뛰며 흐르고 있다. 우리 동포들에게 두드러진 특징은 두 사람이 모이면 의견이 다르고, 세 사람이 모이면 분열 상태를 초래한다는 것이다. 요컨대 개성이 강하다고 할 수 있다. 자아가 머리 여섯 달린 뱀처럼 똬리를 틀고 있다. 그런 자아들을 백만 톤급의 프레스로 두들겨대면 어쩌면 한 덩어리의 훌륭한 조선인 상이 완성될지도 모를 일이다."(양

※ 이 논문은 2014년도 정부(교육과학기술부)의 재원으로 한국연구재단의 지원을 받아 한림대학교 일본학연구소가 수행하는 중점연구소사업의 일환으로 이루어진 연구(2014 S1A5B8066696)로 『한림 일본학』 제28집(2016)에 게재된 바 있습니다.

석일, 1981)

"아버지는 무슨 음식을 좋아하셨을까. 어머니가 좋아하신 것은 무엇이었을까. 묘 앞에 머리를 조아릴 그 날이 서울 올림픽 후에 걸려온 전화 한 통화로 멀어져 버렸다. 화선이 있는 곳으로 외환어음이 되돌아왔다. 그림엽서만한 크기의 외환어음에는 비스듬하게 수취거부라고 쓴 도장이 파랗게 찍혀 있었다."(김창생, 1990)

"세대가 바뀌고 시대가 변해도/풍습 한 가지나마 서로 나눈다면/타향에도 뿌리내린 고향이 있었노라/나 자신에게 말해도 좋겠지/멀어진 나라가 똑같다면/한가위 쳐다보는 달도 똑같겠지/천년의 소원을 비는 달맞이 소망이 똑같다면"(김시종, 1998)

"조선을 싫어해/일본을 동경하고/일본에 버려져/조선을 발견한다/다시 조선에 버려져/일본과 조선 사이에서 '자이니치'를 자각한다/오른쪽으로 왼쪽으로 흔들리는 진자(振子)"(윤건차, 2011: 11~12)

1. 재일 한인과 '타양에 뿌리내린 고향'

현재, 일본 내 소수자로서의 재일 한인은 단일 호칭을 갖고 있지 않다. 코리안이라는 민족적 유래를 나타내면서도 다양한 명칭이 사용되고 있다. 在日韓國人(재일 한국인, 자이니치 간코쿠진), 在日朝鮮人(재일 조선인, 자이니치 조센진), 在日コリアン(재일 코리안, 자이니치 코리안), コリアンジャパニーズ(코리안 재패니스/Korean Japanese) 등이 그것이다.[1] 이들은 다양한 이주 배경과 시기를 갖고 있다.

올드커머(old comer)와 뉴커머(new comer)의 구별이 중요하면서도 불가피한 것은 이들에게 상이한 모국인식 및 대일인식이 엿보이고, 같은 자이니치를 사는 입장이면서도 상호 인식에 현저한 차이가 드러나기 때문이다. 더욱이 같은 올드커머 사이, 즉 한국 출생 올드커머와 그들의 2세, 3세로 일본에서 출생한 올드커머 사이의 가치관에도 적지 않은 틈(溝)이 발견된다. 올드커머의 형성이 사실상 식민주의와 밀접하게 연관되어 있다면, 뉴커머는 1983년 당시의 나카소네 야스히로(中曾根康弘) 수상이 제창한 유학생 10만 명 계획으로 대표되는 외국인에의 문호개방정책의 소산이라고 할 만하다(송석원, 2010: 10). 같은 한 민족으로서의 친밀감과 바로 그러한 동일 민족 출신이라는 점에서 기인하는 이질감이 혼재한 가운데 재일(在日)을 살아온 이들의 삶의 궤적은 다양한 층위에서의 갈등과 적응의 진자(振子)운동을 명확히 보여주고 있다. 조국과 모국의 일치와 분기(分岐) 속에 재일 한인의 아이덴티티는 일반적인 이주민이 갖는 특성에 더하여 더욱더 복잡한 다층(多層)성을 띠게 된다. 모국의 분단으로 이들의 아이덴티티는 한국, 북한, 일본, 혹은 제3의 길 등으로 혼성(混成)되어 있기 때문이다. 따라서 재일 한인들은 한국과 일본 모두에게서 온전한 자기자리를 차지하지 못한 채 어정쩡한 위치에 서 있다.

떠나온 모국 한국과 거주국 일본 사이에서 경계인으로서의 삶을 영위하는 재일 한인들에게는 김시종이 노래하고 있는 바와 같이 "타향에 뿌리내린 고향"이 있었다. 일본 사회에 동화·귀화를 하였든, 여전히 한국 혹은 북한의 국적을 유지하든, 재일 한인들에

---

1) 조관자(2011: 196)는 이를 가리켜 '복수의 민족명'이라고 표현하고 있으나, 실제로는 '하나의 민족, 복수의 호칭'이라고 보는 것이 타당한 것으로 보인다.

게 일본은 타향이면서 이미 고향인 경우가 많다. 아마도 이러한 현실을 잘 보여주는 사례가 한국인인 부친과 한일 혼혈인 모친 사이에서 일본 후쿠오카(福岡)현에서 태어난 가수 박영일(일본명 아라이 에이치=新井英一)의 삶일 것이다. 그는 아버지 고향을 찾아 청하(清河)에 가면서 자신의 이름이 포항 앞의 영일만에서 유래한 것임을 알게 된다. 그의 부친에게 일본은 새로운 삶의 터전이었으되, 고향은 아니었던 것 같다. 자녀에게 고향 앞 바다의 이름을 지어주며 항시 떠나온 고향을, 그리하여 모국을 그리워했을 것이다. 박영일은 일본인 아내와 가정을 이루었고, 때때로 한일관계 등으로 부부 간에 의견 차이를 표출하기도 하지만, 애초부터 부부 사이에 국가를 둘러싼 논의가 무의미하다고 생각한다. 부친의 고향 방문을 마치고 일본으로 되돌아가는 길을 박영일은 '가족'에게로 돌아가는 것이라고 말한다. 그의 이름이 박영일이어도, 아라이 에이치여도 상관없다. 그러한 이름이 그의 아이덴티티를 규정하는 것이 아니라, 가족이 자신이 귀속해야 할 궁극적인 대상이다. 박영일 혹은 아라이 에이치에게 일본은, 그리고 그곳에 사는 가족은 "타향에 뿌리내린 고향"이기 때문이다.

　재일 한인은 한국과 일본 모두에게서 상찬(賞讚)의 대상이 되는 일은 드물다. 어느 한 국가에서 동경(憧憬)받는 경우는 종종 있지만, 이 역시 그리 흔한 일은 아니다. 실제로, 윤건차가 언급하고 있는 바와 같이, 재일 한인의 대부분은 한국과 일본 모두에게서 버려지고 비난받는다. 재일 한인의 삶은 "오른쪽으로 왼쪽으로 흔들리는 진자(振子)"처럼 한국과 일본 사이를 왕래하는 진자운동의 연속으로 구성되어 있다. 그와 같은 진자운동은 갈등과 적응의 연속일 터였다. 갈등과 적응의 진자운동은 같은 재일 한인의 상이한 세대 사이에서도, 재일 한인과 모국에 거주하는 그들의 친인척 사이에도 발견된다. 그동안 진자운동하는 재일 한인을 대상으로 한 연구는 재일 당사자의 실생활을 바탕으로 한 연구2)와 그러한 경험을 갖지 않는 국내 연구자의 코리안 디아스포라 관점에서의 연구3)로 대별할 수 있다. 그러나 기존 연구는 진자운동의 다층성을 반영하지 못하고 있다. 실제로, 기존의 대부분의 연구는 진자운동의 어느 한 부분, 특히 한국과 일본 사이의 국가 혹은 민족 사이를 왕래하는 진자운동에만 주목하고 있다. 재일 한인의 삶이 다양한 층위의 진자운동으로 이루어졌음을 고려할 때, 이와 같은 기존의 연구는 재일 한인의 삶의 총체적인 면모를 담았다고 하기는 어렵다.

재일 한인의 진자운동하는 삶은 다수의 재일 한인 문학인의 작품에서 주요한 소재가 되었다. 이러한 재일 한인의 갈등과 적응의 기록은 전후 일본 사회의 한 단면이기도 하다.4) 재일 한인의 고뇌와 저항이 한국과 일본 사이에서 언제나 어느 한쪽만을 선택했던 것은 아니다. 국가, 민족을 넘어 보편적인 '그 무엇'을 발견하는 것도 가능했을 터였다. 앞에서 언급한 박영일(아라이 에이치)이 '가족'을 말하고, 다치하라 마사아키(立原正秋/김윤규)가 "믿을 수 있는 것은 보편적인 미(美)뿐"(立原正秋, 1971)이라고 말하는 것이 그것이다. 박영일과 다치하라 마사아키가 조국, 민족을 넘어서려 했을 때, 그것은 '배반'이 아니라 '초월'을 지향했던 것은 아닐까. 여하튼 재일 한인의 삶은 갈등과 적응, 조화와 저항을 반복하며 "싫어하

---

2) 본 논문에서 언급되고 있는 강재언·박경식·윤건차·정대균·김영달·서용달 등의 연구가 대표적이다.

3) 본 논문에서 언급되고 있는 조관자·송석원·임영언 등의 연구 이외에도, 예컨대 최영호(2012), 최영호(2014), 김태기(2007) 등을 들 수 있다.

4) 실제로, 가와무라 미나토(川村湊)는 전후 일본문학을 개괄하는 그의 저서에서 "일본의 전후문학에서 재일조선인문학은 중요한 의미를 지닌다."고 말하면서, "'재일하는 자'의 문학"을 독립된 장으로 설정하고 있다(川村湊, 1995 참조).

고, 동경하고, 버려지고, 발견하고, 자각하는" 일상이었다. 일본을 동경하고 한국을 발견하면서 '자이니치(재일)'를 자각한 재일 한인의 삶은 거꾸로 현대 한국과 일본의 민낯을 비추는 거울이기도 하다. 따라서 이 글에서는 한국과 일본 양국 사이에서 갈등과 적응을 거듭하며 살아온 재일 한인의 삶의 여정을 통해 이러한 다양한 층위의 진자운동의 양상을 고찰해보고자 한다.

2. 올드커머 재일 한인의 형성 과정과 현황

식민주의는 다양한 형태의 국제이주를 낳았다(Castles and Miller, 2003: 51). 식민제국에서는 행정 관료, 군인, 농부, 상인, 성직자 등이 식민지로 이주하였다. 식민지에서는 노동자, 유학생 등이 식민제국으로 이주했다. 오늘날의 재일 한인사회 형성 역시 제국일본의 한반도 침략에 따른 식민주의에서 비롯되었다고 할 수 있다. 물론, 주지하는 바와 같이, 삼국시대부터 한반도에서 일본으로의 이주는 있어 왔다. 이들 도래(渡來)인이 일본 문화 및 문명에 미친 영향도 적지 않았다. 그러나 이들은 오랜 기간 동안의 정주(定住)를 통해 이미 일본인화가 이루어졌다. 그런 점에서 오늘날 우리가 말하는 재일 한인의 형성 기점은 식민주의에서 찾아야 할 것이다.

식민지인들에게 식민제국은 지배와 착취의 기지인 동시에 거대한 노동력을 흡인하는 곳이었다. 또한 유학생들에게 식민제국으로서의 일본은 자신의 입신출세를 보장하거나 식민 상태에서 벗어날 방안을 찾을 수 있는 지(知)의 산출지로 받아들여졌다. 이러한 점이 식민시 한국의 노동자와 유학생으로 하여금 일본을 찾게 하였을 터였다. 물론, 한국이 일본에 병합하기 이전에도 일본으로 이주한 사람들이 있었지만, 이들은 대부분 유학생이었다. 1899년 7월 28일 실시된 칙령 352호(조약 혹은 관행에 의해 거주의 자유를 가지지 않은 외국인의 거주 및 영업 등에 관한 건)에 의해 '한국인' 노동자의 일본 이주는 원칙적으로 금지되었었기 때문이다. 따라서 1909년에는 단지 790명에 지나지 않았던 재일 한인이 1945년 5월에는 약 210만 명으로 비약적으로 증가하게 된 것(강재언·김동훈, 2000: 29)은 한일 병합에 의해 위의 칙령 352호가 '한인'에게는 적용하기 어려워졌기 때문이었다.

1910년의 한일병합 이후, 재일 한인의 대다수는 노동자였다. 유학생은 대개의 경우 단기 체류자였기 때문이다. 1911년 오사카 세츠(摂津)방적공장의 한국인 노동자 모집에 응해 도일한 사람들이 노동자 중심의 재일 한인사회 형성의 선구가 되었다. 영국, 프랑스 등의 식민제국이 그러했던 것처럼, 일본 자본주의가 한국인 노동자를 모집하기 시작한 것은 이익의 극대화를 위해 일본인 노동자보다 더 낮은 임금과 열악한 노동조건을 강제할 수 있었기 때문이다. 일본 경제의 부침에 따라 일본으로 이주한 한국인 노동자의 수는 시기별로 다소의 변화는 있었지만, 지속적인 증가 추세는 변함이 없었다. 1923년 9월의 간토(關東)대지진 속에서도 한국인 노동자의 일본으로의 도항은 결코 줄어드는 일 없이 늘어만 갔다. 이는 노동시장으로서의 일본의 흡입요인과 함께 한국에서의 인구과잉과 산업의 미발달이라는 배출요인이 연동한 결과라고 할 수 있다.

한국인 노동자의 일본 이주는 적어도 1937년 시점까지는 대체로 '자유 의지'에 의한 것이었다. 그러나 1937년 중일전쟁과 1941년 아시아태평양전쟁 등으로 제국일본이 전시체제를 구축함에 따라 일본 자본주의도 이에 부응하여 전시(戰時)산업을 확립했다. 전시산업에 필요한 노동력 확보를 위해 제국일본은 1938년 4월에

국가총동원법을 공포하였고, 1939년 7월에는 노무동원계획을 발표했다. 1939년 7월에는 내무성과 후생성이 '조선인 노무자 내지(內地)이주에 관한 건'을 발표하고, 같은 해 9월에는 '조선인노동자 모집 및 도항취체요강(要綱)'이 조선총독부에서 각 도지사 앞으로 통보되었다. 이와 같은 일련의 경과를 거쳐 다수의 한국인 노동자가 일본으로 이주하였다. 이 시기의 이주에는 이미 제국일본 권력의 강제성이 작용하였다. 강제동원의 방법으로는 '모집'(1939~1942년), '관(官)의 주선'(1942~1944년), '강제징용'(1944~1945년) 등이 있었는데(강재언·김동훈, 2000: 55), 한국인 노동자의 자유 의지와는 무관하게 일본 권력의 강제력이 작동한 결과였다는 점에서는 공통된다고 할 수 있다. '모집' 시기의 한국인 연행은 대체로 '사업장의 신청 수 결정 → 부·현 장관 앞으로 모집 신청 → 후생성 사정 → 총독부에서 모집해야 할 도 할당 → 후생성 → 부·현 장관 → 사업장 허가서 수령(이 과정이 5~7개월 소요됨) → 모집원 조선 도항 → 지정 도청 → 지정 군청 → 지정 면사무국, 구장, 경찰서 또는 주재소, 면 유력자의 협력 아래 모집'(박경식, 2008: 70) 등의 과정을 거쳐 이루어졌다. 따라서 1939년 이후에 일본으로 도항한 약 100만 명의 한국인은 제국일본의 국가 권력의 자장(磁場) 속에서 강제로 연행된 것임을 알 수 있다. 이들은 불결한 곳에서의 격한 노동에 시달리면서도 자신의 노동에 상응하는 임금을 받지 못한 채 '바라크(バラック)'라 불리는 가건물에서의 삶을 살아야만 했다(박경식, 2008: 35~41).

1945년 해방은 재일 한인에게도 말 그대로 '해방'이 될 터였다. 모국으로의 귀환 그 자체가 이미 재일 한인에게는 '해방'이었다. 재일 한인의 일본 이주가 강제연행의 결과였고, 일본에서의 삶이 온갖 간난(艱難)으로 점철되어 있었기 때문이다. 그러나 해방 이후에도 여전히 다수의 재일 한인이 일본에 잔류하였다. 이들은 국적이 일본에서 모국(한국, 북한)으로 변경되었다는 점에서는 분명 '해방'을 맞이한 것이었다. 제국일본의 식민지배는 조선(한국)의 국가와 민족의 표상마저도 지우려 했고, 일본 국적의 부여는 그 대표적인 실천 행위였다는 점에서, '해방'은 불가피하게 (재일) 한인들의 국가와 민족 표상의 회복과 불가피하게 연동될 수밖에 없는 일이었기 때문이다. 그러나 그럼에도 불구하고, 연속적인 일본에서의 삶은 여전히 차별·배제가 강요된 "버려진" 삶이었다. '버려짐'은 모국인 한국과 거주국인 일본에서 동시적으로 일어났다. 실제로, 해방 직후부터 1965년 한일국교정상화까지 한국이나 일본에서의 재일 한인의 존재는 관심 밖이거나(무관심) 관심 갖기를 애써 외면하는(피(避)관심) 대상이었다. 거주국 일본에서의 재일 한인의 이미지는 폭력 등의 범죄와 겹쳐지면서 제국일본 시기와 마찬가지의 불신과 경멸의 대상에 머물렀다. "전후 일본에서 재일 한인은 언제나 자극적인 존재였다. (…중략…) 그들은 절대로 패전자 일본인에게는 가담하려 하지 않았고, 오히려 전승국민의 일원이 되려고 했다. 재일 한인은 일반적으로 일본 법률은 그들에게 적용될 수 없다고 생각하기 일쑤였고, 미 점령군의 지령도 개의(介意)하지 않는다. (…중략…) 여러 요인 및 사건으로 인해 일본인과 재일 한인 사이의 전통적인 적대감정은 한 층 더 깊어져 갔다. 과거와 마찬가지로 전후에도 재일 한인사회는 일본인에게 불신과 경모(輕侮)를 받았고, 일본인의 일반적 불만감의 배출구로 여겨졌다."는 와그너 (Edward W. Wagner)의 지적(1975: 2~3)은 이와 같은 상황을 잘 드러내고 있다.

"우리들 내면의 일체의 지배와 차별을 파괴하고 폐절(廢絶)하는 것, 일체의 가면과 위선을 벗어던지고 새로운 사상적 연대의 장을

만들어내는 것, 국가의 인위적 경계를 넘는 공동 창조 행위의 길을 여는 것"이라는 다마키 모토이(玉城素, 1967: 25)의 언급이 시사(示唆) 하는 바와 같이, 전후 일부 일본인들은 재일 한인의 존재에 대해 속죄 의식을 바탕으로 한 연대를 언급하기도 하였다. 이러한 연대의 대표적인 사례가 하타다 다카시(旗田巍)·오오카 쇼헤이(大岡昇 平) 등이 중심이 되어 1958년 고마쓰가와(小松川)사건에서의 이진우 (李珍宇)5)를 지원하는 모임('이 소년을 돕는 회=李少年をたすける会') 을 결성한 일이다. 일본인의 재일 한인에 대한 이러한 인식은 제국 일본의 한반도 지배에 대한 부채의식을 바탕으로 한다. 그러나 이러한 인식은 일본인의 주류를 형성하지는 못하였다. 패전 이후의 혼란 속에 목하(目下)의 삶을 사는 사람들에게 재일 한인의 존재는 단지 위협의 대상일 뿐이었기 때문이다. 이러한 위협은 1949년 에 다가와(枝川)사건, 1958년 고마쓰가와사건, 1968년 김희로(金嬉老) 사건과 같이 재일 한인이 연루된 일련의 폭력사건으로 현실이 된 다. 일본인의 재일 한인에 대한 이미지의 원형(原型)(鄭大均, 1995: 60~97)은 이와 같은 일련의 사건들을 토대로 형성되었다. 일본인의 재일 한인에 대한 불신·경모와 '무법(無法)'·'악인(惡人)' 이미지는 상호 공모관계에 있다고 할 수 있다. 불신이 악인 이미지를 낳고, 무법 이미지가 경모를 낳았다. 더욱이 일본인의 재일 한인에 대한 이미지는 그대로 그들의 대한(對韓) 인식에 투영되었다. 그러면서 도 일본인의 재일 한인에 대한 불신과 경모는 또한 스스로의 불만 감을 배출하는 통로로 작용했다. 일본인이 배출하는 불만감으로 스스로 무법하지도 않고 악인도 아니라고 생각하는 재일 한인은

---

5) 오에 겐자부로(大江健三郎) 작가의 소설 『절규(叫び声)』(1963), 오시마 나기사(大島渚) 감독의 영화 〈교사형(絞死刑)〉(1968)은 모두 이진우를 모델로 한 것이다.

'버려짐'을 의식하게 된다. 이 버려짐의 감각은 모국과 일본으로부터 동시에 일어난 것일 터이다. 그리하여 '자이니치'를 자각하게 된 재일 한인에게 이후의 삶은 갈등과 적응이 끊임없이 교차하는 것이었다. 재일 한인들은 자이니치를 자각하는 것을 통해 비로소 김시종이 언급하고 있는 바와 같은 "타향에 고향을 뿌리내리는" 삶이 가능했다고 할 수 있을 것이다.

재일 한인이 타향인 일본에 고향을 뿌리내리게 된 것은 모국인 한반도의 전후사를 반영한 일이기도 했다. 1952년 이승만 라인, 1961년 이래의 박정희 권위주의 리더십 등으로 다수의 일본인은 한국에 비판적인 태도를 나타냈다. 잔뜩 찌푸린 표정의 이승만 모습과 쿠데타 직후의 검은 선글라스와 군복 차림의 박정희 모습이 한국을 대표하는 이미지가 되었고, 이러한 이미지는 이진우나 김희로로 대표되는 재일 한인의 그것과 중첩되었다. 더욱이 재일 한인사회는 모국의 분단이 투영되어 민단과 조총련으로 분열된 채 서로 대립, 갈등하였다. 모국 한반도에서의 남북한 사이의 체제 경쟁이 재일 한인사회에 그대로 반영되었기 때문이다. "두 사람이 모이면 의견이 다르고, 세 사람이 모이면 분열 상태를 초래"하는 "동포들의 두드러진 특징"은 모국에서뿐만 아니라 일본 사회에서도 여지없이 드러났다. 일본에 거주하는 마이너리티로서의 외국인 가운데 압도적 다수는 재일 한인이었지만, 이들은 내적으로 서로 분열하며 대립, 갈등하였다. 분단의 시기가 오래도록 지속되면서 재일 한인은 그들 스스로의 내적 대립과 갈등의 현실에 적응해 갔다. 이렇게 해서 재일 한인은 일본 사회에 대한 갈등과 적응, 재일 한인사회 내에서의 갈등과 적응이라는 중층(重層)적인 진자운동의 삶을 영위하게 되었다. 전후 초기에 형성된 이와 같은 두 층위의 갈등과 적응의 진자운동은 그 이후의 재일 한인 삶의 기본

토대를 이루어 왔다.

한편, 1980년대는 재일 한인의 갈등과 적응 사이를 진자운동하는 삶에 하나의 전기를 이루었다. 전전부터 일본에 거주해 왔던 재일 한인과는 전혀 다른 이주 배경과 목적을 갖는 뉴커머가 한국에서 이주해 오기 시작했기 때문이다. 앞에서도 언급한 바와 같이, 1983년 당시의 나카소네 야스히로(中曾根康弘) 수상의 외국인에 대한 문호개방정책이 뉴커머의 일본 이주를 촉진했다. 뉴커머에는 한국으로부터의 이주자뿐만 아니라 중국, 동남아시아, 남미6) 등으로부터의 이주자도 있었다. 이와 같은 뉴커머의 등장은 재일 한인 사회에 적지 않은 영향을 주었다고 할 수 있다. 첫째, 일본 거주 외국인 가운데 압도적인 다수를 차지했던 재일 한인의 수적 우위가 점차 약화되어 갔다.7) 올드커머 세대가 2세, 3세 등으로 내려가는 가운데 일부가 일본으로의 귀화를 선택하는 경우도 있었지만, 이들 뉴커머의 등장이 재일 한인의 비율 감소의 요인으로 작용했다. 재일 한인의 비율 감소는 일본의 외국인 정책에서 재일 한인이 돌출되지 않게 하는 요인으로도 작용하였다. 이로써 올드커머 재일 한인에 대해서는 협정영주권 등의 사례는 있지만, 이들이 갖는 특수한 역사성이 계속해서 제대로 반영되지 않게 되었다. 둘째, 뉴커머 국가 출신의 다양성은 현대 일본 사회에 '다문화 공생(共生)'의 과제를 안겨주었다. 일본 사회가 '공생'의 가치를 내세울수록 올드커머 재일 한인에 대한 그동안의 일본 사회의 대응이 회고될 수밖에 없다. 그러나 이 점은 거꾸로 재일 한인사회를 올드커머

---

6) 남미 출신 뉴커머의 상당수는 산업계의 요구를 반영하여 수용한 일계(日系)인이었다. 이에 대한 보다 상세한 내용에 대해서는 麻野雅子(2006), 駒井洋·渡戸一郎 編(1997) 참조.

7) 일본 거주 외국인에서 재일한인은 전후 줄곧 압도적인 1위를 차지해 왔으나, 2007년부터는 중국 출신자가 재일한인을 누르고 1위를 차지하게 되었다.

와 뉴커머로 또 하나의 분열의 층위를 형성하는 일이 되기도 했다.

1980년대 후반 한국 민주주의의 심화, 2001년 재일 유학생 이수현[8] 희생, 2002년 한일월드컵 공동개최 등은 일본에서의 대한(對韓) 이미지 향상에 기여했다. 특히, 재일 유학생 이수현의 희생은 과거의 이진우나 김희로와는 대비되는 것으로 일본에서의 재일 한인에 대한 인식 변화에 크게 기여했다. 나아가 2002년 한일월드컵 공동개최는 이를 전후하여 서로의 문화를 소개하는 다양한 기획 등을 통해 상호 상대국에 대한 호감도를 최고조로 높였다. 한국에 대한 시시콜콜한 정보가 일본에서 호의적으로 유통되면서 재일 한인은 자신들의 삶의 진자운동이 적응의 쪽에서 오래 머물기를 희구했다. 그러나 그러한 기대는 오래가지 않아 붕괴되었다. 삶은 변함없이 갈등과 적응의 양쪽을 왕래할 뿐이었다. 사실, 한일 양국 정부는 월드컵 공동개최로 고조된 우호관계를 한 층 더 강화하기 위해 국교정상화 40주년에 해당하는 2005년을 '한일공동방문의 해'로 정했다. 그러나 이러한 계획은 2005년 벽두부터 차질을 빚기 시작했다. 현안으로서의 '역사'는 여전히 한일 사이의 협력을 가로막는 장애임이 확인되었기 때문이다. 탈냉전 이후, 세계 전략을 둘러싼 미국과 중국의 경쟁, 동아시아 질서를 둘러싼 중국과 일본의 갈등과 대립 속에 일본은 여전히 미일동맹 중시의 입장을 견지하면서 대북(對北) 문제와 경제성장을 위한 시장 확보 등의 이유로 미국과의 동맹관계와는 별도로 중국과의 관계 역시 중시할 수밖에 없는 한국에 대해 비판적인 입장에 서게 되었다. 더욱이 일본은 중동 지역에서의 평화유지를 위한 막대한 재정 투입 및 경

---

8) 이수현은 2001년 일본 도쿄(東京) 신오쿠보(新大久保)역에서 일본인 취객을 구하려다 열차에 치여 숨졌다. 2008년 한국과 일본에서 개봉된 영화 〈너를 잊지 않을 거야〉는 이수현의 의거를 바탕으로 한 것이다.

기 둔화 등으로 곤경에 처한 미국에 보조를 맞추는 형태로 안보법제 등의 개정을 꾸준히 추진하였다. 이러한 분위기에 편승하여 일본 국내는 보수화의 물결이 강하게 일었다. '역사' 현안에 대한 일본 국내의 반응이 이른바 헤이트 스피치로 나타난 것은 주지하는 바와 같다. 문제는 이러한 사회적 분위기로 인해 재일 한인의 삶의 진자운동이 여전히 식민주의의 잔영(殘影) 속에 이루어진다는 점이다. 이른바 일본의 넷우익(ネット右翼)이 인터넷상에서 익명성을 무기로 한국 및 재일 한인에 대해 차별·배제의 언설을 반복하고 있는바, 이들의 언설 수준은 식민주의 및 전후 직후 형성된 대한(對韓) 인식 및 재일 한인 이미지에서 벗어나지 못하고 있다.

3. 갈등과 적응 간 진자운동의 양상

정대균은 "다문화공생과 마이너리티인권이 강조되고 한일 역사인식 문제가 언급된 1980년대 이후 재일 한인은 피해자나 희생자로 표상되는 일이 많아졌지만, 전후 초기 일본에서는 오히려 재일 한인은 가해자나 범죄자의 이미지로 언급되는 일이 많았다"고 하면서, 현재도 "일본 미디어에서는 재일 한인을 공적(公的)으로 인지된 희생자로 표상하는 일이 많아졌고, 재일 한인 자신도 그것을 적극적으로 받아들이는 형태로 자기표상을 하는 일도 있다"(鄭大均, 2011: 21)고 지적한 바 있다. 앞에서 언급한 전후 초기 일본에서의 재일 한인에 대한 이미지가 불신, 경모, 무법, 악인으로 규정되었던 것은 정대균이 지적하는 바와 같이 재일 한인의 일본인 대상 가해 범죄와 연동되어 있을 터이다. 그러나 이진우의 사례에서도 언급했던 바와 같이, 재일 한인의 범죄가 식민주의와 분리하기 어렵고,

바로 이러한 이유 때문에 일본인 가운데 일부가 속죄의식을 바탕으로 한 연대를 도모했다는 사실은 간과되어서는 안 될 것이다.[9] 사실, 엄밀한 의미에서 전후 직후의 재일 한인의 가해 범죄가 식민주의의 희생과 피해에서 연유한 것이라고 볼 수 있기 때문이다. 전후 직후 일본 사회에서의 재일 한인의 행태에 문제가 없었다고는 할 수 없을 것이다. 그러나 와그너가 지적하듯이 "일본인과 재일 한인 사이의 전통적인 적대감정"은 상호적인 것이었고, 나아가 일본인들이 패전 직후 혼란기의 무력감과 그에 따른 불만감을 재일 한인에 대한 불신과 경모를 통해 배출한 것도 사실이다. 따라서 일본인이 재일 한인에 대해 갖는 불신과 경모 등은 오늘날에도 일본 사회에서의 재일 한인의 삶의 안정성과 위협성에 직·간접적으로 관련된다.

전후 재일 한인은 일본 국적을 박탈당함으로써 외국인이 되었다. 이러한 국적 변동은 일본 패전, 한국 해방의 의미가 무엇보다 선명히 드러나는 장면이었다. 뿐만 아니라 국적 변동은 재일 한인의 일본 사회 보장대상에서의 배제를 의미함과 동시에 한국인으로서의 민족의식을 자각하는 계기였다(도노무라 마사루, 2010: 459~465). 따라서 1945년 5월 현재 약 210만 명에 달했던 재일 한인 가운데 해방을 맞아 모국으로 귀환한 후에도 여전히 일본 사회에 잔류한 약 60만 명의 재일 한인은 자신의 민족 표상을 유지하려 하였다. '해방'은 그렇게 재일 한인에게 받아들여졌을 터였다. 따라서 재일 한인들은 민족교육을 통해 스스로의 민족적 아이덴티티를 견지해

---

9) 전후 직후의 일부 재일한인의 범죄 행태가 일본인의 전체 재일한인에 대한 이미지 원형으로 규정된 것은 마치 오늘날 한국 사회에서 일부 이주민의 범죄 행위를 그들이 표상하는 '민족'과 연동시켜 인식하는 것과 흡사하다. 극심한 혼란기였던 전후 직후에는 다수의 일본인들조차 '보통'의 삶의 영위를 위해 '암시장(暗市場)'과 매춘 등으로 대표되는 불법 행위에 가담하곤 했다. 이에 대해서는 John W. Dower(1999) 참조.

갔다.10) 제국일본 시대를 그 한복판인 일본 사회에서 산 경험을 가진 올드커머 재일 한인, 특히 그 가운데서도 한국 출생 올드커머 재일 한인에게 일본으로의 귀화는 받아들이기 어려운 일이었다. 따라서 이들은 비록 윤건차가 언급하고 있는 바와 같이, "일본에 버려져, 조선을 발견했다가, 다시 조선에 버려져"도 모국에 대한 향수를 간직한 채 자이니치를 자각하며 삶을 영위했을 터였다. 이들에게 모국과 조국은 분리할 수도, 분리되어서도 안 되는 것이었다. 주로 국적관리, 출입국관리, 재류관리에 의해 이루어진 일본정부의 이주민에 대한 관리정책 역시 한국 출생의 1세대 올드커머의 일본 국적 취득의 장애물로 작용했다. 국적관리란 국적법에 기초하여 일본국민과 외국인을 구별하는 것이고, 출입국관리는 외국인에 대해 일본 사회에 수용할지 배제할지를 출입국관리법에 의거하여 관리하는 것이다. 재류관리는 일단 출입이 허용된 외국인에 대해 일본 사회 내에서의 재류를 관리, 감독하는 것으로 외국인등록법에 의하여 관리한다(金英達, 1984: 101~114). 이들 세 가지 법이 목표로 하고 있는 외국인 관리는 기본적으로 일본 사회의 지배적인 단일민족신화를 뒷받침하는 것으로서의 외국인의 배제에 초점이 맞추어져 있었다. 배제는 일본국민 이외의 사람들을 일본 사회에 수용하지 않는 것으로서, 일본 사회에 거주하는 외국인들의 기본적인 인권으로서의 거주권, 학교수업, 사회복지 등을 일체 제공하지 않는 것을 의미한다(송석원, 2010: 11).

여기서는 취업과 공영주택 입주자격에서의 국적 조항 문제와 지문날인제도를 통해 일본 사회의 재일 한인 배제정책의 양상에 대해 간단히 살펴보고자 한다. 취업과 공영주택 입주자격에서의

---

10) 재일한인들의 아이덴티티에 대해서는 福岡安則(1993) 참조.

국적 조항 문제는 국적법에 바탕을 둔 국적관리의, 지문날인제도 는 외국인등록법에 기초한 재류관리의 대표적인 사례로서, 재일 한인의 갈등과 적응의 양상이 가장 잘 드러나는 문제이기 때문이 다. 인간이 삶을 영위하는 데에는 의식주가 불가결의 조건인바, 이를 위해서는 교육과 취업을 해야만 한다. 그러나 재일 한인의 일본 내에서의 취업은 결코 용이한 일이 아니었다. 재일 한인이라 는 신분 혹은 자격은 자영업이나 서비스업 분야에서의 취업에서 는 그래도 덜한 편이지만, 공무원이나 일반 회사에의 취업에는 확 실히 불리한 조건으로 작용했다. 일본의 외무공무원법은 외국인

〈표 1〉 일본 사회 코리아타운 공간의 위협성 및 안정성 비교 요인

공동체 공간	주요 내용	목표
위협성	• 이주민과 호스트사회 주민 간의 접촉에 의해 발생되는 위협요인 • 국가별 충돌(반국가적 충돌, 반한(反韓), 혐한(嫌韓), 배외 주의, 반일, 개발도상국 차별 등) • 사회적 충돌(공동체 해체, 반사회적 행동 대응, 공동체 간 지역주민 간 충돌 등) • 개인적 충돌(가족 해체, 세대 간 충돌: 정체성, 부모 세대와 차세대 간 갈등 등) • 법적/제도적 충돌(인권, 이중국적, 참정권, 국적 취득, 불법 체류 등) • 경제적 충돌(직업과 실업 등) • 교육적 차별(일조교와 각종학교 등) • 민족(인종)적 충돌(가령 백인과 흑인 등) • 종교적 충돌(기독교, 이슬람, 가톨릭 등) • 문화적 충돌(문화적 차이 등)	사회적 위협요인 극복
안정성	• 상호접촉과 교류 • 사회적 위협성 감소를 위한 각종 생활교육 프로그램 • 외국인 이주노동자의 직종 다변화 • 이주민 교육지원 • 외국인 집거지역의 경제 활성화 지원 • 문화공동체 건설 • 이주민의 안정적 정착 기반을 위한 현실적 대안 제시 • 이주민공동체 안정성 구축을 위한 플랜 제시	안정성 생활세계 구축
최종 목표	• 다문화사회 코리아타운의 공간적 위협성 해소와 안정성 구축을 위한 시사점 제공	

출처: 임영언·허성태(, 2015: 68).

의 외무직 공무원 취임을 명문규정으로 배제하고 있다. 그러나 국가공무원법이나 지방공무원법이 모두 국적 조항을 두고 있지 않음에도 불구하고, 외국인의 공무원 취임을 일관해서 배제해 왔다 (강재언·김동훈, 2000: 211). 국가공무원에 대해서는 "공무원에 관한 당연한 법률로서 공권력의 행사 또는 국가 의사의 형성에 참여 종사하는 공무원이 되기 위해서는 일본 국적이 필요하다고 해석해야 한다."는 1953년 3월 법제국 견해가, 지방공무원에 대해서는 "공권력 행사 또는 지방공공단체의 의지 형성에 참여 종사하는 직에 오르는 것이 장래 예상되는 직에 대해 일본 국적이 아닌 자에게 수험자격을 인정하는 것은 적절치 않다"는 1973년 5월 자치성 견해(강재언·김동훈, 2000: 212)가 각각 외국인의 공무원 취임을 부정하는 논리로 폭넓게 원용되어 왔다. 공무원 취임 배제는 일반 행정직뿐만 아니라 교육직에서도 동일하게 일어났다.

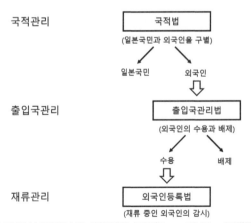

출처: 金英達, 「在日外国人と指紋押捺制度: 外国人管理と指紋登録について考える」, 吉岡増雄·山本冬彦·金英達, 『在日外国人と日本社会: 多民族社会と国籍の問題』, 社会評論社, 1984, 101쪽.

〈그림 1〉 일본의 외국인 관리 시스템

공무원 취임에서의 국적 조항에 대해 재일 한인은 철폐운동으로 대항하였다. 사실, 일본정부가 말하는 공무원 취임과 관련한 외국인 혹은 일본 국적이 아닌 자는 대개의 경우 재일 한인을 가리키는 말이었기 때문이다. 그 결과, 공무원 취임에서의 문호가 지방공무원을 중심으로 개방되기 시작했다. 그러나 외국인에게 공무원 취임의 문호를 개방하는 문제는 지방자치단체의 개별적 판단에 일임됨으로써 완전한 개방을 성취했다고 할 수는 없다. 허용과 불허가 공존하기 때문이다. 교직11)의 경우에는 1982년 9월 '국공립대학에서의 외국인 교원 임용 등에 관한 특별조치법'이 제정되어 재일 한인의 일본 국공립대학에의 교원 임용이 법적으로 가능하게 되었다. 그러나 이 법의 공포와 동시에 문부성은 도도부(都道府)현 교육위원회에 "국공립 초·중·고교 교원 등에는 외국인의 임용을 인정할 수 없다"는 요지의 통지를 보낸데 이어 1984년 11월에는 나가노(長野)현 교원채용시험에 합격한 양홍자에게 문부성이 불채용 지도를 하였다(강재언·김동훈, 2000: 214). 국가공무원으로서의 사법연수생 채용,12) 우편외무직에서의 국적 조항도 철폐되었다. 일본의 공영주택 입주에도 국적 조항의 그림자가 드리워져 있었다. 일본주택공단, 공영주택법, 지방주택공급공사법은 모두 모집규정에 일본 국적을 응모조건으로 내세우고 있었는데, 1975년 9월 "외국인의 입주를 인정해도 상관없다"는 통산성의 통지에 의해 공영주택에 한해 재일 한인의 입주가 허용되었다(강재언·김동훈, 2000: 209~210).

한편, 외국인등록법에 기초한 재류관리의 대표적인 사례인 지

11) 외국인 교원임용운동에 관해서는 徐龍達(2000) 참조.
12) 1976년 사법시험에 합격한 김경득의 문제제기에서 발단되었다.

문날인제도는 보통 외국인등록증의 신청·교부 시에 지문을 날인하게 하는 제도이다. 일본에서 태어나 자란 2세, 3세의 경우에도 16세(1982년 10월 외국인등록법 개정 전까지는 14세)가 되면 시구정촌(市區町村) 사무소에서 지문날인과 함께 외국인등록증 신청을 해야만 했다. 지문날인 거부자에 대해서는 외국인등록법 18조 1항 8호는 '1년 이하의 징역 혹은 금고 또는 20만 엔 이하의 벌금에 처한다.'고 규정하고 있었다. 이러한 지문날인제도의 목적은 지문을 범죄감식에 이용함으로써 범죄를 사전에 예방하는 형사정책, 반정부적 정치활동을 규제하는 공안목적, 외국인등록증 상시 휴대 의무를 통한 불법입국자 적발 등에 있다고 할 수 있다(金英達, 1984, 132~135). 문제는 지문날인을 거부함으로써 상기한 바와 같은 형사벌을 받게 될 경우, 강제퇴거의 대상이 된다는 점이었다. 이와 같이 지문날인제도는 외국인을 잠재적인 범죄자로 취급하는 것이라는 관점에서 재일 한인을 중심으로 한 철폐운동이 전개되었다. 그리하여 1980년 9월 재일 한인 한종석이 지문날인의 첫 거부자가 되었다. 한종석의 지문날인 거부 행위는 2심까지는 유죄 판결을 받았으나 1989년 최고재판소의 최종 판결에서는 면소 판결을 받았다. 이후 일본정부는 1993년 외국인등록법 개정을 통해 재일 한인 등 특별영주자와 영주절차를 밟은 외국인의 경우 지문날인을 폐지했다. 나아가 2012년 7월부터는 외국인등록증이 폐지되고 체류카드가 그에 대신하게 되었다.

이밖에도 일본과 재일 한인 사이에는 다수의 과제가 존재해 왔다. 민족교육, 재류(在留)권,13) 국민연금문제,14) 참정권 등이 그것

---

13) 재일한인의 재류권에 관한 보다 상세한 내용에 대해서는 金英達(1988) 참조.

14) 1977년 10월에 '재일한국·조선인의 국민연금을 요구하는 모임'이 발족하였다. 한편, 국민연금문제에 관한 보다 상세한 내용에 대해서는 山本冬彦(1988) 참조.

이다. 일본 내의 학교 분류에서 '각종학교(各種学校)'로 분류되는 조선학교(朝鮮学校)는 28개 도도부현(都道府県)이 인가를 하고 있고 휴교 중인 학교를 포함해서 68개교가 있다. 그러나 원래 지방자치단체의 권한인 보조금 교부에 대해 문부성이 '투명성'을 요구하는 통지를 각 도도부현에 보내는 등 간섭하고 나서자 일본 언론이 이에 대해 비판하고 있는 것을 오늘날에도 목격할 수 있다(『每日新聞』, 2016년 3월 31일). 주지하는 바와 같이, 이러한 조선학교는 조총련이 운영하는 교육기관이다. 조선학교는 민족의상을 고수하는 등 재일 한인 민족교육에서 중요한 위상을 차지하고 있다. 재일 한인의 상당수가 조선학교에서 한국어 교육을 익힐 수 있었고, 이를 통해 '코리안'으로서의 아이덴티티를 함양할 수 있었다. 따라서 '자이니치'에게서의 '코리안' 아이덴티티는 이와 같은 조선학교의 민족교육에 의거하는 바가 적지 않다고 할 수 있다. 올드커머 재일 한인의 일본에서의 참정권 문제는 국적확인소송의 형태로 전개되었다. 참정권이 '국민'자격을 전제로 하는 것이라면, 그것은 불가피하게 '국적'에 의해 확인될 수밖에 없는 것이었기 때문이다. 대표적인 사례로 1969년 10월 송두회(교토지방재판소), 1975년 8월 김종갑(후쿠오카지방재판소), 1975년 9월 최창화(기타규슈시) 등의 지방참정권을 요구하는 공개질문서를 들 수 있다(송석원, 2010: 19). 재일 한인이 일본에서의 지방참정권을 요구하는 이유는 '재일당'을 조직하여 선거에 입후보하는 운동을 계속해 온 이영화가 지적하고 있는 바와 같이, "'살아있는 역사'와 그 연속으로서의 '살아있는 현실'이야말로 법적 처우의 근거가 되어야"(李英和, 1993: 23) 하기 때문이다.

이상과 같이, 취업, 공영주택 입주, 지문날인제도, 민족교육, 참정권 등의 문제를 중심으로 재일 한인에 대한 일본의 관리정책과 그에 대한 저항의 양상을 간단히 살펴보았다. 이들 문제 영역에서의 재일 한인과 일본 사회의 갈등은 근본적으로 국적을 묻는 문제였다. 한국 출생 올드커머 재일 한인이 모국인 한국으로 귀환하지도 않고, 그렇다고 일본에 귀화도 하지 않은 채 자이니치를 자각하며 사는 것은 그들이 일본에서의 생활자라는 사실, 곧 정주(定住)성과 일본에 대한 전후 책임 추구, 곧 역사성에 기초한 '재일의 논리'에 의거하는 것이다(金英達, 1988: 147~149). '재일의 논리'는 일본 사회의 '배제의 논리'에 대한 재일 한인의 대응이었다. 그러나 일본정부는 1975년부터 배제의 또 다른 측면으로서의 '동화의 논리'를 펼치게 된다. '동화의 논리'는 일단 일본 사회에 수용한 혹은 수용할 수밖에 없었던 재일 외국인들에 대해 출신 국가의 아이덴티티를 완전히 배제하고 일본인화하는 것이다. '동화의 논리'의 구체적 정책은 귀화의 촉진 및 적극적인 수용으로 나타났다. 1975년에 사카나카 히데노리(坂中英德)가 향후 출입국관리행정이 재일 한인의 귀화를 적극적으로 수용해야 한다는 점을 정책 제언한 것이 하나의 분수령이 되었다고 할 수 있다. 국적법의 개정도 이러한 '동화의 논리'를 뒷받침했다. 일본정부는 1984년 국적법의 일부 내용 개정을 통해 출생에 의한 국적의 취득을 기존의 부계혈통주의에서 부모양계혈통주의로 변경하였다. 이로써 한국인 부친과 일본인 모친 사이의 혼혈아에게도 출생에 의한 일본인 국적취득이 가능해졌다. 그러나 이러한 '동화의 논리' 구축에는 사실 재일 한인 사회의 변화가 반영된 측면도 있다. 이미 재일 한인의 주류는 일본 출생 올드커머 2세 혹은 3세가 차지하기 시작했는데, 이들에게 자이니치는 자각하는 것이 아니라 그 자체가 그들 삶의 주어진 전제였기 때문이다(강재언·김동훈, 2000: 167).

따라서 이들은 일본인과의 결혼에 별다른 위화감을 느끼지 않왔다. 실제로, 1975년 이후 재일 한인의 결혼에서 배우자의 국적이 일본인인 경우가 차지하는 비율은 한국인인 경우보다 높아지기 시작했다. 이는 재일 한인과 일본인의 결합으로 출생한 자녀가 한국 국적뿐만 아니라 일본 국적도 취득할 수 있다는 것을 의미한다. 재일 한인의 국제결혼이 증가한 이유로는 '민족'이나 '혈통'에 집착하는 구세대의 가치관이 젊은 세대 사이에서 크게 변했고, 재일 한인 자녀의 압도적 다수가 일본학교에서 수학함에 따라 일본인과의 교우관계가 많아졌으며, 일본 전국에 흩어져 생활하고 있기 때문에 젊은 세대끼리 사귈 기회가 적어 결혼 상대를 찾기가 곤란하다는 점(강재언·김동훈, 2000: 169) 등을 들 수 있다. 재일 한인과 일본인 사이의 결혼 건수가 늘어나면서 재일 한인의 세대 간 가치충돌이 일어났다. 박중호의 단편소설 「울타리 밖으로(塀外)」에는 일본 여성과 결혼하겠다는 큰아들과 바로 그 이유 때문에 절연(絶緣)한 1세대 재일 한인 여성이 등장한다. 일본에서의 정주 기간이 길어지면서 재일 한인의 가족구성은 한국 출생 부모 세대와 일본 출생 자녀 세대의 결합이라는 불가피한 특성을 갖게 되었다. '재일의 논리'로 자기존재를 증명했던 부모 세대와 그것을 초극(超克)한 자녀 세대 간 충돌은 때때로 가족 해체까지도 불사하는 정도의 갈등이었다. 그러나 흥미로운 점은 다시 한 세대가 지난 후에는 재일 한인세대 간 충돌도 진화한다는 점이다. 즉, 박중호의 같은 소설에서 1세대 재일 한인여성은 손녀의 결혼 상대인 일본인 남성을 아무런 저항감 없이 흔쾌히 받아들인다. 그러나 세대 간 갈등이 현저히 완화된 것은 사실이지만 완전히 사라진 것도 아니다. 더욱이 '민족'의 표상이 절멸한 것도 아니다. 소설 속 주인공의 아내가 결혼식장에 유일하게 '한복'을 입고 참석했기 때문이다. 다만, 세대 간 갈등이나 '민족' 표상이 그러한 정도에 머물고 있다는 점은 많은 것을 시사해준다. 실제로, "그녀가 이 식장에서 아이들에게 자신의 생각을 전해 줄 수 있는 방법은 그것뿐"이었다. 이러한 어머니의 모습이 일본 출생의 자녀들에게 "멋쩍고 부끄러운 것"으로 받아들여질지, "눈부시게 자랑할 만한 것"으로 받아들여질지를 생각하는 주인공의 심상(心象)은 부모 세대의 가치관을 자녀들에게 주입하기보다는 자녀 세대의 판단에 맡기는 감각으로 이루어져 있음을 알 수 있다.

일본 출생 재일 한인에게 귀화문제 역시 김영달이 말하는 바와 같은 '재일의 논리'에서 생각하기보다는 단순한 선택의 문제로 받아들여졌다. 그리하여 "재일 한인 3세, 4세 등은 조국 지향의 전투적 민족의식에서 멀어져갔고, 다케다 세이지(竹田青嗣), 이양지(李良枝), 쿄 노부코(姜信子), 가네시로 가즈키(金城一紀)와 같은 이른바 3세대 지식인, 작가들은 일본 사회에서의 '공생'을 보편적 가치로 옹호"(조관자, 2011: 211)하기에 이른다. 물론, 귀화에 즈음해서의 이름의 처리 문제에서 여전히 갈등과 적응의 진자운동이 멈추지 않고 있음을 확인할 수 있다. 여하튼, 귀화는 '동화의 논리'를 수용하는 것일 수밖에 없다. 그것은 '재일의 논리'의 대척점에 위치하는 것일 터였다. 일본 사회에 동화된다는 것은 자신이 간직하고 있는 민족적 아이덴티티를 벗어나 새로운 일본인 아이덴티티를 재구축하는 것을 의미하기 때문이다. 그러나 귀화에 즈음해서 민족 표상을 어느 정도 간직하는 것은 가능했다. 1983년 4월 16일 일본 법무성이 일본에 귀화한 전 베트남 유학생 토랑에게 모국명의 사용을 처음으로 승인함으로써 일본에 귀화하는 재일 한인 역시 귀화 후에도 제한적이기는 하지만 민족을 표상할 수 있게 되었다. 가네시로 가즈키(金城一紀)처럼 출생과 동시에 일본 국적을 취득하거나 일본 사회에 귀화하면서 자신의 이름을 완전히 일본인처럼 짓거나 변경하는 경우도 가능하지만, 쿄 노부코(姜信子)처럼 원래의 이름을 표기는 그대로 두면서 읽기만 일본식으로 변경하거나, 이양지(李良枝)처럼 귀화 전후의 이름의 표기와 읽기를 변경하지 않는 것도 가능해졌다. 여하튼, '재일의 논리'가 모국과 조국의 일치를 강조하며 '민족'을 전투적으로 표상하는 것이라면, '귀화의 논리'는 모국과 조국의 분기가 이루어지면서 '민족' 표상을 초극하는 것이라고 할 수 있다.

한편, 재일 한인의 갈등과 적응의 진자운동에서 빼놓을 수 없는 것이 같은 재일 한인 내에서의 갈등 및 충돌이다. 앞에서도 언급한 바와 같이, 1945년의 해방은 분단으로 이어져 남북한 사이의 체제 경쟁이 격화되었다. 이러한 모국의 상황은 재일 한인의 삶에도 투영되었다. 민단과 조총련의 대립과 갈등은 '일본 속의 38선'(李瑜煥, 1980)을 방불케 하는 것이었다. 이들의 대립이 이데올로기 대립이었던 탓에 대립은 더욱 격렬하게 나타났다. 남북한 사이의 체제 경쟁이 그러했듯이, 일본 내에서의 민단과 조총련의 대립 역시 한 반도에서의 정통성을 겨냥하는 것이었다. 따라서 양자 간의 대립과 갈등은 타협의 여지가 없는 제로섬의 형태로 진행되었다. 재일 한인 간에 "두 사람이 모이면 의견이 다르고, 세 사람이 모이면 분열 상태를 초래"하는 일은 드물지 않게 발견할 수 있는 일이었다. 이와 같은 재일 한인 내에서의 상호 대립과 충돌은 재일 한인의 일본에서의 삶을 더욱 피폐하게 만들어갔을 터였다. 재일 한인 사회의 분열은 일본의 '배제의 논리'와 '동화의 논리'를 뒷받침하는 원경(遠景)을 이루는 것이기도 하다. 일본인의 불신과 경모(輕侮)를 넘어서기 위해서 재일 한인은 타자가 무시할 수 없는 '그 무엇'인가를 스스로 구비해야만 한다. 그러나 재일 한인에게 '그 무엇'인가는 양석일이 지적하는 바와 같이 "백만 톤급의 프레스로 두들겨대"야 비로소 가능한 일일지도 모른다.

재일 한인, 특히 한국 출생의 올드커머 1세대, 2세대 재일 한인들은 모국으로부터의 차가운 시선과도 마주해야 했다. 재일 한인은 '한국인'이라는 점 때문에 일본인의 차별에 직면했는데, 정작 모국으로부터는 '온전한' 한국인으로 간주되지 않았다. 한국 사회에서 재일 한인의 친인척이 있다는 사실은 결코 자랑할 만한 일이 아니었다. 현해탄을 사이에 둔 한국인과 재일 한인 친인척 사이에는 바로 그 현해탄만큼의 일정한 거리 감각이 존재했다. 따라서 김창생의 단편소설『세 자매』에서 주인공 화선이 한국에 묻힌 부모의 묘를 돌보기 위해 한국에 있는 친인척에게 보낸 소액의 외환어음이 되돌아왔을 때, "그림엽서만한 크기의 외환어음에는 비스듬하게 수취거부라고 쓴 도장이 파랗게 찍혀 있었"던 것이다. 수취'거부'는 재일 한인이 내민 손을 한국이 거부하는 인식과 행동양식이다. 결코, 그 역(逆)이 아니다.

4. 진자운동하는 삶의 행방(行方)

재일 한인의 일본 사회에서의 삶은 갈등과 적응의 진자운동으로 점철되어 있다. 전후 모국으로의 귀국도 하지 않고 일본 국적으로 귀화하지도 않은 채 자이니치를 자각하며 사는 진자운동의 삶은 '재일의 논리'를 전면에 내세우며 '민족'을 표상하며 사는 삶이었다. 취업, 공영주택 입주조건, 재류권, 국민연금, 지문날인제도, 참정권 요구 등에서 우리는 이러한 '재일의 논리'가 일관되게 주장되고 관철(일부는 아직 미정)되어 왔음을 확인할 수 있다. 위와 같은 이주민으로서의 사회권, 경제권, 정치권 등을 옹호하는 재일 한인의 활동은 불가피하게 각 문제영역에서의 국적 조항 철폐운동으로 귀결되었다. 그러나 국적법의 개정과 재일 한인과 일본인 간의 국제결혼 건수가 증가함에 따라 재일 한인의 일본인화 현상은 자연스러운 것으로 받아들여졌다. 재일 한인에게 '민족'은 표상해야 할 대상이 아니라 오히려 초극해야 할 대상이 되었다.

　재일 한인은 일본 사회에서 일본인과의 사이에서만 갈등과 적응의 진자운동을 했던 것은 아니었다. 같은 재일 한인 사이의 세대 간에서도, 같은 세대이면서도 모국의 정치현실이 투영된 이념대립의 영향을 받아 서로 반목하는 그룹들 사이에서도, 모국인 한국 및 한국에 거주하는 그들의 친인척과의 사이에서도 이러한 진자운동은 발견된다. 재일의 오랜 세월을 거치면서 어떠한 진자운동은 상당 정도로 완화되기도 했지만, 어떤 진자운동은 여전히 갈등과 적응의 양극을 쉴 새 없이 왕래하고 있다. 귀속 국가를 표현한다기보다는 지역 분류를 의미했던 조선적에서 한국 국적으로의 귀화든, 조선적 혹은 한국 국적에서 일본 국적으로의 귀화든, 한때 '귀화'는 조국과 민족에 대한 '배신'으로 여겨졌지만, 오늘날의 귀화는 민족의 '초월'로 규정되면서 '선택'의 문제 영역으로 이해되고 있다.

　재일 한인들은 이상과 같은 다층적인 갈등과 적응의 진자운동 속에서 삶을 영위해야만 했다. 재일 한인사회 구성원의 세대교체, 즉 일본 출생 올드커머 세대의 수차례에 걸친 세대교체 및 뉴커머 등장은 진자운동하는 재일 한인의 삶에 질적인 변화를 초래했을 터였다. 이들은 거주국인 일본과 일본인을 상대화할 수 있다. 이들의 앞 세대와는 달리, 이들 세대는 일본과 일본인에 대한 부(負)의 유산을 물려받지 않았거나 현저히 미약하다. 또한 이들 세대는 한국과 일본의 교량 역할을 할 수 있다. 더욱이 이들 세대는 재일 한인들 사이의 이념대립 완화에 기여할 수 있다. 물론, 이념대립이 완전히 무화(無化)된 것은 아니지만, 그리하여 여전히 '일본 속의 38선'이 여전히 남아 있는 것도 사실이지만, 앞에서 언급한 바와 같이 조선적에서 한국 국적으로의 귀화가 이루어지는 등 그 경계 선은 확실히 엷어지고 있다고 할 수 있다. 그러나 그럼에도 불구하고, 이와 같이 중층적인 진자운동을 하는 삶을 살고 있는 재일 한 인이 여전히 탈식민주의와 탈냉전이라는 이중적인 과제를 동시에 떠안고 있다는 것만은 분명하다. 그리고 이러한 과제는 동시에 한 국과 일본의 정부와 시민사회의 과제이기도 할 터이다.

참고문헌

강재언·김동훈 저, 하우봉·홍성덕 역, 『재일한국·조선인: 역사와 전망』, 소화, 2000.

김시종, 「똑같다면」, 『化石の夏』, 海風社, 1998.

김창생, 「三姉妹」, 『民濤』 10호, 1990.

김태기, 「일본정부의 재일외국인정책과 재일한인청소년의 민족적 정체성의 변화에 관한 고찰: 1990년대 이후의 변화를 중심으로」, 『재외한인연구』 18, 2007.

도노무라 마사루, 신유원·김인덕 역, 『재일조선인 사회의 역사학적 연구』, 논형, 2010.

박경식 저, 박경옥 역, 『조선인 강제연행의 기록』, 고즈윈, 2008.

박중호, 「埒外」, 『北方文芸』 320호, 1994.

송석원, 「일본에서의 이주민 통합과 참정권」, 『민족연구』 42호, 2010.

양석일, 「祭祀」, 『狂躁曲』, 筑摩書房, 1981.

윤건차, 「在日朝鮮人を考える: 過去·現在·未来」, 『일본학』 32집, 동국대학교 일본학연구소, 2011.

임영언·허성태, 「일본 속의 재일코리안 사회: 도쿄와 오사카 코리아타운 공동체 공간의 특성 비교 연구」, 『재외한인연구』 37호, 재외한인학회, 2015.

鄭大均, 「在日コリアン: 犠牲者として語られることの意味」, 『일본학』 32집, 동국대학교 일본학연구소, 2011.

조관자, 「'민족주체'를 호출하는 '재일조선인'」, 『일본학』 32집, 동국대학교 일본학연구소, 2011.

최영호, 「초국가주의의 시각에서 본 재일한인의 투표권」, 『재외한인연구』 28,

2012.

최영호, 「조선인 노무자 미수금 문제와 조련의 예탁활동」, 『동북아역사논총』 45, 2014.

麻野雅子, 「日本における外國人政治參加の現狀: 多文化共生を目指す自治体の取り組みを中心に」, 河原祐馬・植村和秀 編, 『外國人參政權問題の國際比較』, 昭和堂, 2006.

エドワード・ワグナー, 『日本における朝鮮少数民族 一九〇四〜一九五〇年』, 湖北社(復刻), 1975.

川村湊, 『戦後文学を問う: その体験と理念』, 岩波書店, 1995.

金英達, 「在日外国人と指紋押捺制度: 外国人管理と指紋登録について考える」, 吉岡増雄・山本冬彦・金英達, 『在日外国人と日本社会: 多民族社会と国籍の問題』, 社会評論社, 1984.

金英達, 「在日朝鮮人の在留権: 「在日の論理」と「国家の論理」」, 吉岡増雄・山本冬彦・金英達, 『在日外国人の在住権入門: 国籍・参政権・国民年金問題もふくめて』, 社会評論社, 1988.

駒井洋・渡戸一郎 編, 『自治體の外国人政策』, 明石書店, 1997.

徐龍達, 「外国人教員任用運動からみた共生社会への展望: 「国籍のカベ」と「心のカベ」の撤廃を目指して」, 徐龍達・遠山淳・橋内武 編, 『多文化共生社会への展望』, 日本評論社, 2000.

鄭大均, 『韓国のイメージ: 戦後日本人の隣国観』, 中央公論社, 1995.

立原正秋, 『剣ヶ崎』, 新潮社, 1971.

玉城素, 『民族的責任の思想』, 御茶の水書房, 1967

福岡安則, 『在日韓國, 朝鮮人: 若い世代のアイデンティティ』, 中央公論社, 1993.

山本冬彦, 「在日外国人と国民年金制度: 帰化朝鮮人と塩見日出さんの年金訴訟を中心に」, 吉岡増雄・山本冬彦・金英達, 『在日外国人の在住権入門: 国籍・参政権・国民年金問題もふくめて』, 社会評論社, 1988.

李英和, 『在日韓國·朝鮮人と參政權』, 明石書店, 1993.

李瑜煥, 『日本の中の三十八度線: 民団·朝総連の歴史と現実』, 洋々社, 1980.

「朝鮮学校補助金 子供を中心に考えよう」, 『毎日新聞』, 2016년 3월 31일.

John W. Dower, *Embracing Defeat: Japan in the wake of World War* II, W. W. Norton & Co., 1999.

Stephen Castles and Mark J. Miller, *The Age of Migration*(Third Edition), Palgrave, 2003.

조선족의 사회경제적 분화에 대한 탐색적 연구※

박우(한국, 한성대학교)

1. 조선족 사회를 읽는 시각

중국의 탈사회주의 전환은 개인의 경제적 자율성을 점진적인 시장화에 맞게 제도적으로 인정하는 과정이기도 했다. 중국 사회는 분화하기 시작했고 선부집단 등 신흥 계급의 출현이(이희옥, 1994; 장경섭, 1996) 법적으로 허용되었다. 중국의 200만 조선족 사회도 이런 거시구조의 변화에 민첩하게 반응하면서 급속한 사회경제적 분화와 활발한 인구이동을 경험하였다(한상복·권태환, 1993; 권태환 외, 2005; 박광성, 2008). 조선족이 주로 거주했던 중국의 동북 3성 지역은 개혁기 상대적으로 느렸던 정치·경제 개혁으로 과거 공업기지의 위용을 상실하였다. 심지어 1990년대의 국유기업개혁은 전례 없는 규모의 실업인구를 양산하기도 했다. 사회주의적 유

※ 이 글은 박우, 「조선족 사회의 분화에 관한 연구」, 『재외한인연구』 37호, 2015, 89~120 에 게재된 논문을 부분적으로 수정·보완한 것이다.

산은 개혁을 심화한다는 국가 주도적 이데올로기에 의해 형태가 희미해 져갔고, 중국 공산당이 선진적 생산력의 대표로 재정의 되면서 노동자와 농민 등 중국의 광대한 인민대중은 중국 사회의 하층 집단으로 고착화되기 시작했다.

개혁과 개방이라는, 소위 능력 있는 사람이 먼저 부를 축적할 수 있게 한 국가의 선물은 일부 사람들에게는 천년에 한번 만나기 힘든 천재난봉(千載难逢)의 기회였지만, 국유기업개혁 과정의 실업노동자와 농업 종사자에게는 믿고 따르던 하늘이 내려준 봉합하기 어려운 재난인 천재난봉(天灾难缝)의 시국이었다. 농업종사자들은 도시로 진출했고 도시의 실업노동자들과, 도시에서 생존의 기회를 잡지 못한 농업종사자들은 동아시아 국가의 경쟁적 정치·경제 구조의 전환 과정을 설명하는 중요한 척도인 이주노동자로 기능하게 되었다.

구사회주의권 블록의 자본주의 세계체제로의 편입으로 한국은 새롭게 아시아 국가 간 사회적 연계구조를 형성할 수 있었다. 또한 국제분업구조상 한국의 지위가 상승하면서 한국 자본의 외국 진출과 함께 외국 노동력의 한국 유입을 경험하게 되었다(설동훈, 1999: 71~94). 외국 노동력의 한국 유입은 한국의 노동시장에서 생산직 인력난의 부족 현상과 직결되었다. 한국에서는 이미 1980년대 중후반부터 생산직 노동력 부족 현상이 분명하게 드러났는데 그 이유는 농촌이 노동력 저수지로서의 기능 상실, 청소년 인구의 절대적 감소, 노동력의 고학력화 및 인문화, 노동자의 2차 노동시장 부분의 취업 기피, 대기업과 중소기업 간의 노동시장 분절 심화 등을 꼽을 수 있다. 이러한 생산직 인력난 현상을 극복함에 기업들은 여러 가지 방법들 중 유일한 선택으로 외국인노동자를 고용할 수밖에 없었다(설동훈, 1999: 94~106).

다른 한편 한국은 외환위기를 극복하는 과정에 재미동포를 중심으로 한 재외동포의 모국에 대한 공헌을 희망하였다. 이어 재외동포재단이 설립되고 재외동포법이 제정되었다. 이미 노태우 대통령의 특별 선언으로 한국에 입국하여 노동시장에 편입된 조선족들에게 재외동포법은 자신의 법적 지위를 결정하는 가장 중요한 제도였다(박우, 2011).

조선족은 최소한 중국의 탈사회주의 전환과 한국의 신자유주의 전환이라는 경쟁적 정치·경제 구조의 전환 속에서 신분과 지위가 중층적으로 결정되는 집단이었다. 조선족의 '초국적', '디아스포라적', '귀환이주', '에스닉 경제(ethnic economy)', '시민권' 등 성격을 규명하려면 이러한 동아시아적 맥락을 이론적 또는 방법론적 전제로 삼아야 할 것이다.

중국 조선족 사회는 상당한 사회경제적 분화를 경험하였다. 마찬가지로 1980년대 말부터 현재까지 한국 사회의 역동적인 변동 속에서 재한 조선족도 단일한 사회경제적 집단으로 남아 있기가 쉽지 않았을 것이다. 때문에 현시대 조선족 사회의 '집단적 성격'을 규명하기 위해서는 조선족 사회의 사회경제적 분화에 대한 묘사와 설명이 선행되어야 한다.

이런 문제의식하에서 한편으로 개관적 수준에서의 지표를 활용하여 중국 조선족 및 재한 조선족 사회의 분화 현상을 탐색적 수준에서 살펴보고, 다른 한편으로 이를 통해 재한 조선족 집단이 전체 조선족 집단의 어디에 위치하였고, 사회경제적 지위가 어떻게 변화하고 있는지를 밝혀 보고자 한다.

2. 중국 조선족 사회의 분화

1) 인구 구조의 변화

1990년 중국통계연감에 의하면(〈그림 1〉 참조) 0~4세 인구 중 남성은 4.43%, 여성은 4.21%였고, 5~9세에서 남성은 4.33%, 여성은 4.15%, 10~14세에서 남성은 3.90%, 여성은 3.73%였다. 15~19세 구간에서 남성은 4.55%, 여성은 4.43%, 20~24세 구간에서 남성은

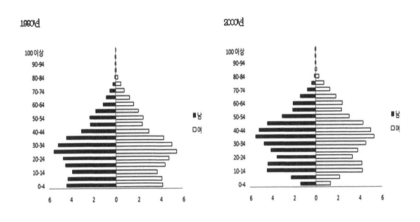

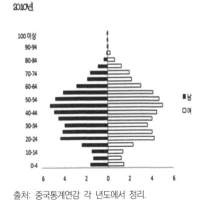

출처: 중국통계연감 각 년도에서 정리.

〈그림 1〉 중국 조선족 연령별 인구구성

4.76%, 여성은 4.75%, 25~29세 구간에서 남성은 5.57%, 여성은 5.45%였다. 30~34세 연령 구간에서 남성의 경우 5.21%, 여성은 5.04%, 35~39세 연령 구간에서 남성은 4.45%, 여성은 4.33%였다. 30~34세 연령 구간을 기점으로 높은 연령대로 올라갈수록 비율은 줄어들었다.

10년 뒤인 2000년 조선족의 성별 연령별 인구구성을 보면, 0~4세 인구가 남성 1.39%, 여성 1.32%로 절반 이상 감소하고, 5~9세 연령 구간에서도 남성은 2.25%, 여성은 2.14%로 감소하였다. 상대적으로 높은 비율을 차지하고 있는 연령 구간은 35~39세로써 남성은 5.48%, 여성은 5.27%이고, 40~44세 연령 구간에서 남성은 5.18%, 여성은 4.99%였다.

2010년의 경우 0~4세 구간 인구구성은 조금 늘어나는 듯했지만 여전히 낮은 출산율로 인해 신생아수가 적었다. 세 번의 조사자료에 근거하여 연령별 인구구성(인구피라미드)을 정리해 보면 출산율의 감소와 고령화 추세가 확연하다. 조선족 '베이비붐 세대'를 시작으로 출산율이 감소했음을 알 수 있다. 따라서 2010년 기준 20세 미만 인구가 전체 인구에서 차지하는 비중도 낮아지고 있었다.

2) 도시화와 인구 분포의 변화

조선족 인구의 도시화 수준은 중국의 평균 수준보다 높다(〈표 1〉 참조). 1990년 시·진·향촌의 조선족 인구는 각각 34.59%, 15.61%, 49.80%였는데 같은 시기 중국의 평균 수준은 18.68%, 7.51%, 73.80%였다. 2000년에 이르러 조선족은 45.86%, 16.12%, 38.02%, 중국 평균은 23.55%, 13.37%, 63.08%였고, 2010년 조선족은 54.58%, 14.81%, 30.61%, 중국 평균은 30.29%, 19.98%, 49.73%로 집계되었

<표 1> 도-농별 인구 비율(단위: %)

		1990년			2000년			2010년		
		시	진	향촌	시	진	향촌	시	진	향촌
조선족		34.59	15.61	49.80	45.86	16.12	38.02	54.58	14.81	30.61
중국		18.68	7.51	73.80	23.55	13.37	63.08	30.29	19.98	49.73
도-농 비율	조선족	50.20		49.80	61.98		38.02	69.39		30.61
	중국	26.20		73.80	46.92		63.08	50.27		49.73

출처: 중국통계연감 각 년도 자료에서 정리 및 산출.

다. 즉, 1990년부터 2010년까지 도시 지역에 거주하는 조선족은 50.20%에서 61.98%, 69.39%로 증가하였다.

조선족은 주로 동북3성과 내몽골 지역에 거주하였다(<표 2> 참

<표 2> 지역별 조선족 인구 비율(단위: %)

	1990년		2000년		2010년	
	조선족	중국	조선족	중국	조선족	중국
북 경	0.40	0.96	1.06	1.09	2.04	1.47
천 진	0.09	0.78	0.57	0.79	1.00	0.97
내몽골	1.15	1.90	1.14	1.88	1.01	1.85
요 녕	12.00	3.49	12.53	3.37	13.08	3.28
길 림	61.54	2.18	59.55	2.16	56.81	2.06
흑룡강	23.61	3.12	20.19	2.92	17.90	2.87
상 해	0.04	1.18	0.27	1.32	1.22	1.73
강 소	0.05	5.93	0.26	5.88	0.52	5.9
절 강	0.01	3.67	0.09	3.70	0.35	4.08
복 건	0.01	2.66	0.09	2.74	0.12	2.77
산 동	0.17	7.46	1.44	7.24	3.36	7.19
광 동	0.03	5.56	0.54	6.86	0.96	7.83
기 타	0.90	61.11	2.27	60.05	1.63	58.00
전 체	100.00	100.00	100.00	100.00	100.00	100.00

출처: 중국통계연감 각 년도 자료에서 산출
주: 서장(티벳)의 조선족 인구는 1990년 11명, 2000년 51명, 2010년 26명으로 집계되었다.
1990년 사천의 인구는 중경을 포함한 인구이다.

조). 1990년을 기준으로 지역별 조선족 인구의 비중을 보면 길림성 61.54%, 흑룡강성 23.61%, 요녕성 12.00%, 내몽골자치구가 1.15% 였다. 그런데 2000년과 2010년을 경유하면서 길림성의 조선족 인구는 전체 조선족 인구의 59.55%와 56.81%로 감소했고, 흑룡강성도 20.19%와 17.90%로 감소했다. 또한 내몽골자치구의 조선족 인구도 1.14%와 1.01%로 감소했다. 반면 요녕성은 12.53%와 13.08%로 다소 증가하는데 이는 대련이나 심양과 같은 도시에 다른 지역의 조선족들이 유입되었기 때문인 것으로 보아도 무방할 것이다.

이런 전통적 거주지의 변화 외에 분명한 것은 북경, 천진, 상해, 산동성, 강소성, 절강성, 복건성, 광동성 등 대도시와 연해지역의 조선족 인구비율이 증가했다는 것이다.

3) 교육 및 직업 분포

조선족의 교육 수준의 변화를 보면 아래와 같다(〈표 3〉 참조). 조선족의 문맹률은 1990년에는 2.68%로 중국 평균 22.21%에 비해 낮았다. 고등학교, 전문대, 대학본과 비율은 각각 25.24%, 2.49%, 2.76%로 중국 평균 11.39%, 1.22%, 0.78%보다 높은 수준이었다. 이런 추세는 2000년에도 변함이 없었다.

중국 전체를 보면 1990년 문맹 비율은 22.21%, 고등학교 비율은 11.39%, 전문대와 대학 본과 이상은 각각 1.22%와 0.78%였다. 2000년에 이르러 조금 변화가 있는데 고등학교, 전문대, 대학본과, 석사 이상은 각각 11.96%, 2.51%, 1.22%, 0.08%로 1990년에 비해 다소 높아졌다. 2010년에도 조금 증가했는데 동일한 교육 수준 단계의 비율은 각각 15.02%, 5.52%, 3.67%, 0.33%였다.

<표 3> 교육 수준 변화(단위: %)

	1990년			2000년			2010년		
	조선족		중국	조선족		중국	조선족		중국
	비율	성비	비율	비율	성비	비율	비율	성비	비율
문맹	2.7%	23.12	22.21	0.46	24.27	1.80	--	--	--
무학	--	--	--	2.76	24.52	7.75	1.29	33.76	5.00
소학	--	--	--	20.39	78.72	38.18	13.42	69.46	28.75
중학	--	--	--	43.07	106.18	36.52	43.46	103.72	41.70
고등학교	25.24	113.63	11.39	24.77	107.80	11.96	25.87	106.93	15.02
전문대	2.49	194.63	1.22	4.56	133.23	2.51	7.40	112.00	5.52
대학본과	2.76	226.94	0.78	3.81	158.51	1.22	8.01	108.14	3.67
석사 이상	--	--	--	0.17	146.09	0.08	0.55	95.53	0.33

출처: 중국통계연감 각 년도 자료에서 산출한 것이다.
주: 1990년 고등학교 조선족 비율은 고등학교와 중등전문학교를 합산 한 것이다. 고등학교는 21.35%, 중등전문학교의 경우는 4.1%이다. 2000년과 2010년 수치는 6세 이상 인구를 기준으로 한 것이다. 표의 비율은 각 년도 교육 수준 대비 연앙인구의 비율이다.

조선족의 종사업종의 변화를 보면(〈표 4〉 참조), 농·임·목·어업 등의 1차 산업 종사자가 1990년에는 52.75%였는데 2000년과 2010년에는 각각 47.18%와 26.46%로 20년이 지나 절반으로 감소하였다. 또한 제조업·채굴업·에너지생산은 1990년의 20.28%에서 14.22%

<표 4> 종사 업종(단위: %)

	1990년		2000년		2010년	
	조선족	중국	조선족	중국	조선족	중국
농·임·목·어업	52.8	72.2	47.2	64.4	26.5	48.4
제조업·채굴업·에너지생산	20.3	13.4	14.2	14.1	14.3	18.7
건설업	1.8	1.8	2.9	2.7	5.9	5.5
서비스업	23.5	10.6	31.8	16.4	49.7	26.3
국가기관 및 국제기구	3.7	2.0	3.9	2.4	3.7	2.6
전체	100.00	100.00	100.00	100.00	100.00	100.00

출처: 중국통계연감 각 년도 자료에서 정리하고 산출한 것이다.
주: 1990년의 농·임·목·어업에는 수리(水利)사업도 포함되어 있다. 서비스업에는 상업, 요식 업, 금융업, 부동산업, 과학기술, 교육, 위생, 예체능, 숙박 등 표에 제시하지 않은 기타 부분을 모두 포함시켰다. 표의 비율은 각 년도 업종별 종사자 대비 전체 종사자 비율이다.

와 14.30%로 감소하였고, 건설업은 1.79%, 2.90%, 5.89%로 증가하였다. 특히 서비스업은 1990년의 23.50%에서 2000년과 2010년에는 31.80%와 49.70%로 증가했다. 국가기관이나 국제기구에 있는 조선족은 큰 변화가 없이 1990년에는 3.68%, 2000에는 3.90%, 2010에는 3.65%였다.

같은 시기 중국 전체를 보면 1990년부터 2010년까지 1차 산업 종사자 비율은 72.24%, 64.38%, 48.36%로 감소하였고 제조업, 채굴업, 에너지생산 부문은 각각 13.38%, 14.13%, 18.68%로 다소 증가하였다. 건설업 역시 1.80%, 2.68%, 5.47%로 증가하였고 서비스업 역시 10.58%, 16.36%, 26.31%로 증가하였다.

각 영역에서 조선족의 종사상 지위를 보면 〈표 5〉와 같다. 국가기관, 사회조직, 사업단위 관리자나 기업 책임자의 비율은 큰 변화가 없는데 1990년에는 4.07%, 2000년은 3.67%, 2010년은 3.86%였다. 전문기술자는 이 세 시기에 각각 12.15%, 11.98%, 13.45%였고 사무인원(화이트칼라)은 3.07%, 5.34%, 6.53%였다. 상업 및 서비스업 종사자는 9.62%, 17.05%, 32.97%로 증가했고, 생산 및 운수업

〈표 5〉 종사상 지위 및 직업(단위: %)

	1990년		2000년		2010년	
	조선족	중국	조선족	중국	조선족	중국
국가, 당, 사회조직, 기업 책임자	4.1	1.8	3.7	1.7	3.9	1.8
전문기술자	12.2	5.3	12.0	5.7	13.5	6.8
일반사무인원	3.1	1.8	5.3	3.1	6.5	4.3
상업·서비스업	9.6	3.3	17.1	9.2	33.0	16.2
생산·운수업	19.3	15.2	14.8	15.8	16.7	22.5
농·임·목·어업	51.7	70.6	46.9	64.5	26.4	48.3
기타	0.2	0.1	0.2	0.1	0.1	0.1
전체	100.00	100.00	100.00	100.00	100.00	100.00

출처: 중국통계연감 각 년도 자료에서 정리하고 산출한 것이다.
주: 표의 비율은 각 년도 업종별 종사자 대비 전체 종사자 비율이다.

은 19.27%, 14.81%, 16.73%로 감소했다. 또한 1차 산업 역시 절반 수준으로 감소했다.

3. 재한 조선족의 집거지화와 분화

1) 이주 규모와 집거지 분포

외국인 산업인력에 대한 수요가 지속적으로 증가하면서 조선족 이주민의 규모도 증가한다. 이들은 서울 남서부의 구로공단 지역에 밀집 거주하기 시작했고 규모가 증가하면서 일종의 '집거지 경제'를 형성하고 있었다.

1992년 한중 수교를 기점으로 한국에 입국한 조선족 규모는 2012년 현재까지 특정 시기를 제외하고 모두 지속적으로 증가하고 있음을 알 수 있다. 1992년 당시 조선족 입국자는 31,005명이었는데 이듬해인 1993년에는 12,227명으로 감소했다가 1994년은 22,605명, 1995년은 19,065, 1996년은 22,544명으로 기록되었다. 1992년부터 조선족은 중국 국적자로 비자를 발급받아 입국하게 되면서 그 전 시기에 비해 입국 규모가 감소하였던 것이다. 그럼에도 1996년까지 증가추세(약간의 변동이 있지만)를 보였다. 1997년과 1998년 외환위기를 경험하면서 조선족의 입국자 규모는 각각 17,780명과 14,641명으로 감소하였고 1999년부터 다시 그 규모가 반등하였다. 1999년, 2001년, 2002년 조선족 입국자 수는 각각 26,529명, 67,679명, 61,781명으로 증가했다.

2003년 입국자는 소폭 감소하여 58,271명에 달했고 2004년은 다시 반등하여 60,475명을 기록하였다. '동포귀국지원프로그램'이

시행된 2005년과 2006년의 입국자는 33,578명과 65,355명이었다. 2007년에는 3월부터 시행된 방문취업제로 인해 한 해에만 입국자가 전해의 3배에 달하는 181,974명이었고 2008년, 2009년, 2010년까지 각각 255,880명, 271,073명, 302,609명으로 증가한다. 2011년과 2012년은 방문취업제 만기 및 재입국자 감소 등 이유로 입국자가 287,429명과 246,113명으로 기록되었다.

한국에 거주 또는 체류하는 조선족 역시 특정 시기별 어느 정도의 변화는 있지만 2011년까지는 전반적인 증가 추세를 보였다. 1992년 수교 당시 419명으로 기록되었던 조선족은 1993년에는 21,854명으로 급증한다. 이어 1996년까지 27,780명, 33,443명, 38,959명으로 꾸준히 증가하다가 외환위기를 경유하면서 규모는 31,163명, 25,464명으로 감소하였다. 1999년부터 체류자 규모가 반등하는데 1999년부터 2011년까지 조선족 체류자는 46,731명, 101,068명, 118,300명, 132,305명, 161,327명, 167,589명, 236,854명,

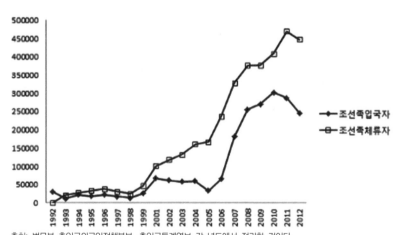

출처: 법무부 출입국외국인정책본부, 출입국통계연보 각 년도에서 정리한 것이다.
주: 출입국통계연보에서 2000년 데이터는 "등록외국인현황"만 공개되어 있어 표에서 제외함.
〈그림 2〉 연도별 조선족 입국자와 체류자

328,621명, 376,563명, 377,560명, 409,079명, 470,570명에 달하였다. 방문취업제 만기로 인한 귀국자가 늘어남에 따라 2012년 체류자는 447,877명으로 집계되었다.

　조선족은 서울시내 25개 자치구에 모두 거주하고 있다. 그 중 영등포구가 가장 많은 45,933명으로 집계되었고, 그 다음이 구로구로 35,094명에 달한다. 세 번째는 21,691명이 거주하고 있는 금천구이고 네 번째는 20,396명이 거주하고 있는 관악구이다. 그 다음으로 광진구에 12,287명, 동작구에 10,711명이 거주하고 있었다. 이렇게 서울 남서부지역 영등포구, 구로구, 금천구, 관악구에 거주하고 있는 조선족은 전체 서울 거주 조선족의 54.67%에 달한다.

　보다 구체적으로 행정동 수준으로 들어가서 그 집거상황을 보면 다음과 같다. 영등포구 대림2동에 7,407명으로 가장 많고, 다음이 구로구 구로2동인데 6,526명으로 집계되었다. 그 뒤로 구로구 가리봉동이 6,090명, 구로4동이 3,641명에 달했고 금천구 가산동이 3,506명, 영등포구 대림3동이 3,339명으로 뒤따랐다. 이어 금천구 독산3동 3,294명, 광진구 자양4동이 3,028명, 영등포구 대림1동이 3,008명으로 집계되었다. 광진구 자양동을 제외하고 상대적으

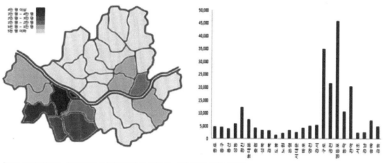

출처: 안전행정부, 『2013년 지방자치단체 외국인 주민현황』에서 정리

〈그림 3〉 서울시 자치구별 조선족 거주자 분포 및 규모

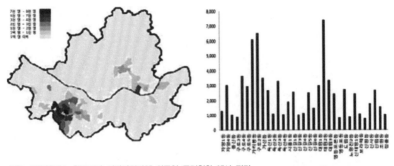

출처: 안전행정부, 『2013년 지방자치단체 외국인 주민현황』에서 정리
〈그림 4〉 서울시 행정동별 조선족 거주자 분포 및 규모

로 높은 인구밀도를 기록한 지역은 영등포구, 구로구, 금천구의
인접한 지역임을 알 수 있다.

한국에 거주하고 있는 조선족들은 2013년 1월 기준 553,517명인
데 이는 전체 외국 국적자의 38.3%였다. 그 다음으로 동남아시아
국가에서 온 이주민은 27.8%, 중국 국적 비한국계는 15.4%였다.
조선족은 대부분이 서울과 경기지역에 거주하고 있는데 2013년
기준 서울에 거주하는 조선족의 수는 225,201명으로 서울 거주 외

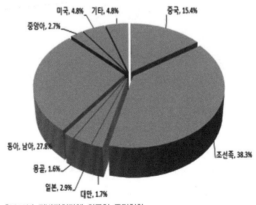

출처: 행정자치부, 『2013년 지방자치단체 외국인 주민현황』
〈그림 5〉 국내 거주 외국인 주민 비율

국인의 57%, 경기도 거주 조선족은 198,955명으로 전체 경기도 거주 외국인의 45%였다.

2) 교육 수준과 직업 및 소득 분포

한국에 체류하고 있는 조선족들의 교육 수준을 보면 1990년의 경우 무학 11.47%, 초등학교 25.72%, 중학교 50.94%, 고등학교 10.34%, 대학 이상이 1.48%였다. 2000년의 경우 무학은 15.13%, 초등학교는 26.10%, 중학교는 42.99%, 고등학교는 12.69%, 대학 이상은 3.09%였다. 2008년의 경우 무학은 3.01%, 초등학교는 36.45%, 중학교는 51.51%, 고등학교는 8.83%, 대학 이상은 0.20%였다. 부분적인 고학력자를 제외하고, 한국의 2차 노동시장에서 단순노무직에 종사하는 조선족이 대부분이다 보니 교육 수준은 상대적으로 낮은 것으로 집계되었다.

한국에 거주하고 있는 조선족의 직업 분류를 보면 2000년의 경우(무직자를 제외하고) 단순노무 종사자가 53.4%로 가장 많았고 그 다음이 기능원 및 관련 기능직 종사자와 서비스 종사자로써 각각 9.5%와 6.6%였다. 전문가 및 관련 종사자는 6.6%, 관리자는 0.3%,

〈표 6〉 조선족 체류자 교육 수준 (단위: %)

	1990년	2000년
무학	11.47	15.13
초등학교	25.72	26.10
중학교	50.94	42.99
고등학교	10.34	12.69
대학 이상	1.48	3.09
미상	0.06	0.00

출처: 인구 총조사 각 년도에서 정리

사무 종사자는 1.5%로 8.4%가 1차 노동시장에 종사하고 있었다. 그 외에 농림어업 숙련 종사자는 1.7%, 판매 종사자는 1.1%였다.

2005년의 경우 약간의 변화가 발생하는데 단순노무 종사자의 상대적 비율은 가장 높은 42.5%를 차지하였지만 2000년에 비해 10% 정도 감소했다. 그리고 기능원 및 관련 기능 종사자 역시 2000년보다 감소하여 3.3%였고 대신 서비스 종사자가 14.4%로 5년 전의 2배로 증가했다. 1차 노동시장에 종사하는 사람들은 전체의 5.9%인바 그 중 관리자는 0.1%, 건문가 및 관련 종사자는 4.6%, 사무 종사자는 1.2%로 2000년보다 모두 감소했다. 또한 장치 기계 조작 및 조립 종사자도 2.5%로 2000년의 절반 수준으로 감소했다. 대신 무직자가 18.2%로 증가하고 종사 직업이 미상인 사람이 10.8%로 집계되었다.

2010년의 경우를 보면 여전히 단순노무 종사자가 가장 많은데 41.4%에 달한다. 그 다음 서비스 종사자는 17.0%로 증가했고 판매 종사자는 0.8%, 농림어업 숙련 종사자는 0.6%, 기능원 및 관련 기

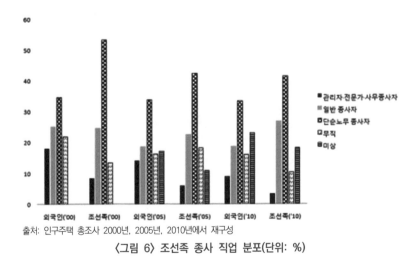

출처: 인구주택 총조사 2000년, 2005년, 2010년에서 재구성

〈그림 6〉 조선족 종사 직업 분포(단위: %)

능 종사자는 3.8%, 장치 기계조작 및 조립 종사자는 4.6%로 2005
년에 비해 큰 폭의 증가나 감소는 없다. 1차 노동시장에 종사하는
사람들은 전체의 3.3%로 그 비율이 꾸준히 감소하고 있다. 무직자
는 10.3%, 미상이 18.1%로 집계되었다.

직업별 구성비율이 변화되지만 사실 2000년에 비해 2010년의
경우 한국에 거주하고 있는 조선족 규모가 증가했기에 각각의 직
업별 종사자도 증가한 것으로 볼 수 있다.

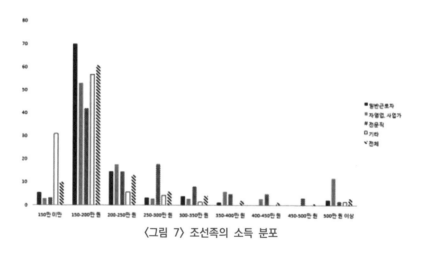

〈그림 7〉 조선족의 소득 분포

〈그림 7〉은 조선족의 소득 분포이다. 월 소득(개인)이 150~200
만 원 구간이 직업군 모두에서 가장 많이 분포되어 있었다. 그 다
음으로 200~250만 원이다. 소득 수준이 증가하면서 비중을 줄어
들지만 500만 원 이상(그 중 1,000만 원 이상도 포함) 구간에도 분포
되어 있었다. 이러한 상대적 고소득 집단은 주로 사업가 집단으로
구성되었다.

4. 연구대상으로서 분화된 조선족

조선족의 인구 규모, 직업 분포, 소득 분포, 교육 수준 분포 등의 제한적인 자료를 통해 이 인구집단의 사회경제적 분화의 양상을 탐색적 수준에서 살펴보았다. 중국 사회에서 조선족 인구의 분화는 물론 재한 조선족 인구도 활발한 사회경제적 분화를 경험하기 시작했음이 포착되었다. 기존에 설정했던 조선족의 소위 '집단적 성격'은 이제 그 집단의 구성이 누구인지에 대한 구체적인 설정을 전제해야 설명 가능할 것이다.

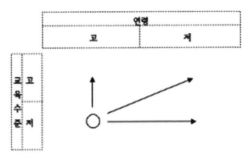

〈그림 8〉 연령·교육 수준과 사회경제적 지위의 변화

연령, 교육 지표를 중심으로 재한 조선족 사회는 〈그림 8〉과 같은 분화의 양상을 나타내고 있었다. 초기 재한 조선족 집단을 낮은 교육 수준과 높은 연령 집단으로 규정할 수 있었다면 20년의 분화를 거쳐 4분면의 모든 분면에 분포된 집단으로 변화했다는 것이다. 특히 교육 수준이 높고, 연령도 높거나 교육 수준이 높고 연령이 젊은 집단에서 사업가와 전문직 종사자가 출현하기 시작했다. 전반적인 사회경제적 분화 과정에 상층부에 진입한 집단이 바로 이 분면에서 출현했다고 볼 수 있을 것이다.

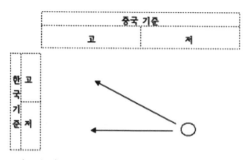

〈그림 9〉 소득 수준과 사회경제적 지위의 변화

    다음 재한 조선족 집단은 중국에서나 한국에서나 모두 경제적 지위가 낮은 집단으로 구분되었는데 중국을 기준으로 고소득집단이 출현한 것은 물론이고 한국 내에서의 고소득 집단도 출현하는 등 역동적인 분화를 경험한다고 볼 수 있다. 높은 경제적 지위를 획득한 집단 역시 신흥 사업가 집단과 전문직 집단이다.

참고문헌

권태환 편, 『중국 조선족 사회의 변화』, 서울대학교 출판부, 2005.

권태환·박광성, 「조선족의 대이동과 공동체의 변화」, 권태환 편, 『중국 조선족 사회의 변화』, 2005, 35~66쪽.

박 우, 「한국 체류 조선족 '단체'의 변화와 인정투쟁에 관한 연구」, 『경제와사회』 91호, 2011, 239~265쪽.

이희옥, 「중국의 개혁개방정책이 정치체제개혁에 미치는 영향: 중국의 계층분화와 '중국적 부유계층' 등장의 성격과 의미」, 『중소연구』 19(3), 1994, 85~117쪽.

장경섭, 「구계급, 신계급, 선부계급: 개혁기 중국 농촌의 사회경제적 분화」, 『한국 사회학』 30(2), 1996, 305~330쪽.

한상복·권태환, 『중국 연변의 조선족』, 서울대학교 출판부, 1993.

이민, 사회연결망과 문화 적응※

: 재일 중국 조선족 사회를 중심으로

안성호(중국, 절강대학교)

범지구적으로 유동하는 자본, 정보, 인구, 민족, 문화 등은 과거의 전통적이고 단일한 수준을 넘어 다양하고 복잡한 양상으로 변화한다. 다원문화는 세계화의 다양성 속에서 상호 융합되고 조정되면서 발전한다. 세계적 범위에서 날로 활발해지는 교류, 정체성, 문화 차이, 사회 적응 등은 무시할 수 없는 핵심 문제로 부상했다. 유럽 이민을 둘러싼 여러 가지 문제는 전 세계에 중요한 화두를 던졌다. 이민의 사회 문제는 종교 신앙의 문제뿐만 아니라 법률지식, 사회통합, 문화 적응 등 이주민 개인, 이주민의 출신국과 거주국 사회 모두에 중요한 영향을 미친다.

중국은 해외 이민 송출 대국이다. 2014년 3월 국무원교민업무사무실에서 발표한 자료에 의하면 해외 화교 화인 인구는 6,000만 명을 넘어섰고 세계 198개 국가와 지역에 분포되어 있다. 이 수치는 해외에 정착한 화교 화인 및 그 후손과 개혁개방 이후 중국대륙

※ 이 글은 『思想战线』 2016년 제4호에 게재된 글을 부분적으로 수정한 것이다.

에서 해외로 이주한 누적 인구이다. "중국의 초국적 이민"(吳前進, 2014: 21)으로 불리는 방대한 중국 출신의 이민자들은 개혁개방 이후 유럽 등 지역에서 새로운 중국계(族裔) 거주지를 형성하였다(陳翊, 2015). 이러한 이민들 중에는 한족과 여러 소수민족들도 포함된다. 본문에서 다루게 될 조선족의 경우 2014년 기준 전체 183만 명 인구 중에서 한국에 3개월 이상 체류하는 인구는 694,256명에 달한다.[1] 이 인구는 한국 화교 화인 인구의 70.9%이고 대륙 국적 거주민 인구의 72.8%이다. 조선족의 초국적 이동은 한반도에만 국한된 것이 아니고 일본, 미국, 유럽, 호주 등 지역까지 포함되었다.

세계화 과정의 신이민은 조국과 밀집한 연결망을 구축하고 있다. 이주민 집단은 중국정부 및 중국인과 거주국정부 및 거주국 국민의 교류에 중요한 역할을 수행하고 있다. 화교 화인의 거주국에서의 생활양상은 많이 복잡하다. 거주국 사회에 통합되어 좋은 관계를 유지하는 이주민도 있고 거주국 주민과 긴장된 관계를 유지하며 화인배척운동의 영향을 많이 받는 이주민도 있다. 거주국 정부 및 현지인과의 관계는 사회인식과 통합, 문화 적응 등 여러 방면의 문제를 만들어낸다. 중국 지역에서 진행된 기존의 연구들은 이주 집단의 문화 적응을 연구함에 유학생 집단, 국내에 체류하는 외국인 및 도시로 이주한 소수민족 집단에 주목했고 해외로 이주한 화교 화인 집단의 생활과 문화 적응에 대해서는 별로 관심을 기울이지 않았다(孫進, 2010; 周陽·李志剛, 2016). 더군다나 중국의 소수민족 집단의 해외 이주, 사회연결망, 문화 적응 등 방면에 대한 관심은 거의 전무했다.

1980년대 말부터 중국 동북지역의 조선족은 유학 등 방식을 통

---

[1] 한국행정자치부 통계수치(2015년 1월 1일 기준).

하여 일본에 갔고 도쿄 지역을 중심으로 정착하고 있다. 재일 중국 조선족(이하 재일 조선족)은 여러 단체의 설립을 통해 조선족의 일본에서의 문화 적응을 촉진했다. 재일 조선족 규모는 현재 10만 명 정도, 이들은 비교적 순조롭게 일본 사회에 통합되고 있다. 재일 조선족은 한·중·일 3국 언어를 할 수 있으므로 한·중·일 경제 무역문화교류에서 적극적인 유대작용을 하고 있다. 재일 조선족의 사례 연구는 해외 화교 화인의 거주국에서의 사회통합에 여러 가지 시사점을 제공한다.

1. 재일 조선족 사회의 형성

중국 조선족에 일본은 낯선 국가가 아니다. 역사적으로 중국 동북지역은 일본의 식민지 통치를 받은 지역이었고 이곳의 조선족은 강제적으로 노예화 교육을 받은 경험이 있다. 일상생활에서는 민족 언어 사용이 금지되었고 강제적으로 일본어를 사용할 수밖에 없었다. 식민지 통치를 경험한 조선족 연장자들은 어느 정도 일본어를 할 수 있고 일본 문화를 접촉한 바 있다. 개혁개방 이후 민족 교육이 점차 정규 궤도에 진입하면서 외국어 수업도 회복되었다. 외국어 어종 선택에서 조선족 학교는 보편적으로 일본어를 제1외국어로 선택하였다. 조선족 학교가 일본어를 제1외국어로 선택한 것은 여러 방면에서 우세하였기 때문이다. 첫째는 조선족 사회는 일본어를 할 수 있는 지식인들이 많아서 짧은 기간 내에 농촌 중학교를 포함한 여러 민족학교의 외국어 인재 부족 문제를 해결할 수 있었다. 둘째는 학습의 편리성이다. 조선어와 일본어의 어법 근접성은 학생들이 쉽게 수학할 수 있는 장점이었다. 셋째는 중·일 수교 이후 중국과 일본의 우호적 교류가 증가하면서 일본어 교육은 교육당국이 관심하는 언어가 되었다. 따라서 일본어는 조선족 사회가 민족교육을 회복하고 발전하는 수단으로 광범위하게 사용될 수 있었다(本田弘之, 2012). 제1외국어인 일본어가 공식적 교육 시스템으로 자리 잡으면서 "일본은 선진국 중 제일 가깝고 상대적으로 적은 비용으로 갈 수 있는 국가가 되었다"(權香淑, 2011: 159).

재일 조선족 사회는 20여 년의 역사가 있다. 재일 조선족 집단은 주로 유학생 및 유학생 출신들로 구성되었다. 이들이 일본에서 유학, 졸업, 취업을 통해 일본 사회에 진입하면서 재일 조선족 사회가 만들어진 것이다. 1989년 일본은 「출입국관리 및 난민인정법」을 개정하고 이를 토대로 「제1차 출입국관리 기본계획」을 제정하였다. 1980년대 말부터 연변을 중심으로 일부 조선족은 국비유학 신청, 일본 펜팔 요청 등 방식을 통해 일본 유학의 꿈을 이루었다.

1990년대 중반부터 일본에 입국하는 조선족은 더 많아졌다. 1996년 12월, 일본 정부는 「출입국관리 및 난민인정법 실시규칙」을 수정하여 신원보장제를 폐지하였다. 일본에 유학 가는 외국인들이 일본인 신원보장서를 제출 할 필요가 없어졌다. 이 제도는 조선족의 일본유학을 촉진하였다. 중국 조선족 사회에는 1993년 전후부터 출국 붐이 일었다. 한국 노동이주, 러시아 무역, 원양어선 탑승 등은 주요한 출국 방식이었다. 유학으로 일본에 입국하는 방식은 고졸 이상 사람들이 합법적으로 출국하는 효과적인 수단이었다. 1990년대 출국 붐은 조선족 가정의 경제적 수준을 제고했고 이는 일부 가정들이 자녀들에게 고액의 일본 유학비용 지불을 비롯한 경제적 지원을 가능하게 했다. 1990년대 중반부터 일본의 언어학교와 대학 유학은 조선족이 일본에 가는 주요 방법이었다. 2000년대 이후 일본은 IT산업의 고속성장기에 들어섰다. 조선족의 일본어 실력으로 일본 회사들은 중국 동북지역에서 일본어에 능통한 조선족 기술 인재를 채용하였다. IT기술자의 자격으로 일본에서 취업하는 것은 일본에 가는 새로운 방법이었다.

일본에서 취직, 결혼, 정착한 조선족 유학생 출신들이 증가하면서 이들 사이에서 태어난 '재일 조선족 2세'도 많아지고 있다. 2세 출산과 더불어 육아를 위해 재일 조선족들의 부모와 친인척은 일본을 방문 여행하여 손주의 산후조리, 돌봄에 종사한다. 부모의 일본행 비자는 보통 3개월 단기 비자이고 한 번 더 연장할 수 있다. 부모가 단기비자로 일본을 여러 번 왕복하는 것은 재일 조선족 사회에서는 아주 보편적인 현상이었다. 70세 이상 고령 부모는 '특정 활동' 비자를 받고 일본에서 자녀들과 장기 거주할 수 있다. 그러므로 2000년 이후 재일 조선족은 개인 입국에서 배우자, 자녀, 부모 3대가 함께 이주 및 거주하는 인구집단이 되었다.

2005년 기준 재일 조선족의 인구 중 학부생과 대학원생이 절반 이상을 차지했다. 다음 IT기술인재를 포함한 회사 직원, 서비스업 종사자, 기업가, 교수 학자 등 직업이다. 지역별 분포를 보면 도쿄 22,000명, 요코하마/시즈오카 9,000명, 지바/사이타마 9,000명, 오사카/고베 8,000명, 나고야/아이치/미에/기후 3,000명, 도호쿠/호쿠리쿠/홋카이도 1,000명, 규슈/시코쿠 1,000명으로 총 53,000명이다. 이들은 주로 일본의 대학을 중심으로 분포했다(유경재, 2008: 21~22).[2] 일본에 입국하는 조선족의 지속적인 증가와 일본에서 태어난 '조선족 2세'의 증가로 재일 조선족 사회의 인구 규모도 지속적으로 증가한다. 대부분의 사람들이 재일 조선족 인구는 10만 명

---

[2] 일본의 체류 외국인 통계에는 조선족을 별도의 집단으로 구분하지 않기 때문에 재일 조선족에 대한 정확한 통계자료는 전무하다고 볼 수 있다. 상술한 자료는 부분적인 샘플자료를 통한 추정치이다.

정도라고 한다(강성철, 2015). 재일 조선족 사회가 무에서 유, 소규모에서 10만 명 규모로 발전하는데 20여 년의 시간이 흘렀다. 가장 가까운 선진국에서 아르바이트하면서 공부할 수 있다는 점이 젊은 세대들에게 일본 진출의 원동력이었다. 일본 고등학교의 전문적인 교육을 통해 재일 조선족은 교육/연구, 법률, 공학, 법인경영, IT, 무역 등 여러 직종에서 광범위하게 취직하고 있다.

2. 재일 조선족 단체와 사회 연결망

사회 연결망은 재일 조선족 사회의 형성에 적극적인 역할을 했다. 연결망을 중요시하는 전통은 조선족 사회가 한반도에서 중국으로 이주한 과정에 형성된 것이다. 조선족이 한반도에서 중국으로 이주한 초기, 경제 기초가 빈약하였기 때문에 인적교류와 문화 공유가 주요한 생존자본이 되었다. 계(契)를 대표로 하는 상부상조는 조선족의 사회생활을 유지하는 주요 방식이었다. 조선족 마을에서 상여계(喪輿契)가 중요한 문화가 된 것도 이 이유 때문이었다.3) 1950년대 토지집체소유제도의 실시는 사람들로 하여금 지연(地緣)사회연결망과 상호협력관계를 더욱 중요시하게 했다. 지연사회연결망에서의 대인관계와 집단성을 중요시 하는 것은 조선족 사회의 특징이었다(安成浩, 2016: 217). 개혁개방 이후 조선족 사회는 지연관계연결망을 토대로 하여 인적 교류와 단체모임을 중요

---

3) 상여계는 호혜적인 조직이기도 하다. 1960년대까지 중국 동북의 조선족 농촌지역에 보편적으로 존재했다. 현재 장백조선족자치현, 연변 조선족자치주 안도현 2도백하진 내두산촌 등 지역에는 여전히 이 조직이 작동하고 있다. 상여계는 조선족 사회의 중요한 구성부분으로서 조선족 촌락 공동체를 유지하는 핵심 역할을 수행하고 있었다.

시 하는 전통을 지속적으로 이어갔다. 새로운 이주지역에서는 교우회, 향우회, 축구팀 등 여러 방식을 통하여 현지 조선족 사회연결망을 새롭게 구축하였다. 지연사회연결망을 새로 구축함으로써 새로운 이주지역 문화에 적응하고 현지사회에 통합되고자 했다.

재일 조선족은 일본 대학가 주변 지역에 분산 거주하고 있다. 재일 조선족 단체는 흩어져 사는 각 지역 조선족을 모아 재일 조선족 사회연결망을 구축하는 과정에서 중요한 역할을 했다. 최초의 재일 조선족 단체는 1990년에 설립된 동방학우회이다. 통신기술이 발달하지 않은 당시 이 학우회의 구성원들은 편지로 연락을 주고받았다. 도쿄지역의 조선족 유학생은 중국에 있는 가족을 통해 일본에 있는 친구와 연락할 수 있었다. 더욱 긴밀한 연결망을 구축하기 위해 재일 조선족 유학생들은 도쿄에서 학연을 중심으로 하는 동방학우회를 설립했다. 학우회는 벚꽃 감상, 망년회 등 활동을 하면서 재일연변대학 학우 사이의 구심역할을 수행했다.

이후 조선족 유학생이 증가하면서 여러 가지 유형의 조선족 단체들도 우후죽순처럼 출현했다. 이 단체들은 학술연구, 체육경기, 경제무역 활동, 차세대 교육, 여성 조직, 지역 조직 등이었다.

재일 조선족 단체는 망년회, 벚꽃 감상회, 취업 경험 교류, 축구 리그 등 활동을 조직하여 재일 조선족의 교류를 촉진하였고 이국타향에서 받는 스트레스와 외로움을 극복했다. 재일 조선족들은 이런 교류를 통해 아르바이트, 입학, 취업, 셋집 등 여러 방면의 정보를 얻을 수 있었고 일본 생활에 빨리 적응할 수 있었다.

재일 조선족 사회의 연결망 구축 과정에 온라인 사이트는 중요한 매개 작용을 했다. 2002년 일본의 조선족유학생들은 SHIMTO (www.shimto.com), 나가자(www.nagaza.com), 느낌(www.nukim.com) 등 개인 사이트를 운영했다.4) 이러한 사이트는 조선어로 일본생활

〈표 1〉 재일 조선족 단체 통계표

이름	설립/개명연도	개명 전 호칭	활동내용
연변대학일본교우회	1990/1992/1995	동방학우회/ 연변대학일본학우회	망년회, 벚꽃감상회 등
천지협회	1995/2003	천지클럽	교류, 서로 도움, 취직, 장학금(현재 휴면상태)
조선족연구학회	1999/2007	중국조선족연구회	국제학술연구토론회, 관동지회, 관서지회, 연구발표회 등
동북아청년친목회	2001/2002	재일형제협회	축구, 문화, 정보교류, 취업
SHIMTO사이트 (shimto.com)	2002		정보교류, 교제, 운동회, 벚꽃감상회, 취직 등
세계한인무역협회 (OKTA)지바분회	2006		기업가교류, 정보교류, 차세대 무역육성회 등
재일 조선족축구협회	2007		재일 조선족축구리그
재일 조선족여성회	2008		일본문화학습, 자녀교육, 주말학교, 문예공연 등
재일중국조선족 간사이우호회	2012/2010	간사이 지역 조선족 운동회	간사이 지역 운동회, 망년회, 벚꽃감상회 등
재일백두산골프우호회	2011/2015	재일 조선족 골프우호회	골프, 애심장학금
재일 조선족경영자협회	2015		재일 IT기업가 교류

※재일 조선족 사회단체는 각 단체의 홈페이지, 백두호(필명), 「재일본 조선족 현황」(2005.03.19, 조선족마당홈페이지, 현재 폐쇄) 및 『길림신문』 2015년 '재일유학생' 시리즈 기사 등을 참조했다. 그 외 재일조선족 관계자에 대한 조사를 통해 부분적 내용을 보완했다.

체험, 정보 교류 등 다방면의 정보를 게재하여 재일 조선족의 상호 교류를 극대화했다. 이 사이트 중에서 SHIMTO[5]는 재일 조선족 사회의 대표적인 사이트로 발전하였다. SHIMTO는 1999년 일본으로 유학한 JZN이 2002년에 개설한 개인 사이트이다. 사이트에

---

4) 개설 초기에는 모두 개인의 흥취와 노력으로 운영되었다. 설립 초기 '느낌닷컴'이 더 인기 있었지만 설립자가 취업하면서 사이트는 폐쇄되었다. 하지만 SHIMTO는 개인 사이트에서 기업화를 통해 회사가 되었기 때문에 지속적인 발전을 거듭할 수 있었다. 이 사이트는 온라인 커뮤니티를 플랫폼으로 하여 인적 물적 교류를 촉진하는 종합사이트로 발전했다.

5) 한국어로 '쉼터'의 로마 표기법으로 휴식공간이라는 의미이다.

서는 재일 조선족 사이의 교류를 촉진하기 위해 일본 유학 경험을 주로 게재했다. 홈페이지 방문자 수가 증가하면서 2003년에는 개인 사이트에서 전문성을 띤 상업 사이트로 발전하여 재일 조선족 정보 교류의 플랫폼이 되었다. 2008년 회원수는 65,000명, 하루 최대 방문자수는 15,000명에 달했다. 2015년 회원수는 12만 명에 이르렀다. 이 사이트는 뉴스, 사교, 정보교류, 사진첩, 동영상, 쇼핑 등 내용을 포함한 재일 조선족이 일본 생활에서 필요한 모든 정보를 다루어 재일 조선족들이 가장 많이 사용하는 대표적인 조선족 사이트가 되었다. SHIMTO사이트의 성공은 온라인 교류와 함께 추진한 여러 가지 오프라인 교류도 한몫을 했다. 사이트가 설립한 오작교를 통해 1,000여 명의 재일 조선족들이 성공적으로 웨딩마치를 울렸다. 사이트는 매년 정기적으로 일본 간토, 간사이 지역 회원 교류회, 축구 리그, 망년회, 육상운동회, 해수욕 모임회, 스케이트 모임, 골프 모임, 재일 조선족 노래경연 등 오프라인 활동을 조직하였다. 온라인과 오프라인 활동의 결합을 통하여 SHIMTO 사이트는 흩어져서 사는 재일 조선족들의 연결고리 역할을 훌륭하게 수행했다.

재일 조선족 온라인 커뮤니티는 통신기술의 발전에 따라 한 층 더 성장할 수 있었다. 위챗 등 스마트 통신 수단은 온라인 네트워크를 확장했다. 2015년 8월 9일, 도쿄 조선중고등학교에서 제1차 전일본(全日本) 재일 조선족 운동회가 열렸다. 이번 운동회는 재일 조선족 축구협회, 조선족 연구학회, 재일 조선족 여성회 등 7개 재일 조선족 단체가 연합하여 진행했다. 26인으로 구성된 재일 조선족 운동회 집행위원회가 설립되었고 행사 경비는 모금으로 해결했다. 운동회에서는 개인, 단체, 어린이 경기, 가족 경기, 문예공연 등 다양한 활동을 조직했다. 민족음식 코너를 설치하여 회원들과 고향 음식을 나눠 먹을 수 있는 편의를 제공하기도 했다. 운동회 참가자는 주최 측에서 예상한 200~600명보다 훨씬 많은 1,500명에 달했다. 성인과 어린이 선수만 500명 이상이었다. 이번 운동회는 재일 조선족이 조직한 여러 활동 중에서도 최대 규모를 자랑했다.[6] 많은 재일 조선족들은 온라인 공고를 보고 학연, 지연, 친연관계를 기초하여 자발적으로 배구팀, 축구팀 등을 조직했다. 배구팀에는 여성팀, JCC팀 등 조선족 단체 배구팀도 있고 오아시스팀 등 지연관계로 구성된 배구팀도 있었다. 그리고 목단강조선족중학교팀처럼 학연관계로 구성된 배구팀도 있었다. 그 중 목조중 배구팀은 이번 운동회를 계기로 최초로 조직되었다. 그 전에는 위챗 그룹 채팅방을 이용하여 연락을 주고받았지만 이번 운동회를 계기로 목조중 재일 교우회가 설립된 것이다. 회원들 나이는 10살까지 차이나기도 했지만 주말 연습을 통해 배구 경기에서 1등을 차지했다.

재일 조선족 인구가 증가하면서 조선족이 설립한 기업의 규모도 커져갔다. 2000년 9월 일본에서 처음으로 개업한 조선족식당 '천리향'이 도쿄 롯폰기에서 영업을 시작했다. 그 후 많은 조선족식당이 도쿄오오쿠보 등 지역에서 오픈하였다. 2005년 5월부터 10월까지 진행된 중국조선족연구회의 조사에 의하면 재일 조선족 기업은 30개 요식업종을 포함하여 100여 개에 달했다. 2015년 까지 일본에는 최소 380여 개의 조선족 법인이 있었는데 이들은 도쿄 200여 개, 나고야 50여 개, 오사카 80여 개, 기타 지역에 50여 개 등으로 분포했다. IT, 국제무역, 인재파견, 번역, 요식업 등 업종 외에 법인등록을 하지 않은 자영업자도 500여 명이 있었다(오기활, 2015). 기업의

---

6) 재일 조선족운동회 사이트 http://kcsej.com 참조(검색일: 2016.03.28).

발전은 재일 조선족 사회의 경제실력을 높여주었고 재일 조선족 친목활동에 경제적 지원을 해주었다.

재일 조선족 사회는 여러 유형의 사회 연결망을 형성하였다. 재일 조선족 단체는 재일 조선족 사회를 연결하는 핵심 연결망이었다. 단체들은 거주국과의 상호관계를 중요시 했다. 단체들이 조직한 여러 활동들은 일본 사회에 오픈하였고 일본 유명 인사들을 초청하기도 했다. 상호간의 이해를 증진하고 조선족이 일본에서의 인지도를 높여주었다. 예를 들어 중국조선족연구회가 2005년에 조직한 제2회 국제학술연구회에는 600명이 참여했었는데 그 중 절반은 일본의 학자와 학생이었다. 동북아청년친목회는 조선족을 중심으로 하는 축구친목조직인데 일본어로 교류하는 것을 원칙으로 했고 일본 및 여러 나라 유학생 축구팀들과 우호교류를 위한 경기를 조직했다.

일본 내에서의 상호교류와 함께 조선족 단체들은 중국 국내 및 고향의 발전과 변화에도 큰 관심을 보였다. 이는 해외에 있는 유학생들의 조국에 대한 사랑과 관심의 표현이었다. 원촨(汶川)대지진 당시에는 재일 조선족 여성회, SHIMTO 등이 모금 활동을 벌여 주일중국대사관을 통해 재해지역 돕기에 나섰다. 연변 조선족자치주 건립 60주년에는 재일 조선족 단체에서 대표를 파견하여 경축행사에 참가했다. 해마다 연변방송국 춘절야회에 재일 조선족 대표가 새해인사 영상을 보냈다. 그 외 재일 조선족 사회에서는 꽃망울회, 천지장학금, 사랑장학금 등 장학기구를 설립하여 중국 내의 가정형편이 어려운 학생들이 학업을 완수할 수 있도록 도와주었다.

카사이 노부유키(笠井信幸)는 재일 조선족 사회 연결망의 특징을 융합형(화인, 일본인 네트워크 특징의 융합), 인맥 중심성, 불안정성,

상부주도형, 현장주의, 비공식성, 중심인물 한정성, 연결망 확대의 한계, 재일 조선족 1세 중심 등의 9개 특징으로 유형화하면서 조선족 단체를 중심으로 하는 재일 조선족 사회 연결망의 기본 특징들을 요약하였다(카사이 노부유키, 2011: 16~17). 조선족 단체를 중심으로 하는 사회 연결망은 2000년 이전에 일본으로 입국하여 정착한, 안정된 경제지위의 조선족 1세들이 이끌어간다. 예를 들어 ZJ는 천지협회의 최초 설립자 중 한명이고 회장직을 맡았고 조선족 축구협회 비서장을 역임하였다. QJS는 재일 조선족 여성회 회장이고 세계 한인무역협회 치바분회의 제1대 비서장이다. JDL은 재일 조선족 축구협회의 1대 회장이고 세계한인무역협회 치바분회 3대회장이며 현재 고문을 맡고 있다. 이러한 핵심인물들의 적극적인 노력을 통하여 여러 가지 유형의 재일 조선족 단체들이 설립된 것이다. 여러 단체들은 긴밀히 연락을 취하고 서로 도우며 재일 조선족 사회의 발전에 공헌하였다. 조선족 단체들은 재일 조선족 사회에서 민족 특색이 짙은 활동의 핵심 조직자가 되었다.

일상생활에서 재일 조선족 사회는 주로 학연, 혈연, 지연의 관계로 이어지는 비공식적이고 규모가 상이한 사회 연결망이다. 재일 조선족 개인의 사회 연결망은 일상생활의 필요에 의해 작동한다. 이러한 연결망은 재일 조선족에서만 국한된 것이 아니다. 재일 조선족 친인척, 학우, 동향 등 연결망 이외에 중국유학생, 현지 화교 화인 사회, 재일 한국·조선인 사회,[7] 일본 사회와 크고 작은 연결망을 구성하고 있다. 한·중·일 세 개 언어를 구사하는 우수한 조건은 재일 조선족이 화인 사회·한인 사회·일본 사회와 접촉할 수 있

---

7) 제2차 세계대전 이전에 일본에 정착한 조선인의 호칭, 2006년까지 일본에서 제일 큰 외국인 집단이었다.

는 자원이기도 했다. 통신기술의 발전으로 이런 연결망은 시공간적인 제약을 받지 않고 한국·중국·일본을 연결한 복잡한 연결망을 구성하게 했다. 더욱 다원화된 연결망에는 핵심 인물이 존재하지 않았다. 이는 프랑스 철학가 들뢰즈가 제기한 '리좀'모델에 가깝다. 이러한 관계 네트워크를 통해 재일 조선족은 언어, 사회문화 적응, 취업 등 방면의 난제들을 극복하여 신속하게 일본문화에 적응하고 일본 사회에서의 생활에 통합될 수 있었다. 또한 이런 노력들을 바탕으로 일본을 중심으로 하는 동아시아지역에서 활발히 경제문화 교류활동에 참가할 수 있었다.

3. 재일 조선족 사회의 문화 적응

재일 조선족 사회는 30년의 발전을 거쳐 성숙되고 안정되었다. 재일 조선족은 경제·문화·교육·법률 등 여러 영역에서 활약한다. 재일 조선족 사회는 이주와 정착 과정에 일본 사회에 잘 적응하였고 일부는 일본의 주류 사회에 진입하기도 했다. 재일 조선족의 문화 적응은 일본의 훌륭한 외국인 복지제도 및 유학생 지원계획의 도움이 컸다. 조선족이 갖고 있는 다원문화 배경과 동아시아 경제무역 활동에서의 활약은 재일 조선족의 넓은 발전 가능성을 제공하였다.

일본은 합법체류 외국인에 대해서 비교적 완벽한 공공복지를 제공한다. 의료·문화·교육·주거·연금 등 방면에서 일본인과 같은 공공복지대우를 제공한다. 상대적으로 완벽한 복지제도는 일본유학중인 조선족들에게 비교적 안정적인 생활조건을 제공하였다.

일본은 1984년 8월부터 「유학생 10만 계획」을 실시하여 법(출입국관리법)적으로 유학생들이 합법적으로 아르바이트를 할 수 있게 했다. 장학금 방면에서는 일본정부 국비장학금, 일본학생 지원기구 장학금, 문부과학성(文部科學省) 외국인유학생 학습 장려금, 해외유학지원제도(협의접수) 장학금, 지방정부와 국제교류단체 장학금, 여러 민간장학금단체들의 장학금 등 160여 종의 장학금이 있다. 여러 장학금은 일본에 유학 온 학생들의 경제부담을 덜어주었다. 장학재단은 교류활동을 통해 유학생들의 일본 사회와 문화를 깊이 이해하는 데 도움을 주었다.

그러나 장학금은 학부, 대학원 유학생들한테만 제공되었다. 또한 전액장학금 받을 수 있는 경우는 적고 장학금으로 부분적인 유학비용만 해결할 수 있다. 1990~2000년대 중국과 일본의 경제수입, 물가 등은 여전히 큰 격차가 있었다. 일반 가정에서는 유학 초기 수속비용과 일부 등록금만 지원해줄 수 있었다. 재일 유학 기간의 생활비용 및 등록금, 학비 등은 아르바이트를 통해 해결해야 했다. 아르바이트를 하면서 공부하는 것은 일본에 유학 온 학생들이 보편적으로 겪는 일이었다. 아르바이트를 통해 접촉할 수 있는 사람은 거의 모두 일본 사람들이어서 일본 사회를 직접 경험하고 이해하는 좋은 기회이기도 했다. 아르바이트 하면서 공부하는 양상은 일본에 온 유학생들에게 문화 충격을 주는 한편 유학생들이 짧은 기간에 일본 사회생활을 이해할 수 있게 했다. 아르바이트는 또한 일본어 회화 수준도 높여 주었다.

처음 일본에 왔을 때 취업은 재일 유학생들의 제일 큰 어려움이었다. 조선족 유학생들은 취업을 위해 동원할 수 있는 자원을 모두 동원하고 있었다. 2005년 9월부터 2006년 2월 중국조선족연구회의 조사를 보면, 조선족 유학생들이 취업 과정에 동원한 자원 및 연결망은 일본어 정보 잡지 70사례(45.5%), 조선족 소개 61사례

(39.6%), 점포광고 25사례(16.2%), 일본인 소개 22사례(14.3%), 인터넷정보 22사례(14.3%), 한족소개 16사례(10.4%), 학교소개 13사례(8.4%), 공공기관소개 9사례(5.8%), 한국인소개 7사례(4.5%) 등이었다(權香淑, 2011: 135). 이 조사자료는 조선족의 취업은 재일 조선족, 재일 중국인에 국한된 것이 아니라는 것을 보여준다. 이들은 한국, 중국, 일본의 자원을 광범위하게 접촉할 수 있었고 얻을 수 있는 정보를 최대치로 활용하여 취직했다.

세 가지 언어에 능통한 것은 재일 조선족이 가장 우세한 부분이다. 조선족은 일본으로 입국하기 전에 이미 중국어와 한국어(또는 조선어)에 능통했다. 고등학교 과정을 졸업한 조선족은 외국어 수업을 통해 기초적인 일본어를 습득했다. 일본 입국 후에는 한중일 삼국 문화자원을 더욱 광범위하게 접촉하여 직업, 학교, 생활 여러 방면에 활용하였다. 2005년 5~10월에 진행한 재일 조선족 기업가 설문조사에서 언어 및 문화를 배운 적 있고 입국 전 일본어를 구사할 수 있는 부모를 둔 응답자는 10%, 일본어를 구사할 수 있는 조부모를 둔 응답자는 12%로 집계되었다. 일본인의 생활습관 등을 조부모·부모·선생님을 통해 들어본 적 있다는 대답은 30%, 일본 입국 전에 일본어 선생님을 통해 일본인의 생활 습관을 배웠다는 응답은 22%였다(原尻英樹, 2006: 255). 동북지역의 조선족학교는 보편적으로 일본어 수업을 하였고 일본 식민지 통치 시기에 조선족 연장자들은 일본인과 접촉한 경험이 있었다. 일본에 관한 지식과 경험이 부족한 일부 가정에서도 다른 조선족 지인을 통해 어느 정도 일본에 관한 지식을 접할 수 있었다. 출국 전에 일본문화를 배우는 것은 조선족이 일본 입국 후에 일본문화에 빨리 적응할 수 있는 경험적 자원이었다.

이러한 자원은 졸업 후 취직, 창업 등 과정에서도 다른 외국인에 비해 우세였다. 일본 기업은 조선족의 언어자원을 동아시아 업무에 필요한 직원을 채용할 때 우선적으로 고려했다. 언어 우세는 재일 조선족이 일본에서 동아시아지역 업무를 수행할 때 편리한 조건을 제공하였다. "일본에서 창업한 조선족 기업가들은 화교신분, 한민족 혈통, 일본 생활 경험, 조선족 인맥 등을 충분히 활용하여 한반도 및 중국, 일본을 포함한 동아시아 집단으로 성장했다. 실제로 여러 국가와 지역의 법률계, 금융계, 정계에 네트워크 보유하여 기업 활동을 진행하였다."(이양근, 2011: 47~49) 재일 조선족 사회는 동아시아 문화자원을 보유한 유리한 조건으로 동아시아 여러 나라에서 활약하여 '중간자' 역할을 하였다(朴光星, 2015). 이런 역할로 출현한 사회엘리트는 재일 조선족의 주류집단을 구성했다(유경재, 2011: 37). 동아시아 '중간자'로서 재일 조선족은 언어능력뿐만 아니라 강한 문화 적응능력과 사회 통합능력을 보유하고 있었다.

존 베리(John Berry)는 문화 적응의 두 가지 척도와 네 가지 전략을 제시했다. 두 가지 척도는 자기 문화의 가치와 특성을 유지할 수 있는가와 주류 사회와의 관계를 유지할 수 있는가이다. 이 두 척도는 서로 독립적이다. 한 가지 문화의 정체성은 다른 문화정체성에 영향주지 않는다. 이 척도에 근거해서 그는 통합(integration), 분리(segregation), 동화(assimilation), 주변화(marginalization) 등 네 가지 전략을 제시했다(Berry, 1980). 이 네 가지 전략 중에서 통합 전략을 가장 효과적인 문화 적응 방식으로 보고 있다.

재일 조선족의 문화 적응은 통합 전략을 실현하는 것이다. 조선족 전통 음식·복장·예의 등 기초 문화를 유지함과 동시에 적극적으로 일본문화를 흡수하고 받아들인다. 재일 조선족 단체의 여러 활동 중에서 벚꽃 감상, 참치해체공연, 망년회는 없어서는 안 되는 주요 활동이다. 신정 신사기도, 봄날 벚꽃 감상회, 여름 불꽃쇼,

가을 단풍 감상, 겨울 망년회 등 일본 전통 활동은 재일 조선족 일상생활의 일부가 되었다. 전통문화를 유지함과 동시에 거주국의 문화에 적극적으로 적응하고 수용하여 거주국문화와 공생하고자 한다.

재일 조선족 사회의 문화 적응과 통합능력은 일본에 이주한 후에 형성된 것이 아니다. 조선족은 한반도에서 중국으로 이주하여 정착하는 과정에서 다원문화 환경에 처해 있었다. 현지의 여러 민족 문화를 접촉할 수 있었을 뿐만 아니라 러시아, 일본 등 주변국의 문화도 접촉할 수 있었다. 생소한 환경에 이주하여 벼농사 등 생산 활동에 종사하면서 현지 문화의 장점을 흡수해야 한다는 인식을 가지게 되었다. 한반도에서 갖고 온 문화만을 고수하지 않고 적극적으로 현지의 우수한 문화를 받아들이고 융합함으로써 조선족 사회가 신속하게 새 이주지 환경에 잘 적응하도록 했다. 한반도의 전통 민족문화를 토대로 현지 문화의 장점을 최대한 많이 흡수하고 이용하여 조선족문화의 일부로 만들기도 했다(안성호, 2016). 이러한 경력은 조선족이 다른 문화에 대한 이해와 적응능력을 높여주었다. 광범위하게 주변 다원문화의 장점을 접수하여 문화 융합과 공생을 실현하여 조선족 집단이 동아시아지역의 다원 문화에 더욱 잘 적응하게 했다. 초국적 인구 이동 과정에서도 조선족은 문화통합의 능력을 발휘하여 새로운 이주지에서 잘 적응할 수 있도록 노력했다. 이들은 '閾限人(luminal man)'과 유사했다(肖珺·李加莉, 2014).

이민의 문화 적응은 거주국 법률에 대한 이해, 지역사회에서의 통합, 가족관계 등과 밀접한 관계가 있다. 또한 이민수용국에도 큰 영향을 미친다. 일본의 이민 문제는 유럽처럼 심각하고 복잡하지 않다. 이는 일본 정부의 정책 외에도 이민자 본연의 문화 적응 능력과 밀접한 관계가 있다. 일본이 받아들인 이민은 대부분 동아

시아 지역에서 왔고 라틴아메리카에서 온 일계인도 일본 혈통이
다. 이 이민과 일본의 문화적 거리는 상대적으로 가깝기 때문에
문화 적응능력은 상대적으로 강하고 일본 사회·문화에 잘 적응할
수 있었다. 재일 조선족의 문화 적응은 근접한 문화에 대한 상대적
으로 강한 적응능력을 바탕으로 한다.

4. 문화융합과 사회 적응

새로운 이주민인 재일 중국 조선족은 1980년대 말 일본으로의
진출을 시작하여 30년이라는 시간을 걸치면서 점차 재일 중국 조
선족 사회를 형성하여 왔다. 여러 가지 루트를 거쳐 진행된 이주와
현지 정착 과정에서 재일 조선족은 여러 재일 조선족 단체를 조직
하여 사회 연결망을 발전시켰다. 이러한 단체와 연결망을 통하여
민족문화를 보호하고 계승함과 동시에 일본에서의 문화 적응을
실현하였다. 이러한 문화 적응은 조선족 문화의 융합적 특성과 밀
접한 관계를 가지고 있으며 또한 거주국과의 문화적 거리의 근접
성과도 관련된다.

세계화 과정에 지리·문화·정치적 경계를 초월하는 초국적 이동
은 보편적인 현상이 되었다. 이민의 사회 연결망은 인구 이동 범위
의 확대에 따라 확장된다. 다원문화적 환경 속에서 본래의 문화를
어떻게 보존하고 동시에 다른 문화와 어떻게 교류할 것인가가 문
화 적응의 핵심이 되었다. 다원 문화의 통합과 협력적 발전능력을
제고하는 것은 초국적 이민의 적응능력을 제고하는 동시에 세계
화 시대 다원문화의 발전에도 필수적인 요소가 될 것이다.

참고문헌

강성철, 「재일 조선족 10만명…차세대 정체성 교육 시급」, 『연합뉴스』, 2015. 02.05.

안성호, 「초문화화와 조선족문화」, 『흑룡강신문』, 2016.05.14.

오기활, 「사람 정보 농사로 행복 찾는 회장」, 『길림신문』, 2015.10.22.

유경재, 「변화속에 있는 재일 코리안 사회의 현황과 미래」, 황유복·유경재·정희숙 편, 『글로벌 시대 조선족 문화네트워크와 문화산업 연구』, 아시아경제문화연구소, 2011.

유경재, 「중국 조선족 글로벌 네트워크」, 황유복·유경재 편, 『글로벌 조선족 경제문화 네트워크』, 北京: 民族出版社, 2008.

이양근, 「일본조선족 기업가들의 현황과 네트워크」, 『2011 월드 옥타 한중경제포럼』, 세계한인무역협회, 2011.

카사이 노부유키, 「재일 조선족의 이주와 조선족 네트워크의 상대화」, 『미드리』 7호, 2011.

Berry, J. W., "Acculturation as varieties as adaptation", *Acculturation: theory, models and findings*. Boulder: Westview, 1980.

陳　翊, 「移民行動對跨國空間社會網絡的依賴: 對浙南移民在歐洲族裔集區的考察」, 『華僑華人曆史研究』, 2015(3).

朴光星, 「跨越市場的中間人'角色與沿海城市'朝商'群體的興起」, 『中國民族報』, 2015. 07.24.

孫　進, 「文化適應問題研究: 西方的理論與模型」, 『北京師範大學學報(社會科學版)』, 2010(5).

吳前進, 「他們在追尋什麼?: 近十年中國跨國移民現狀與演化趨勢」, 『學術前沿』, 2014(4).

肖珺·李加莉,「尋找文化適應中的普遍性法則」,『社會科學報』, 2014.05.22.

周陽·李志剛,「區隔中融入: 廣州'中非伴侶'的社會文化適應」,『中央民族大學學報(哲學社會學科版)』, 2016(1).

安成浩,「朝鮮族の移動と混淆する文化」, 白川千尋·石森大知·久保忠行 編,『多配列思考の人類學』, 東京: 風響社, 2016.

権香淑,『移動する朝鮮族』, 東京: 彩流社, 2011.

本田弘之,『文革から「改革開放」期における中國朝鮮族の日本語教育の研究』, 東京: ひつじ書房, 2012.

原尻英樹,「在日中国朝鮮族企業に関する調査報告」, 中国朝鮮族研究会 編,『朝鮮族のグローバルな移動と国際ネットワーク』, 名古屋: アジア経済文化研究所, 2006.

박우는 사회학을 전공했고 현재 한성대학교 상상력교양교육원 조교수로 재직중이다. 서울대학교 사회학과에서 박사학위를 받았다. 관심분야는 이주와 시민권, 도시공간의 구성 등이다.

송석원은 일본정치론, 디아스포라정치론을 전공했고, 현재 경희대학교 정치외교학과 교수로 재직하고 있다. 일본 교토(京都)대학교에서 박사학위를 받았다. 관심분야는 근대 이후 일본정치, 일본정당정치와 의회, 디아스포라 관점에서의 한국정치와 일본정치 등이다.

안성호는 문화인류학, 역사학을 전공했고 현재 중국 절강대학교 인문대학 부교수로 재직중이다. 일본 고베(神戸)대학교에서 박사학위를 받았다. 관심분야는 조선족 마을 사회변동, 조선족 인구이동과 네트워크, 동아시아 해양문화 등이다.

우치엔진(吳前進)은 사회학과 역사학을 전공했고, 홍콩대학교 아시아연구센터, 하버드-옌칭연구소 등에서 방문연구를 했으며, 현재 상해사회과학원 국제문제연구소 연구원(정교수)로 재직하고 있다. 관심분야는 해외화인(華人)과 국제관계, 중국-동남아 관계, 문화와 국제정치 등이다.

이상우는 정치학(국제관계)을 전공했으며 현재 中國海洋大學 한국학과 전임강사로 재직하고 있다. 서강대학교에서 정치학 박사학위를 받았으며, 관심분야는 동아시아 이민, 동아시아 국제관계(사)와 남북한 외교 등이다.

이화는 문화인류학을 전공했고 현재 중국 연변대학교 사회학과 부교수로 재직하고 있다. 일본 도호쿠(東北)대학교에서 박사학위를 받았다. 관심분야는 초국가적 이동과 가족, 조선족 생활문화 등이다.

조정우는 역사사회학, 국책회사론을 전공했고 현재 한림대학교 일본학연구소 연구교수로 재직중이다. 서울대학교 사회학과에서 만주이민정책과 척식회사에 관한 연구로 박사학위를 받았다. 인구이동과 공간표상의 문제, 국가와 기업의 관계 등의 문제에 대해 연구하고 있다.

최승현은 전남대학교 국제학부 교수이다. 중국 북경대학교에서 박사학위를 받았다. 관심분야는 화교화인역사, 한중관계사, 중국공산당역사 등이다.

치진위(祁進玉)는 문화인류학을 전공했고, 중국 中央民族大學에서 박사학위를 받았다. 경남대학교 극동문제연구소, 스탠포드대학교 동아시아연구소 등에서 방문연구를 했으며, 현재 중국 中央民族大學 민족학·사회학대학 교수로 재직하고 있다. 관심분야는 종교문화, 교육인류학, 민족정체성 등이다. 공저자 궈자오쥔(郭昭君)은 현재 중국 中央民族大學 민족학·사회학대학에서 석사 과정을 이수하고 있다.